Bremer

Gelassenheit gewinnt

Gelassenheit gewinnt

Aktiv und ausgeglichen mit mentaler Stärke

Ein Leitfaden für Ruhe, Glück und Erfolg im alltäglichen Wahnsinn

von

Christian Bremer

C.H.BECK

Zum Autor:

Christian Bremer sorgt seit mehr als 20 Jahren mit seinen Erlebnisvorträgen und öffentlichen Seminaren für mehr souveräne Gelassenheit. Zum Thema „mentale Stärke" gehört er zu den Experten im deutschsprachigen Raum. Seine Angebote tragen nachweislich zur Reduzierung von Stress, Ärger und Burn-out bei. Er weiß, dass Erfolg souveräne Gelassenheit braucht. Er unterstützt seine Leser, Zuhörer und Seminarteilnehmer mit einem professionellen Mix aus Erfahrung, Praxiswissen und Humor. Der Sinn seiner Arbeit: praxistaugliche Tipps für mehr souveräne Gelassenheit im Berufs- und Privatleben sowie zur langfristigen Leistungsfähigkeit. Ebenfalls bei C. H. Beck erschienen sind seine bisherigen Titel „Mit Gelassenheit zum Erfolg" und „Prinzip Achtsamkeit". „Mit Gelassenheit zum Erfolg" kann als hochwertiges Hörbuch beim Autor (cb@christian-bremer.de) bezogen werden.
Leser/innen dieses Buches erhalten für die öffentlichen Seminare 10 % Preisnachlass. Geben Sie bei der Anmeldung einfach den Rabattcode „Buch" an. Die Themen, Termine und Orte finden sich unter www.christian-bremer.de.

www.beck.de

ISBN 978-3-406-69412-7

© 2016 Verlag C.H. Beck oHG
Wilhelmstraße 9, 80801 München

Satz: Fotosatz Buck, Zweikirchener Straße 7, 84036 Kumhausen
Druck und Bindung: Druckhaus Nomos, In den Lissen 12, 76547 Sinzheim
Umschlaggestaltung: Ralph Zimmermann, Bureau Parapluie
Umschlagfoto: Andreas Endermann, Düsseldorf

Gedruckt auf säurefreiem, alterungsbeständigen Papier
(hergestellt aus chlorfrei gebleichtem Zellstoff)

So nutzen Sie dieses Buch

Um Ihnen das Lesen und Arbeiten mit diesem Buch zu erleichtern, hat der Autor verschiedene Stilelemente verwendet, die Ihnen das schnellere Auffinden bestimmter Texte ermöglichen.

✔ Hier finden Sie Tipps, Aufzählungen und Checklisten.

i So sind „Merksätze" gekennzeichnet.

🔍 Hier finden Sie Beispiele, die das Beschriebene plastisch erläutern und verständlich machen.

§ Hier finden Sie Definitionen, Rechtsnachweise oder Gesetzestexte.

◎ Die Zielscheibe kennzeichnet Zusammenfassungen und ein Fazit zum Kapitelende.

 Hier finden Sie Übungen und Muster zum selber Ausfüllen und Nachrechnen.

Inhalt

Widmung

Dieses Buch widme ich
denjenigen Menschen,
die heute in Ruhe danach streben,
besser als gestern zu sein.

Vorwort

Stress hat viel für mich getan. Er hat mir oft aufgezeigt, was ich wirklich möchte, an welchen Stellen ich mich überfordere, wo mir ein guter Plan fehlt und wovon ich besser die Finger lassen sollte. Er hat mir deutlich gemacht, wo ich mir viel zu viel zumute und er hat mir sehr direkt aufgezeigt, wo ich etwas will, was ich noch nicht kann, wofür ich einfach noch nicht reif war. Aber er hat mir auch gezeigt, mit welchen Menschen ich mehr Zeit verbringen sollte und von welchen Menschen ich mich besser trennen sollte. Dank Stress konnte ich erkennen, wo ich meine Lebenszeit verplempere, anstatt mich um das zu kümmern, was mir wirklich wichtig ist.

Stress hat ein besseres Image verdient. Denn Stress ist nicht nur schädlich, ungesund und zu reduzieren. Stress ist vielmehr ein Geschenk. Überlegen Sie: Wer wären Sie heute, wenn Sie noch nie Stress gehabt hätten? Was für ein Mensch wären Sie jetzt, wenn Sie immer vor Stress beschützt worden wären?

Wir können Stress auch als eine Situation betrachten, für die wir noch keine gute Lösung haben – aber eine brauchen, weil die Situation wahrscheinlich immer wieder vorkommt. Stress stellt uns in gewisser Weise vor die Wahl: Du kannst bleiben, wie du bist, und immer wieder gestresst sein oder du kannst geschickter werden und die Situation mit größerer Leichtigkeit bewältigen. Nicht der Stress an sich ist das Problem, sondern die Art und Weise, wie wir ihn betrachten und ob wir ihn für uns nutzen oder nicht.

Sie haben ein Recht auf Gelassenheit. Sie haben ein Recht darauf, glücklich zu sein und auf Ihre persönliche Art und Weise im Leben zu gewinnen. Allerdings ist das Leben wie eine Achterbahn: mal rauf, mal runter. Entweder wir genießen die Fahrt, so gut es geht, und legen uns dafür in die Kurven oder wir werden starr und sagen: „Das will ich alles so nicht." Dieses Buch habe ich geschrieben, weil ich Ihnen die Wege aufzeigen möchte, mit denen Sie aus dem unangenehmen Stress über eine souveräne Gelassenheit ins aktive Handeln kommen.

Im Leben können wir uns nicht immer aussuchen, was uns passiert. Aber wir haben die Möglichkeit, uns auszusuchen, wie wir reagieren. Wir haben also eine Vielzahl ganz unterschiedlicher Reaktionsmöglichkeiten, wenn es im Leben mal nicht so läuft, wie wir uns das vorstellen. Allerdings ist die Reaktion unter Stress selten genau diejenige, die wir uns wünschen. Im Rückblick denken wir uns oft, dass wir uns einfach besser hätten verhalten können – für uns selbst, aber auch für andere. Natürlich ist das in der Praxis einfacher gesagt als getan. Denn unsere Reaktionen unter Stress, Ärger oder Zeitdruck sind mehr Routine, Angewohnheit und damit typisch – wer hält schon unter Stress stets inne, überlegt sich erst, welche Optionen jetzt existieren, um sich dann für eine bewusst und reflektiert zu entscheiden? Die wenigsten Menschen können das. Doch wenn Sie etwas noch nicht können, bedeutet das nur, dass Sie es noch lernen können.

Dieses Buch soll Sie genau dabei unterstützen: Es soll Ihnen ermöglichen, in Situationen, in denen Sie sich im Augenblick noch unwohl, unter Druck gesetzt oder überfordert fühlen, in einen besseren Zustand zu kommen. Aus diesem besseren Zustand heraus können Sie dann bestmöglich handeln.

Denn unsere Freiheit besteht zum einen in den unterschiedlichen Wahlmöglichkeiten, zum anderen aber auch und noch viel mehr in unserer Willensfreiheit. Wollen wir gelassen sein? Wollen wir anderen seltener erlauben, Macht über uns und unsere Gefühle zu haben? Wollen wir mit Rückschlägen, Ärger und Druck geschickter umgehen? Wollen wir wirklich üben, um in aller Ruhe besser zu werden?

Sie können über Gelassenheit, Erfolg und Glück alles wissen, ohne gelassen, erfolgreich und glücklich zu sein. Wie ist das möglich? Erst wenn Sie das Wissen auf leichte, fast selbstverständliche Weise anwenden, können Sie davon profitieren. Der Engpass ist also nicht das Wissen, sondern die praktische Anwendung. Erst wenn Sie sich im Alltag mit Ihrem Wissen beschäftigen, können Sie profitieren. Ich habe jedoch den Eindruck, dass wir mit vielen Dingen beschäftigt sind – außer mit uns selbst. Wichtige Aspekte wie Optimierung, Kundenorientierung, Kostensenkung, Qualitätssteigerung & Co. machen einen Großteil unserer Beschäftigung aus. Allerdings entwickelt sich ein äußerst ungesundes Ungleichgewicht, wenn wir uns auf Dauer nicht auch mit uns beschäftigen.

Sie lernen Dinge nur, wenn Sie üben. Dafür möchte ich Ihnen Ideen an die Hand geben, die Ihr Leben verändern können, wenn Sie sie in Ihrem Alltag ausprobieren. Sie gehen ja auch nicht in ein Fitnessstudio und sagen dem Trainer: „Ich habe mich angemeldet und zahle nun jeden Monat die Gebühr. Ich erwarte jetzt von Ihnen, dass Sie für mich trainieren und ich in einem Jahr meine Traumfigur habe." Ihnen ist natürlich völlig klar, dass Sie derjenige sind, der schwitzt, sich anstrengt. Überall gilt das Gesetz von Saat und Ernte, von „erst Input, dann Output". Und es gilt: „Das Bekannte ist angenehm – das Unbekannte wird angenehm."

Wenn es mit Ihrem Stress besser werden soll, dann muss es mit Ihnen besser werden. Allerdings fällt es uns oft leichter, anderen zu sagen, was diese zu tun und zu lassen haben, als an uns selbst zu arbeiten. Sie werden es schnell nachvollziehen können: Wenn Sie sich beispielsweise ärgern, wen wollen Sie dann verändern? Andere oder sich? Doch eher andere. Oder sind Sie bereits so weit auf Ihrem Weg der persönlichen Weiterentwicklung, dass Sie Ärger als echte Gelegenheit und Lernchance für größere Gelassenheit betrachten?

Allerdings ist es genau so: Gerade wenn wir leiden, können wir lernen. Wir können lernen, in der nächsten ähnlichen Situation so zu reagieren, dass wir weniger leiden, aktiver sind und mehr von dem tun, was uns am Herzen liegt.

Und ich habe eine gute Nachricht für Sie: Denn was für größere aktive Gelassenheit zu tun ist, ist in Wahrheit einfach, simpel, leicht. Denken Sie einmal über folgende Frage nach: „Kann Einfaches wirkungsvoll sein?" Was denken Sie, ja oder nein? Natürlich kann Einfaches wirkungsvoll sein. Wenn Sie dieses Buch samt Programm lesen und die ein oder andere Idee ausprobieren, werden Sie feststellen, dass alles hier Enthaltene an sich einfach ist. Die wahre Schwierigkeit liegt nicht in der Technik, sondern vielmehr darin, im richtigen Moment auf die Idee zu kommen, die Technik anzuwenden. Natürlich erhalten Sie hier für beides die nötigen Informationen und Hilfestellungen.

Vielleicht vertreten Sie ja die Meinung, es sei schwer, gelassen zu reagieren, wenn es drauf ankommt. Dazu sage ich Ihnen nur: Schwer und unmöglich sind zwei verschiedene Dinge.

Denn es ist so leicht, gelassen zu sein – wenn wir wissen, worauf wir uns konzentrieren müssen. In den mehr als 1.000 Erlebnisvorträgen und intensiven Seminaren, die ich in den letzten Jahren zum Thema „Gelassenheit gewinnt" durchführen durfte, habe ich immer wieder eines festgestellt: Zum großen Teil sind es die Verhaltensweisen anderer, die uns beispielsweise ärgern und uns aus unserer Mitte bringen. Oder genauer gesagt ist es unsere Meinung über andere, die uns ärgert, stresst oder enttäuscht. Denn wie wollen Sie sich über einen anderen ärgern, ohne eine (nicht erfüllte) Erwartung an sein Verhalten zu haben? Worauf sind wir im Ärger, aber auch in anderen stressigen Gefühlslagen, konzentriert? Doch darauf, was andere unserer Meinung nach tun und lassen sollen. Weil wir andere aber nicht gegen ihren Willen verändern können, lässt uns dieser Widerspruch leiden. Hier lernen Sie, sich auf den Teil im „Stress-Spiel" zu konzentrieren, den Sie auf Wunsch und auf Dauer immer verändern können: sich selbst. 99 % der Menschen wollen andere verändern, 1 % der Menschen ist bereit, sich zu verändern.

Eines meiner Motive, mich mit souveräner Gelassenheit zu beschäftigen, besteht in meiner Sterblichkeit. Denn unweigerlich wird irgendwann der Tag kommen, an dem es mit mir hier auf der Erde vorbei ist. Mit Anfang Dreißig habe ich mich gefragt: „Was muss passieren, damit ich dann sagen sagen kann, dass ich ein möglichst gutes Leben gelebt habe?" Ist es das große Haus, das tolle Auto und die lange Zeit in Santa Monica oder der Winter auf Mallorca? Nein, das ist es für mich nicht. Sondern ich habe festgestellt, dass ich mich möglichst oft möglichst gut fühlen muss, um möglichst gut gelebt zu haben. Also geht es mir darum, mich im Haus, im Auto, einfach da, wo ich gerade bin, möglichst gut zu fühlen. Wie fühle ich mich aber, wenn ich gestresst, genervt, unter Druck oder enttäuscht bin? Möglichst gut? Nein – eher möglichst schlecht. Aus diesem Grund kümmere ich mich zwar sehr darum, dass ich in der äußeren Welt erfolgreich bin, vieles erreiche und aktiv und mit Schwung am Fest des Lebens teilnehme. Worum ich mich aber mindestens genauso intensiv kümmere, ist mein Erfolg in meiner inneren Welt. Ob ich in der inneren Welt erfolgreich bin oder nicht, erkenne ich ganz einfach daran, wie ich mich fühle. Wenn Sie sich morgens fragen „Welche Ansteckungsgefahr geht heute von mir aus?" und Sie dann sicher sagen können: „Fröhlichkeit, Leichtigkeit, Zuversicht und Gelassenheit", habe ich mein Ziel mit diesem Buch erreicht.

Als an Ihnen tatsächlich interessierter Autor freut es mich natürlich immer besonders, wenn Sie mir Ihr Feedback zu diesem Buch schreiben: cb@christian-bremer.de.

Auf geht's, Gelassenheit gewinnt!   Christian Bremer

Einleitung

Dieses Buch besitzt das Potenzial, dass Sie sich wegen Ihrer souveränen Gelassenheit unbeliebt machen und andere neidisch werden. Wenn Sie dafür Anzeichen sehen, sind Sie auf dem richtigen Weg. Denn Gelassenheit macht genauso neidisch wie ein schickes Haus, ein flinker Porsche oder das neue Feriendomizil in Puerto Portals.

Wenn Sie beim Einschlafen in der Ecke Ihres Schlafzimmers ein langsam größer werdendes Feuer entdecken, würden Sie sich dann einfach umdrehen und einschlafen? Natürlich nicht.

Warum machen Sie es dann mit Ihrer Gesundheit so?

Ich kann Ihnen nicht garantieren, dass Sie in diesem Buch für alle Situationen, in denen Sie gestresst sind, Hilfe finden. Aber ich garantiere Ihnen, dass Sie hier für viele Fälle, in denen Sie sich heute noch unwohl, verärgert, gestresst oder überfordert fühlen, konkrete und einfach anwendbare Techniken, Tipps und Tricks finden.

Mit dem Wort „Stress" verbinden wir in unserem Sprachgebrauch ja sehr unterschiedliche Situationen: Manchmal verwenden wir es, wenn wir viel Arbeit haben, mal im Zusammenhang mit einem Stau oder in Verbindung mit dem Tod eines Freundes. Wir fühlen uns „gestresst", wenn wir uns überfordert, wütend, ängstlich, traurig, verärgert, frustriert, bedroht oder unter Druck fühlen.

Das, was den einen stresst, macht dem anderen nichts aus. Quellen für Stress können die Arbeit, die Beziehung, das Familienleben, die Kindererziehung, die Finanzen oder auch die Gesundheit sein. Was für den einen Stress bedeutet, kann den anderen kalt lassen. Jedoch empfinden die allermeisten berufstätigen Menschen, je nach Studie zwischen 60 % und 80 % der Befragten, häufiger „starken Stress". Die Anlässe dafür sind schnell genannt und liegen scheinbar auf der Hand: E-Mails, Termine, Vorgesetzte, Kunden, Kollegen und so weiter. Schnell können wir detailliert und differenziert Ursachen für unseren Stress nennen: Es sind „die anderen". Jedoch ist dies nur eine mögliche Sichtweise, von der ich Sie mit diesem Buch abbringen möchte.

Und auch Menschen in Führungspositionen geht es nicht viel anders: Laut einer groß angelegten und repräsentativen Umfrage der Forsa Ende 2013 im Auftrag der Techniker Krankenkasse fühlen sich unter 1.000 Führungskräften 8 von 10 gestresst. Größte Stresstreiber sind demnach für leitende Angestellte hohe Arbeitslast (74 %), Termindruck (69 %), Unterbrechungen (57 %), Informationsüberflutung (54 %) und ungenaue Anweisungen ihrer eigenen Vorgesetzten (40 %).

Die Befragten glauben doch tatsächlich, dass „Arbeitslast", „Termindruck" & Co. ihren Stress ausmachen. Genau von diesem Irrtum möchte ich Sie befreien. Von dem Irrtum, dass es die anderen sind, die einen stressen. Oder dass es Prozesse, Situationen und Aufgaben sind, die einen stressen.

Die Probleme scheinen nur dem „alten Denken" nach hohe Arbeitslast, Termindruck, Unterbrechung usw. zu sein. Ich möchte Sie aber zu einem „neuen Denken" einladen: Das eigentliche Problem ist z. B. der Gedanke „Ich muss auch abends noch erreichbar sein". Gedanken wie „Ich muss diesen Termin annehmen" oder „Wenn ich das Meeting versäume, verpasse ich etwas" sind die echte Ursache für Probleme. Dieses „neue Denken" ist nicht etwa meine Erfindung, sondern jedem, der genau hinsieht, eröffnet sich diese neue Perspektive.

Zwei Fragen zum Einstieg

Halten Sie einen Augenblick inne und denken Sie über diese beiden Fragen nach:

- Wie können Sie gestresst sein, ohne zu denken?

- Wie können Sie sich ärgern, ohne zu denken oder eine Erwartung zu haben?

Selbstverständlich gibt es im Leben auch noch andere Einflüsse außer unseren Gedanken, die unser Gefühlsleben beeinflussen und Stress auslösen. Zum Beispiel können uns Lärm, Kälte oder Zugluft stressen. Auch eine dauerhafte Mangelernährung oder zu wenig Bewegung können Stress auslösen. Und es gibt für Stress auch andere Lösungsansätze als mentale Stärke. Jedoch bin ich Experte für mentale Stärke und daher handelt dieses Buch vor allem von den gedanklichen Ursachen und Lösungen für Stress.

Wenn wir uns hier mit dem Problem „Stress" ernsthaft beschäftigen wollen, dann säßen wir umgekehrt auf dem Pferd, sollten wir uns nur um Themen wie Arbeitslast & Co. kümmern. Wir müssen uns darum kümmern, was in Ihrem Kopf los ist, wenn Sie sich gestresst, verärgert oder unter Druck fühlen.

Überlegen Sie mal: Wenn jemand abends um 20.00 Uhr noch E-Mails bearbeitet und das auch will, sich nichts Besseres vorstellen kann – ist das dann „Stress"? Natürlich nicht. Der oder die ist glücklich, erfüllt und fühlt sich richtig gut.

Menschen generieren ihren Stress nicht durch eine hohe Arbeitslast, sondern dadurch, dass sie viel arbeiten, ohne es von ganzem Herzen zu wollen. Viele machen etwas (in diesem Fall „viel arbeiten"), ohne es wirklich zu wollen. Im Büro zu sitzen, eigentlich aber lieber zu Hause sein zu wollen, das tut weh. Weil es keine klare Entscheidung ist. Entweder ich beende meine Arbeit oder ich mache sie. Eine Mischung ist unklar und sorgt daher für Stress.

Nicht der Termindruck ist das Problem, sondern das „Nicht-haben-Wollen" des Termindrucks ist das Problem. Stellen Sie sich jemanden vor, der Termindruck wirklich mag und sich dabei tatsächlich wohlfühlt – und wirklich enge Termine einhalten muss. Ist er in diesem Augenblick gestresst? Nein. Daher rufe ich Ihnen zu:

> Machen Sie nicht anderes und andere für Ihren Stress verantwortlich, sondern machen Sie vor allem Ihr eigenes Denken dafür verantwortlich. **i**

Wer zwingt Sie denn, morgens zur Arbeit zu gehen und hohe Arbeitsbelastung, Termindruck, Unterbrechungen, Informationsflut und ungenaue Anweisungen zu akzeptieren?

Und jetzt reagieren Sie bitte nicht mit: „Ja und wer bezahlt dann mein Haus, mein Essen und meine Rechnungen?" Sehen Sie es mal anders. Denn darum geht es nicht, sondern es geht darum, dass Sie da angeheuert haben. Sie haben einen Arbeitsvertrag. Oder Sie haben die Firma gegründet. Und jetzt sagen Sie: „Ja, so habe ich mir das aber nicht vorgestellt, ich will es lieber anders haben." Sie sagen Nein zu dem, was ist – und das löst Stress aus. Das ist meine persönliche Erfahrung, aber prüfen Sie das bitte selbst. Viel Arbeit hat noch niemandem geschadet. Arbeit, die man macht, aber nicht machen will, die schadet.

Oft höre ich, ein weiterer Stressor seien „ungenaue Arbeitsvorgaben". Wieso haben Führungskräfte denn bitte Angst davor, einfach mal zu sagen: „Chef, Sie wollen gute Leistung und ich auch. Um die zu bringen, brauche ich noch drei Informationen. Erstens … zweitens … drittens …"? Wieso fällt es vielen so schwer, einfach mal freundlich und bestimmt zu sagen, was einem selbst wichtig ist? Weil wir im „alten Denken" gefangen sind: „Sei artig", „Das macht man nicht" usw. Solche Gedanken verhindern die Handlung.

Ich bin von folgendem Aspekt überzeugt: Wir müssen alle mehr Mut haben auszusprechen und zu leben, was wir wirklich wollen, brauchen und haben möchten! Sagen Sie, was Sie stört, sprechen Sie an, was Sie brauchen, und legen Sie die Themen auf den Tisch, die Sie bewegen, ohne hinter dem Berg zu halten. Dafür braucht es neben der Einsicht, dass es besser werden kann, auch den Mut, für sich einzutreten und eventuell einfach mal Dinge zu tun, die einem ein bisschen Angst machen. Wer das jedoch tut, wird feststellen, dass nichts von dem passiert, was wir uns vorher ausgemalt haben.

Daher möchte ich Sie zu dem Gedanken einladen, dass die wahren Ursachen und damit auch die wahren Lösungen für all Ihre Stressgefühle nicht „im außen", sondern in Ihrem Inneren zu suchen und zu finden sind.

Ich bin mir sehr bewusst, dass diese Idee nicht revolutionär ist. Jedoch bin ich mir auch bewusst, dass zwar das Wissen um die Idee vorhanden ist, es allerdings offensichtlich noch nicht ausreichend angewendet wird, um ein Leben in Erfolg, Gesundheit und Freiheit zu führen, ohne dabei gestresst zu sein.

Für solch ein Leben benötigen Sie eine gehörige Portion mentale Stärke, die bereits in Ihnen vorhanden ist. Sie brauchen in dieser Angelegenheit zum Glück nicht umständlich und zeitraubend etwas Neues zu lernen. Denn sogar in dem Augenblick, in dem Sie sich überfordert, gestresst, genervt oder angespannt fühlen und in dem Sie sie am meisten benötigen, ist mentale Stärke in Ihnen.

Sie brauchen „nur" dafür zu sorgen, den Kontakt zu ihr aufzubauen. Wie Sie im Verlauf des Buches sehen werden, ist es ganz leicht, mentale Stärke zu generieren und von ihr zu profitieren. Denn sie hat mit dem gesunden Menschenverstand mehr zu tun als mit komplexen Techniken.

Und nicht zuletzt möchte ich Sie zu der Erkenntnis einladen, dass Sie aus Ihrem Leben ein Meisterwerk machen können, wenn Sie Erfolg und Gesundheit in Einklang bringen. Mit Erfolg meine ich all das, was Sie erreichen wollen. Vom Aufbau einer neuen Firma bis zur Weltreise. Mit Gesundheit meine ich viel mehr als die Abwesenheit von Krankheit, sondern ein vollumfängliches Wohlgefühl in Körper, Geist und Seele. Ich wünsche mir und noch mehr Ihnen, dass es Ihnen gelingt, Erfolg und Gesundheit zu erreichen. Mentale Stärke trägt dazu bei, dass sich beides ergänzt und beflügelt. Und sie verhindert, dass Sie zwar erfolgreich, dafür aber nicht gesund sind. Schließlich geht es darum, den eigenen Erfolg so richtig genießen zu können.

Natürlich freue ich mich über Feedback zu diesem Buch. Besonders interessiert mich für meine Arbeit als Vortragsredner und Veranstalter von Seminarevents, welche Sichtweisen und Techniken Ihnen am meisten geholfen haben, aus Ihrem Leben ein Meisterwerk zu machen. Wenn Sie wollen, schreiben Sie mir eine E-Mail an cb@christian-bremer.de.

Am besten nehmen Sie sich beim Lesen ein Notizbuch zur Hand oder machen sich Notizen in Ihrem Smartphone. Denn viele Inhalte des Buches werden Sie zwar interessieren und reizen, jedoch ist es gut, darüber ein wenig nachzudenken und sie bei Gelegenheit auszuprobieren. Da ist es gut, eine Liste von guten Ideen zu haben. Wer schreibt, der bleibt. Und nun viel Freude beim Lesen!

Wie dieses Buch Ihr Leben retten kann

Verlangt Ihr Beruf von Ihnen noch mehr als früher? Sind die Ansprüche Ihrer Kunden, Chefs und Kollegen gestiegen? Fühlen Sie sich manchmal gestresst? Natürlich, denn Sie haben viele Aufgaben auf dem Tisch, einen vollen Kalender, näherrückende Deadlines und Personen, die auf Sie zählen. Doch mit dem Tagesgeschäft nicht genug, schließlich warten neben dem anspruchsvollen Privatleben auch immer wieder noch wohlüberlegte Entscheidungen von großer Wichtigkeit für die weitere Zukunft auf Sie. All das wäre im Grunde noch einfach, wenn nicht andere dazu neigen würden, Dinge zu vergessen, Fehler zu machen, nicht ihr Wort zu halten und unzuverlässig zu sein. Weil Sie aber auch noch das Familienleben, Freunde und die eigene Gesundheit unter einen Hut kriegen wollen, entstehen Gefühle von Überforderung, Ärger und Zeitdruck. Es geht Ihnen wie allen, die mit zu vielen Bällen jonglieren. Eine Zeit lang geht das gut, doch dann kommt es tage- oder wochenweise zu Phasen, in denen Ihnen alles über den Kopf wächst und Sie am liebsten alles hinwerfen würden.

Sie stehen dann unter einem Druck, unter dem nicht nur die Qualität Ihrer Arbeit, sondern auch Ihre Gesundheit leidet. Vielleicht sogar auch Ihr Familienleben. Alles das ist Ihnen wahrscheinlich schon länger bewusst und ich vermute, dass Sie in dieses Buch schauen, weil Sie das ändern wollen.

Herzlichen Glückwunsch, dann sind Sie hier richtig. Denn es gibt Möglichkeiten, mit den Stress auslösenden Situationen geschickter umzugehen.

i Ein Leben ohne Stress gibt es nicht. Es geht also darum, mit ihm konstruktiv umzugehen.

Dabei bin ich mir sehr sicher, dass Ihnen das jetzt auch schon öfter mal gelingt. Berufliche oder private Situationen, in denen Sie sich denken „Nein, jetzt nicht". Jemand will sofort ein Gespräch und Sie verschieben es auf einen Zeitpunkt, der Ihnen passt. Ein anderer möchte eine Sonderbehandlung und Sie verneinen sie, weil das viel zusätzliche Arbeit wäre, für die Sie sich in dem Moment keine Zeit nehmen wollen. Meiner Ansicht nach geht es darum, Ihre bereits vorhandenen Fähigkeiten auszubauen und noch mehr zu Gewohnheiten werden zu lassen.

Bauen Sie mit diesem Buch Ihre mentale Stärke aus und sorgen Sie dafür, unabhängiger von dem zu werden, was Sie im Augenblick noch packt. Dafür lernen Sie unter anderem folgende, tatsächlich lebensverändernden Fähigkeiten:

- Sie schaffen es, aus dem Stress über souveräne Gelassenheit ins Handeln zu kommen. Denn Gelassenheit und mentale Stärke sind keine Synonyme für die „Vogel-Strauß-Taktik". Das Ergebnis von Gelassenheit und mentaler Stärke besteht darin, mit dem im Augenblick Unveränderbaren entspannt umzugehen und sich um das Veränderbare zu kümmern. Das macht nicht nur erfolgreich, sondern hält auch gesund.

- Sie bauen kleine tägliche Routinen auf, die Ihnen mit sehr geringem Aufwand eine größere souveräne Gelassenheit ermöglichen. Sie werden geduldiger sowie zugleich kraftvoller und schaffen es, mit ein paar einfachen Routinen immer wieder bei sich, in Ihrer Mitte, anzukommen.

- Sie lernen, die aus Ärger, Stress und Druck resultierende Energie sehr gezielt da zu investieren, wo es sinnvoll ist. Schließlich verschwenden wir sonst einen Großteil unserer Energie. Oder ändert es etwas an der Situation, wenn Sie sich nur ärgern, ohne etwas zu verändern? Lernen Sie, die Energie zu fokussieren.

- Sie schaffen es, sich innerhalb weniger Sekunden zu entspannen. Damit können Sie nicht nur bessere Entscheidungen treffen, sondern sind auch ein angenehmerer Gesprächspartner. Schließlich ernten Sie viel Anerkennung, wenn Sie ruhig bleiben, entspannt sind, während andere schon die ersten Anzeichen von Überforderung zeigen.

- Sie erkennen, mit welchen Mitteln es möglich ist, im oder besser trotz Stress das „große Ganze" zu sehen. Üblicherweise sehen die meisten Menschen im Stress eher Probleme statt Lösungen und eher Hürden statt Ziele. Sie lernen, sich im Stress auf Ihre Ziele zu konzentrieren und so energiegeladen nach vorne zu sehen und zu gehen.

- Sie werden mutiger und machen sich selbst weniger abhängig von der Meinung anderer. Ganz oft schon werden Sie nicht Ihrer eigenen Idee gefolgt sein, sondern darauf verzichtet haben zu tun, was Sie eigentlich für richtig gehalten haben. Hier haben Sie ein Buch, das Ihnen Mut und Techniken an die Hand gibt, im Einklang mit sich zu handeln – egal, was die anderen von Ihnen denken könnten.

- Sie gehen mit eigenen sowie fremden Fehlern konstruktiv und zukunftsorientiert um, wie groß oder „dämlich" sie auch sein mögen. Das leuchtet Ihnen zwar schon grundsätzlich ein, und doch sind Fehler häufig Anlass für Ärger.

- Sie finden einen Weg, mit Ihrem Wunsch nach Perfektion lockerer umzugehen. Das heißt natürlich nicht, dass Sie als Chefarzt ruhig das falsche Bein abnehmen sollen. Sondern es bedeutet, sich immer wieder bewusst zu machen, dass es aufgrund mangelnder Ressourcen oft mehr um „das gute Ergebnis" und den Fortschritt geht, als um Perfektion.

Perfektion schafft Aggression.

Wenn Sie dieses Buch gelesen haben und sich immer wieder von den Übungen zur wöchentlichen Begleitung inspirieren lassen, verspreche ich Ihnen, dass Sie sich seltener ärgern werden, weniger Zeitdruck haben, sich von anstrengenden Mitmenschen weniger aus Ihrem Konzept lassen. Außerdem werden Sie Ihre Kreativität und Ihre Energie viel besser investieren können. Sie sind wertvoll und es gibt Sie nur einmal auf der Welt. Allein deswegen ist es wichtig, möglichst oft souverän und gelassen zu sein. Ihre Firma, Ihre Familie, Ihre Freunde und Sie selbst brauchen eine Version von Ihnen, die erfolgreich, glücklich, zuversichtlich und gesund ist. Mit dem, was Sie hier lernen können, kommen Sie dieser Versionen einen großen Schritt näher. Versprochen.

Wie Sie erkennen, ob sich das Lesen für Sie lohnt

Damit Sie ganz sicher sind, ob sich das Lesen des Buches für Sie lohnt, habe ich für Sie hier zehn einfache Fragen vorbereitet. Gehen Sie diese zügig durch und antworten Sie dabei vor allem aus dem Bauch heraus. Die Fragen dienen nicht einer komplexen Analyse, sondern vielmehr dazu, dass Sie Ihre Motivation erkennen, warum es sich für Sie lohnt, dieses Buch intensiv zu lesen und die Perspektiven und Techniken, die hier aufgezeigt werden, auszuprobieren und im Idealfall kontinuierlich anzuwenden.

Nr.	Frage	Ja / Nein
1.	Ich glaube, manchmal unnötigen Zeitdruck zu haben.	
2.	Es fällt mir manchmal schwer, Nein zu sagen.	
3.	Die Unzuverlässigkeit anderer nervt mich.	
4.	Ich müsste öfter mal meine Meinung sagen.	
5.	Faule Ausreden anderer machen mich wütend.	
6.	Andere sagen, ich wäre zu aufbrausend.	
7.	Ich lasse mich leicht vom Wesentlichen ablenken.	
8.	Ich will lernen, mich besser abzugrenzen, ohne andere im Stich zu lassen.	
9.	Gerne würde ich herausfinden, wie ich gelassen sein kann, ohne dabei oberflächlich zu werden.	
10.	Es fällt mir schwer, abends abzuschalten.	

Wenn Sie auch nur zweimal ein Ja gefunden haben, dann lohnt sich das Lesen des Buches für Sie. Wobei natürlich klar ist, dass es mit dem Lesen allein nicht getan ist. Sie werden das ein oder andere auch für sich durchdenken, leicht anpassen und dann anwenden müssen. Aber das kriegen wir schon, schließlich sind wir ja zu zweit und Sie erhalten ausreichend Tipps, um die Dinge, die Ihnen wichtig sind und die zu Ihnen passen, mit Schwung umzusetzen.

Wie Sie am besten von diesem Buch profitieren können

Lassen Sie uns eine kleine Zeitreise unternehmen: Wann haben Sie mal etwas störrisch, total entschlossen und souverän über längere Zeit durchgezogen? Ein Projekt, das Ihnen wichtig war? Das Gewinnen und Einstellen eines begabten Mitarbeiters, den Sie über längere Zeit bezirzen mussten, damit er an Bord kommt? Das Training für Ihren ersten Halbmarathon? Das Überzeugen eines Kunden, den Sie von einem anderen Anbieter weg zu sich lotsen mussten? Ich bin mir sicher, dass Sie hier ein, zwei Beispiele für Ihr eigenes entschlossenes, konsequentes Verhalten gefunden haben. Sie wussten genau, was Sie haben wollten, und waren stur, starrköpfig, uneinsichtig bei Einwänden anderer. Manche würden Sie als Dickkopf beschreiben – ich beschreibe Sie als erfolgsorientiert.

Denn genau diese Dickköpfigkeit brauchen Sie, um die Ideen und Inhalte aus dem Buch hier umzusetzen. Kurz: um umzusetzen, was Ihnen am Herzen liegt. Sonst brauchen Sie nichts. Sie brauchen keine komplexen Transferprogramme mit Videos, Zetteln im Büro, Erfahrungsaustauschtreffen und Briefen an sich selbst. Das mag alles seine Berechtigung haben und das ein oder andere setze ich bei meinen Seminarevents auch selbst ein.

Aber was Sie vor allem brauchen, ist eben diese Dickköpfigkeit. Sie brauchen den unbeugsamen Willen der allseits bekannten freundlichen Gallier Asterix und Obelix. Sie brauchen die Entscheidung. Das gilt nicht nur hier, sondern im ganzen Leben. Wenn Sie sich verlieben und die Frau ein Leben lang an Ihrer Seite haben wollen, reichen doch nicht ein paar warme Worte und ein Sträußchen Blumen von der Tankstelle. Sondern Sie brauchen die völlige Entschlossenheit, diese Frau für sich zu gewinnen. Bei der ersten, zweiten oder dritten Absage aufzugeben führt nur dazu, dass die Frau denkt: „Na, wenn der jetzt schon aufgibt, dann ist es entweder ein Weichei oder sein Interesse an mir ist nicht groß genug." Dies ist jetzt keine Aufforderung zum Stalking, sondern nur der Hinweis, dass es nicht darum geht, was Sie haben wollen. Sondern es geht darum, was Sie bereit sind zu geben. Täglich, wöchentlich, über Monate oder gar Jahre.

i Bei Erfolg geht es nicht darum, was Sie haben wollen. Sondern es geht darum, was Sie dauerhaft bereit sind dafür zu geben.

Auf mentale Stärke bezogen stellt sich also nicht die Frage, **ob** Sie es schaffen, sie zu steigern. Sondern es stellt sich bloß die Frage, **wann** es so weit ist.

Es macht mich oft nervös, von anderen zu hören, was sie alles vorhaben, was sie noch erleben wollen und welche Träume sie noch verwirklichen wollen. Wenn ich dann Fragen stelle wie „Wow, das finde ich toll! Was haben Sie dafür bereits getan, was sind Sie noch bereit zu geben und was ist Ihr genauer Plan, um das zu erreichen?", gewinne ich selten neue Freunde. Denn wortgewaltige Reden schwingen, das können viele. Aber wichtige Ziele über einen langen Zeitraum zu verfolgen, das fällt schwer.

Also treffen Sie jetzt die Entscheidung: wie schwer es auch sein mag, wie lange es auch dauert, wie viel Enttäuschung und Gegenwind auch auf Sie warten, Sie ziehen es durch.

Dafür brauchen Sie natürlich einen guten Grund. Ein Ziel ohne guten, emotionalen Grund ist wie ein Sportwagen ohne Sprit: zwar schön, aber nicht funktionstüchtig.

Sollten Sie noch keinen wirklich starken, guten Grund für mehr souveräne Gelassenheit, Erfolg und Gesundheit haben, können Sie ihn für sich mit diesen Fragen herausarbeiten:

Übung: Ihre Gründe, gelassener zu werden

1. Worauf verzichte ich, wenn ich so bleibe, wie ich jetzt bin?

2. Was werde ich immer wieder Unangenehmes erleben, wenn ich so bleibe, wie ich bin?

3. Was werde ich rückblickend bereuen, wenn ich so bleibe, wie ich bin?

Hier als Denkanstoß einige Beispiele für mögliche Antworten:

- Verzichten Sie darauf, schöne Feierabende zu erleben, weil Sie nicht abschalten können?

- Verzichten Sie auf den Stolz, nun in Situationen ruhig bleiben zu können, in denen Sie früher noch nervös gewesen sind?

- Werden Sie immer wieder sprachlos sein, obwohl Sie mit ein bisschen mehr Gelassenheit schlagfertiger wären?

- Werden Sie weiterhin Dinge tun, die Sie eigentlich für falsch halten, aber machen, weil Sie anderen gefallen wollen?

- Würden Sie bereuen, es nicht geschafft zu haben, noch abends eine erfüllte Stunde voller Präsenz mit den Kindern zu verbringen?

- Würde es Ihnen leidtun, wenn es Ihnen nicht gelungen ist, sich auf die wirklichen Freunde zu fokussieren und sich von Leuten endgültig zu verabschieden, mit denen Sie eigentlich keine Zeit verbringen wollen?

Das sind nur Beispiele. Ich habe nun genug gedacht und vorgekaut, nun sind Sie an der Reihe. Was sind Ihre Antworten auf diese Fragen?

Verstehen Sie mich bitte richtig: Sie sind gut so, wie Sie sind. Aber in Sachen souveräner Gelassenheit dank mentaler Stärke eben nicht gut genug, sonst würden Sie sich wohl kaum mit diesem Buch beschäftigen. Doch kommen Sie mir nicht mit solchen Ausreden wie „Es läuft doch ganz gut" oder „Andere sind auch gestresst" oder „Es war schon mal schlimmer".

„Ganz gut" reicht Ihnen also? Besser nicht. Sie sind doch nicht auf der Erde, um „ganz gut" zu sein. Sie sind auf der Erde, um richtig gut zu sein, und zwar auch bei Ihrer mentalen Stärke, weil sie Ihr Leben positiv beeinflusst. Und nur „weil andere gestresst" sind, heißt das noch lange nicht, dass Sie auch gestresst sein müssen. Ganz im Gegenteil: Heben Sie sich vom Mittelmaß ab, machen Sie es besser, anders, glorreicher! Und nur weil es „schon mal schlimmer" war, ist es jetzt noch nicht gut.

> **i** Sie haben ein Anrecht auf ein Leben, in dem Sie erfolgreich **und** gelassen sind.

Denn dann sind Sie rundherum gesund und glücklich. Nur wenn Sie in Ihrem Inneren glücklich sind, haben Sie aus Ihrem Leben ein Meisterwerk gemacht. Denn selbstverständlich ist hier mit Erfolg nicht nur der Ferrari, Karriere, Haus & Co. gemeint. Mit Erfolg meine ich, im außen, also in der wirklichen, objektiven Welt, sich selbst das zu ermöglichen, was einem wichtig ist und am Herzen liegt – im Inneren sind Sie erfolgreich, wenn Sie Ihr Leben in tiefer Zufriedenheit und vollumfänglichem Glück führen können, weil Sie Ihre Werte leben. Natürlich nicht immer, aber immer öfter.

Entscheiden Sie das für sich und machen Sie weiter, wie Sie wollen, aber es ist hier mein Job, Ihnen meine Meinung und eine neue Sichtweise aufzuzeigen. Sie sind frei, es ist Ihr Leben. Ich zeige Ihnen verschiedene und erprobte Möglichkeiten auf – Sie wählen aus.

Um das „höchste Selbst", Ihre persönliche „Champion-Version" zu sein, brauchen Sie diese starre, unflexible, entschlossene Widmung und Dickköpfigkeit. Totale Fokussierung bei totaler Entschlossenheit. Ganz ohne Stress, Druck und Theater. Einfach machen. Sie müssen das Phänomen „Strom" nicht verstanden haben, um das Licht anzuschalten. Sie brauchen nur den Schalter zu bedienen. Den Schalter für souveräne Gelassenheit kriegen Sie hier. Bedienen Sie ihn. Schlagen Sie drauf. Tun Sie was. Sonst wird das nichts mit Ihrer größeren mentalen Stärke.

1

Mentale Stärke: Wie wir sie entwickeln und wo wir sie brauchen

1.1 Mentale Stärke als Konstante in einer sich ständig verändernden Welt

In diesem Kapitel zeige ich Ihnen anhand eines Beispiels auf, was unter dem Begriff „mentale Stärke" zu verstehen ist, wie Sie von ihr profitieren können und was gute Gründe sind, sich um ihren kontinuierlichen Aufbau zu kümmern. Außerdem stelle ich Ihnen weitverbreitete Missverständnisse und Mythe zum Thema „mentale Stärke" vor.

„Gelassen zuschlagen" dank mentaler Stärke

Neulich fand in Wiesbaden eines meiner Intensivseminare zur mentalen Stärke im Management statt. Wir sind am Vorabend angereist, um alles in Ruhe vorzubereiten. Alles hat bestens funktioniert, der Raum war perfekt, alles lag am richtigen Platz, das Hotelpersonal war nicht nur freundlich, sondern auch mitdenkend und zuverlässig.

Nach einem herrlichen Frühstück am nächsten Morgen gehe ich in bester Laune zum Raum und die ersten Teilnehmer erscheinen. Wahrscheinlich kennen Sie diese Situation auch: Ein paar telefonieren noch, ein paar bearbeiten E-Mails und einige kommen miteinander ins Gespräch.

Da stehe ich, mit einem Kaffee in der Hand und ein Teilnehmer, Mitinhaber einer großen und sehr bekannten Rechtsanwaltskanzlei aus Düsseldorf, sagt: „Ach, ich freue mich schon so auf Ihre Ideen zu Business Mediation. Eigentlich habe ich mich nur dafür angemeldet. Von mir aus kann es losgehen." In dem Augenblick ging bei mir etwas los, denn der Teil des Seminars heißt „Business Meditation" und nicht „Mediation". Dabei werden Techniken vermittelt, um schnell zu entspannen und im Alltag immer wieder bei sich anzukommen. Interessant, was ein einziger Buchstabe doch alles verändern kann.

Beide Seiten sind irritiert. Denn obwohl es sicher nicht schaden kann, als Mediator auch meditieren zu können, war mir klar, dass ich das einem viel beschäftigten, global arbeitenden und in mehreren Zeitzonen zugleich lebenden Manager nicht verkaufen kann und will. Und ihm wurde klar, dass er mit dieser Absicht an der falschen Adresse war. Zeit und Geld drohten verschwendet zu werden.

Doch kennen Sie auch diese Geistesblitze? Er hatte vorher durch einen glücklichen Zufall davon erzählt, dass er oft von Mandanten genervt sei, die zwar selbst die abgesprochenen Informationen nicht liefern, dann aber alles ganz schnell haben wollen. Manchmal sei ihm dann danach, „einfach mal zuzuschlagen". Das ist zwar eine ganz „normale Idee" im Stress, die allerdings für den langfristigen Kundenkontakt und das Image des Unternehmens nur bedingt empfehlenswert ist. Mein Geistesblitz bestand darin zu sagen: „Wollen Sie lernen, gelassener zuzuschlagen?". Seine Augen begannen zu leuchten und ich erhalte mittlerweile ein- bis zweimal im Jahr eine E-Mail, in der er mir voller Freude berichtet, wie schön es ist, gelassen zuzuschlagen.

Natürlich reden wir hier nicht von körperlicher Gewalt gegenüber einem wichtigen Mandanten. Wir reden hier davon, einem Mandanten freundlich und bestimmt zu sagen, dass er sich trotz der Erinnerung nicht an eine Vereinbarung gehalten hat und dass sich die Bearbeitung daher verzögert. Dazu gehören Mut, innere Klarheit und der Wunsch, das zu sagen und zu tun, was für einen selbst vollumfänglich richtig ist.

Mentale Stärke hat für mich nichts mit oberflächlichen Techniken zu tun. Mentale Stärke fördert den Mut, das zu tun, was für einen selbst stimmt. Das zu sagen, was man sagen möchte. Auf eine klare, freundliche Weise. Sprudelnd aus der tiefen, inneren Weisheit. Das ist zwar unser aller Wunsch und es ist rational völlig klar, doch in der Praxis treten viele Blockaden auf, die in Momenten mentaler Stärke gelöst werden können. Aber dazu später mehr.

Nun wissen Sie, was in diesem Buch mit mentaler Stärke gemeint ist: gelassen zuzuschlagen. Gelassen zu handeln. Gelassen zu sagen, was Sie denken. Egal, was andere davon halten. Egal, was andere tun würden. Dank mentaler Stärke können Sie auch bei Widerständen und Gegenwind Ihre Ziele verfolgen und im Einklang mit Ihren Werten leben.

Eine eher sachliche Definition von mentaler Stärke

Nach der beispielhaften Definition erhalten Sie jetzt natürlich noch eine eher sachliche aus meiner Feder:

Mentale Stärke §

Mentale Stärke ist die Fähigkeit, eigene Emotionen zu regulieren, die eigenen Gedanken zu lenken und sich unabhängig von äußeren Bedingungen optimal zu verhalten. Optimal bedeutet hier, sich in einer Situation so zu verhalten, wie man es sich selbst im Idealfall für die Situation wünscht.

Dabei ist es aber nicht so, dass Menschen generell entweder mental stark oder mental schwach sind. Bitte nehmen Sie davon Abstand zu sagen: „Herr Müller ist mental stark, im Gegensatz dazu ist Herr Schulze mental schwach." Denn jeder Mensch hat ein gewisses Maß davon, aber wir rufen unsere mentale Stärke nicht immer rechtzeitig ab und wir können sie immer noch weiter verbessern.

Weil mentale Stärke nicht angeboren, aber in der modernen Zeit von großer Bedeutung ist, sollten wir uns täglich und in aller Ruhe um ihr Wachstum kümmern. **i**

Es gibt also jeweils Momente, in denen wir mental eher stark oder eher schwach sind. Ich kenne niemanden, der immer mental stark ist. Und ich kenne auch niemanden, der immer mental schwach ist. Allerdings kenne ich Menschen, die merken, dass sie gerade mental schwach sind und dann aufgrund der entwickelten Strategien und Techniken erfolgreich dafür sorgen, wieder in ihre mentale Stärke zu kommen. Menschen, die sich darum kümmern und denen es wichtig ist, dass sie möglichst oft in einem guten Zustand sind, um mental stark zu sein.

Die Kunst besteht also darin, einerseits grundsätzlich auf seinen Zustand zu achten und andererseits dafür zu sorgen, dass man in Augenblicken, in denen es darauf ankommt, punkten kann. Dies hat weniger mit Talent zu tun, sondern mehr mit Interesse am Thema und der Bereitschaft zu üben.

Selbstverständlich sind Teile der mentalen Stärke auch abhängig von der genetischen Disposition, der Persönlichkeit und der Erfahrungen, die ein Mensch in seinem Leben gemacht hat. Allerdings sind diese drei Aspekte nicht mehr beeinflussbar. Ihre Gene suchen Sie sich nicht aus, Ihre Persönlichkeit wurde jahrzehntelang geformt und Ihre Erfahrungen, die Sie geprägt haben, machen Sie auch nicht mehr rückgängig.

Aber zum Glück bedeutet das alles nicht, dass Sie Ihre mentale Stärke nicht von einem Ist-Zustand zu einem gewünschten Soll-Zustand entwickeln können. Bereits an diesem Punkt zeigt sich mentale Stärke. Viele Menschen machen ihre Veranlagung, die schlechte Kindheit, ihre Eltern, die Gesellschaft oder ihren Gott als Ursache für die missliche Situation verantwortlich, in der sie sich sehen. Im Moment der mentalen Stärke passiert so etwas nicht. Denn in diesem Moment geht es nicht darum, sich auf dem Unveränderbarem auszuruhen, sondern freudvoll und fleißig mit dem zu arbeiten, was veränderbar ist. Zum Beispiel mit den Emotionen, Gedanken und Verhaltensweisen, die durch diese Ursachen zwar begründet, nicht aber in Stein gemeißelt sind.

Häufige Missverständnisse zur mentalen Stärke

Mental stark zu sein bedeutet nicht, gefühl- und gnadenlos zu handeln, als ob man ein Roboter wäre. Vielmehr geht es darum, sich wohlzufühlen und glücklich zu sein, indem man möglichst oft im Einklang mit den eigenen Zielen und Werten handelt. Und zwar gerade dann, wenn es schwer wird: Falls die eigenen Ziele und Werte auf keinen Widerstand stoßen, ist das einfach. In Momenten mentaler Stärke handeln Menschen auch dann gemäß ihren Werten, wenn sie dadurch erst einmal Gegenwind oder gar Nachteile zu spüren bekommen.

Mental stark zu sein, bedeutet auch nicht, unabhängig von den eigenen Gefühlen zu handeln. Oft existiert das Bild, als ob Menschen mit großer mentaler Stärke des Wort „Aufschieberitis" nicht kennen würden, alles immer sofort erledigen könnten, nie schwierige Aufgaben vor sich haben und überhaupt nicht wissen, was unangenehme Gespräche sind. Vielmehr ist es das Ziel der mentalen Stärke, solche Gefühle überhaupt mitzubekommen, wahrzunehmen und dann mit ihnen zu arbeiten. Dafür müssen wir die eigenen erst einmal Gefühle verstehen. Und dann müssen wir uns fragen, ob sie uns eher zu dem führen, was wir wollen oder uns eher abdriften lassen.

Die Kunst besteht also nicht darin, sich zu Aufgaben, Gesprächen oder Aussagen zu zwingen, sondern mitzubekommen, wann wir uns unseren Gefühlen widersetzen sollten und wann wir ihnen nachgeben sollten. Das ist die Kunst: Gefühle nicht als Blockade oder Problem, sondern als Geschenk und Wegweiser zu sehen. Auf diese Weise gelingt es Ihnen, mit der akuten Unlust auf Sport, mit der Sorge vor der großen Rede, mit Zeitdruck oder einer schlechten Nachricht für einen Mitarbeiter konstruktiv umzugehen.

> In Momenten mentaler Stärke wissen wir, dass alles für uns und nichts gegen uns passiert. **i**

Mentale Stärke wird Ihnen nicht ermöglichen, jeden Morgen freudestrahlend aufzuwachen und durch Ihren mit Meetings, Telefonaten und E-Mails gefüllten Tag zu springen wie ein junges Rehkitz durch den Morgentau bei Sonnenaufgang.

Sie wird Sie auch nicht unabhängig von der Meinung anderer Menschen über Sie machen oder Sie in die Lage versetzen, nie mehr um Hilfe oder Unterstützung bitten zu müssen. Sie werden nicht plötzlich mit einer höheren Kraft in Verbindung treten, die Ihnen die notwendigen Ideen und Energien gibt, um alle Ihre Aufgaben mit leichter Hand erledigen zu können. Außerdem werden Sie auch mit größter mentaler Stärke nicht in der Lage sein, immer passende Antworten auf beruflich wie privat drängende Fragen, Probleme und Entscheidungen zu haben. Sie sind eben kein Superheld.

Mentale Stärke als Hilfe in einer unsicheren Welt

Doch genug mit dem, was Ihnen mentale Stärke nicht liefert. Bevor Sie das Buch frustriert zuschlagen und damit ein Beispiel für mangelnde mentale Stärke liefern, gebe ich Ihnen jetzt einige Beispiele mit auf den Weg, die Ihre Neugier steigern sollen.

Sie kennen den Diätenwahn aus der Lifestyle-Industrie. Da kommt eine Diät als Topthema auf und wird gehypt, als ob das jetzt die allein selig machende Form des Abnehmens wäre. Oder es kommt eine bestimmte Art, die Muskeln zu trainieren, auf und alle trainieren plötzlich so. Trends kommen und gehen, aber manches davon bleibt und erweitert die menschlichen Möglichkeiten. Mentale Stärke ist meiner Ansicht nach nicht so ein Thema, das jetzt einen kurzen Hype erlebt und dann wieder verschwindet. Denn die aktuellen und zukünftigen Ansprüche unserer beruflichen und privaten Umgebungsbedingungen brauchen eine größere mentale Stärke von Menschen, die sich heute und zukünftig erfolgreich und gesund unter diesen Bedingungen bewegen wollen. Vor 20 Jahren gab es ab und zu mal ein Reformhaus, heute gibt es an beinahe jeder Ecke Bioläden. Glauben Sie, dass Bioläden ein kurzes Trend sind, der bald wieder verschwindet? Ich glaube es nicht. Die bleiben. Genau so ist es auch mit der mentalen Stärke.

Mentale Stärke ist eine wertvolle Konstante in einer „Welt des Wandels". Auch wenn der Spruch „Das einzig Konstante ist der Wandel" recht oft bemüht wurde, beschreibt er die aktuelle Situation treffend. Unsere Welt wird immer schneller, unsicherer und „verrückter". Ich gebe Ihnen an dieser Stelle nur zwei Beispiele:

- Die Top 10 der gefragtesten Berufe in den häufigsten Stellenausschreibungen im Jahr 2010 gab es 2004 noch gar nicht. Das US-amerikanische Arbeitsministerium geht davon aus, dass die jungen Menschen, die heute ausgebildet werden, mit 38 Jahren bereits 14 Stellen bekleidet haben. Natürlich lassen sich die USA nicht 1:1 mit dem deutschsprachigen Raum vergleichen, aber auch hier ist eine ähnliche Tendenz sichtbar. Früher hieß es: Vater Metzger, Sohn Metzger. Die durchschnittliche Dauer der Betriebszugehörigkeit hat sich inzwischen aber dramatisch verkürzt. Fragen Sie mal Ihren Personalvorstand.

- Im 3. Quartal 2014 nutzten über 1,12 Milliarden aktive Nutzer Facebook über ein mobiles Endgerät. Wir leben in Zeiten des exponentiellen Wachstums: Es brauchte 30 Jahre, bis 50 Millionen Menschen Radios hatten, 50 Millionen Menschen hatten nach 13 Jahren einen Fernseher, das Internet nutzen 50 Millionen Menschen nach 4 Jahren, iPods waren nach 3 Jahren an 50 Millionen Menschen verkauft und Facebook hatte 50 Millionen Nutzer nach nur 2 Jahren. Fragen Sie mal Ihren Marketingvorstand.

Je nach Zählart variieren diese Zahlen, jedoch zeigt die Grundcharakteristik in eine Richtung: Unser Leben wird nicht nur „schneller", sondern zeitgleich auch noch komplexer. Dagegen wehren können Sie sich nicht, aber Sie können lernen, mit diesen neuen Bedingungen umzugehen.

So fragte das Beratungsunternehmen Hays in seinem HR-Report 2014 nach den größten Stolpersteinen für Führungskräfte. Demzufolge fehlt es 79 % der rund 660 Befragten schlicht an Zeit für ihre Führungsaufgaben, 55 % tun sich schwer damit, ihre Kontrollfunktion aufzugeben und ihren Mitarbeitern mehr Entscheidungsfreiheit zu überlassen. 48 % wollen sich nur ungern vom traditionellen Führungsmuster verabschieden, das Anwesenheit honoriert, und stattdessen auf Ergebnisse setzen. Da ist es nur logisch, dass insgesamt 37 %, mehr als ein Drittel der Führungskräfte, über die Wahl des richtigen Führungsstils verunsichert ist.

Ob Dax-Konzern oder mittelständischer Betrieb – Globalisierung und Projektarbeit, der demografische Wandel, der generelle Trend zur Individualisierung, befeuert durch neue Technologien, verschieben das Machtgefüge in Unternehmen – und sorgen für Stress.

Eine vielversprechende Möglichkeit, diesen aktuellen Herausforderungen konstruktiv und erfolgreich zu begegnen, besteht in der Steigerung Ihrer mentalen Stärke. Denn die versetzt Sie in die Lage, mit diesem „Wahnsinn" professionell umzugehen, anstatt sich von ihm überrennen zu lassen.

1.2 Wieso mentale Stärke und souveräne Gelassenheit so wichtig für Erfolg sind

Für das folgende Beispiel stellen Sie sich bitte vor, Sie wären Projektleiter oder Führungskraft – falls Sie es nicht sowieso schon sind. Betrachten Sie für einen Augenblick die nun folgende beispielhafte Situation aus dieser Perspektive.

Die gemobbte Mitarbeiterin

Ihre Bürotür fliegt auf, Sie schrecken von der Arbeit auf und mitten in Ihrem Büro steht eine Ihrer besten Mitarbeiterinnen – voller Panik, in Tränen aufgelöst und laut schluchzend. Langsam kriegen Sie mit, was soeben wohl passiert und versuchen, sich aus den Wortfetzen einen Reim zu machen. „… ungerecht … ich halte es nicht mehr aus … Anwalt … ich musste es Ihnen sagen … das geht schon zu lange so … schwere Vorwürfe". Plötzlich reißt der Wortschwall ab, die Mitarbeiterin sieht sie mit tränennassen Augen an und schweigt. Stille.

Und Sie fragen sich: „Was soll ich jetzt tun?" Als Pragmatiker, der Sie nun mal sind, kommen Sie nach einer gefühlten Unendlichkeit auf die Idee, ein Taschentuch zu suchen. Dabei denken Sie sich: „Was passiert hier? Wo sind die Kameras? Ist heute der 1. April? Oder herrscht vielleicht tatsächlich Lebensgefahr? Und wieso muss das ausgerechnet heute und ausgerechnet mir passieren?"

Aber vor allem denken Sie: „Wie kam die an meiner Assistentin vorbei!? Wo ist die eigentlich? Wenn man sie einmal braucht ...“

Als Sie ein Taschentuch gefunden haben, geben Sie es ihr und bitten sie, sich zu setzen. Unter lautem Schluchzen, das ihren ganzen Körper schüttelt, tut sie das zum Glück. Doch leider fällt es Ihnen schwer, sich eine optimale Strategie für die nächsten Minuten zurechtzulegen.

Denn eine solche Situation hatten Sie noch nie. Das ist die Premiere eines unliebsamen Stücks. Ganz ehrlich, viel lieber würden Sie sich Ihrer aktuellen Aufgabe widmen, der weiteren Vorbereitung Ihrer Rede vor der neuen Investorengruppe – aber die ist ja erst in 90 Minuten. Nun kramen Sie Ihr ganzes Wissen aus den Seminaren, Büchern und Kongressen heraus und kommen glücklicherweise auf die glorreiche Idee, eine schlaue Frage zu stellen: „Was ist passiert?“

Was Sie dann hören, verschlägt Ihnen die Sprache und lässt Sie spontan und unreflektiert blind vor Wut werden: Drei ältere Kollegen der Mitarbeiterin haben diese mehrfach aggressiv genötigt, weniger Leistung zu bringen: „Du bist eine 80 %-Kraft, wie kannst du es dann wagen, im Monat 289 Aufträge zu schreiben? Keiner von uns Vollzeitkräften macht hier mehr als 250! Hör auf damit, sonst machst du den Schnitt kaputt!“

Langsam beginnen Sie zu verstehen: Bereits seit Monaten wurde die Mitarbeiterin von Kollegen und vom eigenen Teamleiter dazu genötigt, weniger zu leisten. Als Sie verstanden haben, worum es geht, zuckt Ihre Hand schon spontan zum Telefon, um alle Beteiligten sofort antanzen zu lassen. Sie sehen sich schon mit der Rechtsabteilung einen Plan schmieden, um alle loszuwerden. Und Sie überlegen sich, wie Sie es wiedergutmachen können. Das Gedankenkarussell in Ihrem Kopf dreht sich schneller und schneller und Sie lassen sich von Ihrer Fantasie mitreißen.

Stopp. Der Film hält an. Kann es sein, dass Ihnen in einer solchen Situation eine gehörige Portion souveräner Gelassenheit, basierend auf einem Moment mentaler Stärke, klares schnelles Denken und ein Mindestmaß an Empathie nicht schaden könnte? Klar, darauf kommt es jetzt an. Doch diese Aspekte sind nicht der Kern. Denn am Ende geht es darum, ob Sie das Richtige auf die richtige Weise tun. Und dazu trägt mentale Stärke bei.

> Gelassenheit und mentale Stärke sind nur Mittel. Mittel, um durch Handlung das Leben zu meistern.

i

Der Kern besteht darin, dass Ihr Handeln jetzt möglichst optimal sein muss. Fatal wäre es in einer solchen Situation, einerseits unüberlegt massiv zu handeln oder andererseits alles zu beschwichtigen. Denn bei der massiven Handlung laufen Sie Gefahr überzureagieren, z. B. weil die Geschichte der Mitarbeiterin ausgedacht war, und beim Beschwichtigen kann es sein, dass sich die wertvolle Mitarbeiterin nicht ausreichend ernst genommen fühlt – und kündigt.

Wenn Sie sprechen und handeln, während Ihre Gedanken noch einen Sturm im Kopf auslösen, kann das fatale Folgen haben und mehr Arbeit machen als nötig. Natürlich wäre es gut, die Wogen zu glätten, sich mit der Mitarbeiterin zu unterhalten und herauszufinden, was da eigentlich genau passiert ist. Das schaffen Sie aber eher in einem souverängelassenen Zustand als in einem verärgert-gestressten Zustand.

In diesem Augenblick geht es auch darum, für sich klare Antworten auf Fragen wie beispielsweise diese zu finden:

- Muss ich mich selbst darum noch kümmern – oder kann ich das Anliegen der Mitarbeiterin weitergeben?

- Wenn ich mich darum kümmere: Was genau ist aus Sicht der Mitarbeiterin vorgefallen?

- Wie sieht der Teamleiter die Situation?

- Wer kann mir in der Situation noch helfen, um sie optimal mit geringstmöglichem Aufwand zu klären – und zwar dauerhaft?

- Was muss ich in meiner Organisation ändern, um solche Situationen zukünftig zu verhindern oder eher von ihnen zu erfahren?

Jetzt mal ganz ehrlich: In welchem Zustand finden Sie bessere Antworten, haben eine bessere Performance und können Ihr eigenes Handeln vorbildlich nennen? Wann können Sie rückblickend am meisten stolz auf sich sein? Im genervten, angespannten, gestressten Zustand A oder im souveränen, konzentrierten, gelassenen Zustand B? Wenn Sie sich für das Türchen A entscheiden, war es hoffentlich nur ein kleiner Gag Ihrerseits. Denn nur im souveränen und gelassenen Zustand B schaffen Sie es, all Ihr Wissen, Ihre Lebenserfahrung und Ihre Rhetorik einzusetzen. Wozu? Um durch Handeln zum Ziel, dem erfolgreichen Meistern der Situation, zu kommen.

Es geht im Endeffekt also nie nur um die Gelassenheit. Gelassenheit ist „nur" Mittel zum Zweck und nie das Ziel! Es geht im Leben darum, optimal zu handeln. Doch dafür brauchen Sie neben Ihrer Intelligenz, Ihrer Erfahrung und Ihrem Wissen vor allem souveräne Gelassenheit. Denn wenn Sie sich jetzt aus der Bahn werfen lassen, haben Sie keinen Zugang zu 100 % Ihrer eigenen Kapazität.

i Stress, Ärger und Druck blockieren den Zugang zur inneren Weisheit.

Und das ist schlecht. Ihr Handeln sollte freundlich, sachlich, gezielt und lösungsorientiert sein. Ein falsches Wort kann alles eskalieren lassen. Die Topmitarbeiterin kündigt, die drei Deppen bleiben da und das ganze Team weiß davon. Das ist schlecht für die Moral und damit auch für die Zahlen Ihres Bereichs. Außerdem passt es nicht zu einigen der Werte, für die Sie eintreten: Leistung, Erfolg und Fortschritt.

Um die Situation durch aktives Handeln möglichst gut zu bewältigen, brauchen Sie innere Ruhe. Ich glaube, das ist leicht einzusehen. Der Zusammenhang von innerer Ruhe und optimalem Handeln ist nicht meine Erfindung, ich weise Sie hier nur auf ihn hin und möchte Sie dafür sensibilisieren. Beobachten können Sie diesen Zusammenhang im alltäglichen Leben, bei sich selbst und bei anderen.

i Steigern Sie die souveräne Gelassenheit, dann steigern Sie die Qualität und Kraft Ihrer Handlungen.

Erfolgreiche Menschen zeichnen sich für mich im Endeffekt stark durch die Wirkung des Handelns aus. In meinen 20 Jahren als Coach, Redner und Seminarveranstalter bin ich auf viele Menschen gestoßen, die tolle Ideen mit bunten Worten beschrieben haben. Doch umgesetzt wurde dann nichts. Es ist für mich eine echte Herausforderung, bei solchen Dampfplauderern gelassen, freundlich und wertschätzend zu bleiben. Viele Manager in Großkonzernen wären als Geschäftsführer eines 100-Mann-Betriebes nach spätestens einem Jahr geliefert. Man würde sie vom Hof jagen.

i Ihre Zukunft können Sie nur durch souveränes Handeln im Hier und Jetzt beeinflussen.

Ich kann gar nicht genug betonen, wie wichtig dieser Punkt ist und wie viele Missverständnisse gegenüber Gelassenheit existieren.

Prüfen Sie mal bei sich selbst, welche Bilder und Assoziationen vor Ihrem inneren geistigen Auge auftauchen, wenn Sie an Gelassenheit denken. Was verknüpfen Sie mit Gelassenheit? Erfolg und Spitzenleistung oder eher eine „Nach-mir-die-Sintflut-Haltung"?

Wenn ich diese Frage in meinen Seminaren und Coachings stelle, kommt fast immer heraus, dass Gelassenheit gedanklich mit einer „Sch…-egal-Haltung" und Passivität verknüpft wird. In tausend Jahren wird das rückblickend als einer der großen Irrtümer der Menschheitsgeschichte betrachtet werden. Denn das ist einfach falsch gelernt. Diejenigen, die Ihnen das beigebracht haben, also vor allem Ihre Eltern und Lehrer, meinten das gar nicht böse, sie wussten es selbst einfach nicht besser. Wie hätten die Ihnen etwas beibringen können, ohne es selbst zu wissen und zu können? Seien Sie jetzt weder wütend noch anklagend, so nach dem Motto „Hätten meine Eltern mir damals nur beigebracht …", denn das hilft Ihnen nicht weiter. Es führt Sie nur in neuen Stress.

Aber zum Glück lesen Sie ja dieses Buch und können für sich prüfen, ob eine andere Sichtweise vielleicht viel wertvoller und richtiger ist: Gelassenheit ist für mich **die** Voraussetzung für optimale Handlungen und damit für echten Erfolg.

Sie kennen das doch auch: Wann sind wir am schlagfertigsten? Nach dem Gespräch. Doch was hätten wir in dem Augenblick im Gespräch gebraucht, um die „zündende Idee" zu haben? Gelassenheit, Ruhe, Übersicht, Distanz – nennen Sie es, wie Sie wollen –, aber an der Tatsache, dass Stress dumm macht, kommen Sie nicht vorbei.

Stress lässt das Gehirn auf Erbsengröße schrumpfen.   **i**

Wenn Sie es mit Erfolg und dem Annehmen Ihrer aktuellen Herausforderungen wirklich ernst meinen, wenn Sie wirklich erfolgreich und gesund bleiben wollen, wenn es Ihnen mit „Work-Life-Balance" wirklich ernst ist, dann kommen Sie um eine maximale souveräne Gelassenheit nicht herum.

Übrigens: Wenn Sie wissen wollen, wie dieses Beispiel, das tatsächlich so stattgefunden hat, ausgegangen ist: Es kam tatsächlich heraus, dass die Mitarbeiterin über Wochen intensiv genötigt wurde, weniger zu leisten. Der Teamleiter konnte nicht gefeuert werden, musste aber immerhin von seiner Position zurücktreten. Den beiden anderen maßgeblich beteiligten Mitarbeitern wurden die Zeitverträge nicht verlängert.

Inspiration

Bei Ihrer nächsten Autofahrt können Sie ein paar Minuten über folgende Frage nachdenken: Welche Situationen aus der beruflichen und privaten Vergangenheit hätte ich mit größerer Gelassenheit besser, geschmeidiger und einfacher bewältigen können?

1.3 Warum Sie Ihrer mentalen Stärke mehr Aufmerksamkeit schenken sollten

Weil ich vermute, dass Sie die Ideen aus diesem Buch nur dann ausprobieren, wenn Sie dafür gute, nachvollziehbare Gründe haben, möchte ich Ihnen zwei wirklich gute Gründe liefern, warum es wichtig ist, nicht nur erfolgreich, sondern erfolgreich **und** gelassen zu sein.

In einem Satz: Sie reduzieren nachweisbar Ihr Risiko für einen Herz- und Hirninfarkt und Sie machen aus dem genau einen Leben, das Sie haben, ein Meisterwerk.

Unser freundlicher Motivator 1: Das Risiko von Tod durch Stress

Schauen wir uns das einmal genauer an: Wieso reduzieren Sie Ihr Risiko für einen Herz- und Hirninfarkt, wenn Sie gelassener werden? Dazu gibt es zahlreiche Studien seriöser und glaubwürdiger Forschungsinstitute, von denen ich Ihnen hier kurz eine Auswahl vorstellen möchte. Es geht um das Thema Ärger:

Die Forscher Mostofsky, Penner und Mittleman haben in einer Studie an der Harvard Medical School belegen können, dass Menschen, die sich oft und intensiv ärgern, im Augenblick des Ärgers ein um 500 % höheres Risiko für einen Herzinfarkt haben. Doch damit nicht genug: Sie konnten außerdem ein um 300 % höheres Risiko für einen Hirninfarkt feststellen und belegen.

An einem ebenso völlig unbedeutenden Institut, der Hochschule Stockholm (Achtung Ironie, dies ist in Wahrheit eine der bedeutendsten medizinischen Hochschulen der Welt) konnte ein Team von Forschern belegen, dass Menschen mit dem Hang zum Ärger ein grundsätzlich doppelt so hohes Risiko für Herzkrankheiten haben, bis hin zum Tod durch Herzinfarkt. Das Wichtige hierbei ist, dass dieses Risiko nicht nur wie in der ersten Studie für die Zeit unmittelbar nach dem Ärger, sondern grundsätzlich belegt wurde. Also hängt das Damokles-Schwert auch über Ihnen, wenn Sie sich mal richtig gut fühlen. Mich lässt dieses Wissen hellhörig werden. Und es lässt mich versuchen, ein gelasseneres Leben zu führen.

Wenn Sie die Ergebnisse dieser Studien nicht glauben wollen oder noch mehr solcher Informationen benötigen, um sich ein gutes Motiv für ein gelassenes Leben zu bauen, googeln Sie. Beschaffen Sie sich selbst so viele Informationen, bis Sie sich selbst davon überzeugt haben, dass Sie zu wertvoll sind, um Ihr Leben durch irgendwelche Formen von Stress zu verkürzen.

Unser freundlicher Motivator 2: Wir haben nur ein Leben

„Ach so, ich habe nur ein Leben? Ja wenn ich das eher gewusst hätte!": Für viele, die sich mit der Steigerung ihrer mentalen Stärke beschäftigen, gibt es einen weiteren Grund: Wir haben nur ein einziges Leben, aus dem wir ein Meisterwerk machen können. Mit dieser knappen und einmaligen Ressource sollte daher behutsam umgegangen werden. Doch was tun die allermeisten Menschen? Sie tun so, als hätten sie sieben Leben. Sie verschwenden es. Wenn sich das Leben dann seinem Ende nähert, heißt es oft:

- „Ach hätte ich mal eher ..."

- „Ach hätte ich mal besser ..."

- „Ach hätte ich mal mehr ..."

Eventuell wendet der Scherzkeks in Ihnen jetzt ein, dass Sie ja vielleicht doch mehrere Leben haben. Dem stimme ich gerne zu, denn ganz auszuschließen ist das ja nicht. Wenn wir uns jedoch mit dem beschäftigen was wir mit großer Wahrscheinlichkeit nach genau wissen, kommen wir zu der Beobachtung, dass wir zunächst einmal ein Leben haben, aus dem wir ein Meisterwerk machen können. Sollten wir überraschenderweise nach diesem Leben erfahren, doch mehrere zu haben, ist das eine gute Nachricht und wir machen dann auch aus dem nächsten Leben wieder ein Meisterwerk. Ernsthaft: Wahrscheinlich wissen Sie bereits, worauf ich hinauswill.

> **i** Wer unnötig oft Stress, Ärger, Druck und Frust zulässt, geht mit der knappen Ressource Leben fahrlässig um.

Weil unsere Lebenszeit unaufhörlich und unveränderlich weiterläuft und wir keine Zeit zurückgewinnen können, ist es wichtig, mit ihr pfleglich umzugehen. Theoretisch ist Ihnen das bestimmt klar, doch wie sieht es in der Praxis aus?

Wie gehen Sie mit Ihrer Lebenszeit um, wenn Sie öfter als nötig unangenehmen Stress zulassen und nicht alles dafür tun, souveräner und gelassener zu werden? Wenn Sie die Situationen, in denen Sie sich im Augenblick ärgern, nicht als Anlass nehmen, sich zukünftig weniger zu ärgern, also aus ihnen zu lernen?

Ich will aus meinem Leben ein Meisterwerk machen. Dazu gehört natürlich auch der äußere Erfolg und das Nutzen der zahlreichen wunderbaren Möglichkeiten, die mir das Leben auf dieser Erde bietet. Doch was habe ich von diesem Erfolg, wenn ich ihn nur zum Preis von Krankheit, Stress und unangenehmer Anspannung bekomme? Ist das Leben dann schon ein Meisterwerk? Meiner Ansicht nach nicht, denn es fehlen Aspekte wie innerer Frieden oder innere Erfüllung.

i Unangenehmer Dauerstress ist ein zu hoher Preis für Erfolg.

Es ist einzig und allein Ihre Entscheidung. Für mich ist völlig klar, dass ich mit dem Aufbau von mentaler Stärke für weniger Stress sorge und damit eine wichtige Voraussetzung dafür schaffe, aus meinem Leben ein Meisterwerk zu machen. Die Tatsache, dass ich nur ein Leben habe, in dem ich Dinge nicht rückwirkend ändern kann, ist ein starkes Motiv für maximale souveräne Gelassenheit.

Inspiration

Was ist mit Ihnen? Wie groß ist Ihr Wille und Ihre Bereitschaft, sich diese beiden Ideen zu Herzen zu nehmen? Nehmen Sie sich einen kleinen Augenblick Zeit und begeben Sie sich mit folgenden Fragen auf eine Denkreise:

- Was bereuen Sie, wenn es Ihnen nicht gelingt, weiterhin so viel Erfolg zu haben wie heute, ohne dabei weniger Stress, Theater und Ärger zu haben?

- Wenn Sie Ihren Stresslevel nicht reduzieren, welche negativen Folgen können dann in Ihrem Leben auftreten?

- Können Sie auf Ihr Leben mit Stolz zurückschauen, wenn Sie zwar erfolgreich waren, aber wissen, dass Sie wiederkehrend an der ein oder Stelle hätten deutlich gelassener, gesünder und intelligenter reagieren können?

1.4 Wie Sie mit diesem Buch noch mehr Klarheit über Ihre Ziele gewinnen

Wenn Sie mit diesem Buch gezielt arbeiten wollen, dann hilft die Beantwortung von einigen einfachen Fragen dabei, Ihre Energie in die richtige Richtung zu lenken. Ich weiß, Sie haben sehr wahrscheinlich keine Lust, solche Fragen zu beantworten und werden sich daher keine Zeit für deren wirkliche Beantwortung nehmen. Aber ich schlage Ihnen Folgendes vor: Wenn Sie das nächste Mal im Stau stehen, am Flughafen warten oder Zug fahren, denken Sie an diese Fragen und beantworten Sie sie für sich.

- Wie fühlen Sie sich, wenn Sie unangenehm gestresst sind?

- Wie gehen Sie mit sich selbst um, wenn Sie sich stressen lassen?

- Mit welchen Adjektiven würden Sie sich selbst beschreiben, wenn Sie sich immer wieder in den gleichen Situationen und von denselben Menschen stressen lassen?

- Worauf verzichten Sie in Ihrem Leben, wenn Sie **nicht** gelassener werden?

- Was würden Sie rückblickend auf Ihrem Sterbebett bereuen, wenn Sie im Bereich „Stress und Gelassenheit" nichts verändert oder dazugelernt hätten?

- Was würde Ihnen immer wieder an Unangenehmem passieren, wenn Sie nicht gelassener werden?

- Für welche Menschen in Ihrem Umfeld ist es angenehmer, wenn Sie gelassener werden?

- Welche weiteren Motive, Vorteile und Anreize haben Sie, gelassener zu sein?

Wahrscheinlich haben die Antworten auf die ein oder andere Frage Sie zum Nachdenken angeregt. Sehr gut: nutzen Sie das für das Umsetzen der Inhalte. Doch zuerst lassen Sie sich inspirieren.

1.5 Eine ungewöhnliche Übersicht der wichtigsten Begriffe rund um „mentale Stärke"

Es ist mir sehr wichtig, dass Sie verstehen, wovon ich spreche, wenn ich bestimmte Begriffe verwende. So wird Missverständnissen vorgebeugt. Daher habe ich, ähnlich wie in den guten alten englischen

Krimis, eine Übersicht über die wichtigsten Begriffe (statt der wichtigsten Personen) erstellt. Hierbei geht es mir nicht darum, dass Sie die Definition genauso sehen wie ich. Um Himmels willen, wie anstrengend weil unmöglich wäre es denn, Sie gegen Ihren Willen von meiner Sichtweise zu überzeugen? Ich möchte nur, dass Sie wissen, wovon ich spreche, wenn ich die Begriffe verwende.

Begriffe sind ja eine Art Wegweiser, die auf Zusammenhänge, Gefühle, Phänomene hindeuten – hier kommt es also auf ein gemeinsames Verständnis an. Nur weil wir ein gemeinsames Verständnis haben, brauchen Sie es ja nicht so zu sehen, wie ich es sehe. Vielleicht widerstrebt Ihnen an der einen oder anderen Stelle meine Sichtweise – dann haben Sie die Möglichkeit, sich an ihr zu reiben und so eine eigene, neue Sichtweise zu entwickeln.

Wahrscheinlich werden Sie von Teilen dieser Definitionen anfangs irritiert sein. Gut so, denn Sie lesen dieses Buch ja nicht nur, um sich in dem, was Sie bereits wissen oder zu wissen glauben, bestätigen zu lassen. Sie lesen es ja auch, um zu neuen Sichtweisen und Perspektiven zu kommen. Aber dazu später mehr. Beim geduldigen Warten können Sie schon mal Ihre Gelassenheit trainieren.

i

„Was wir brauchen, sind ein paar verrückte Leute; seht euch an, wohin uns die normalen gebracht haben.“

George B. Shaw (1856–1950)

Stress

Stress ist ein Geschenk. Das werden Sie jetzt eventuell noch nicht nachvollziehen können, weil Sie es wahrscheinlich zum ersten Mal hören, aber dafür haben Sie ja dieses Buch. Stress ist außerdem ein unangenehmes Gefühl wie Ärger, Druck oder Zeitnot. Ich spreche hier nicht von dem Gefühl, nach einem anstrengenden, aber erfolgreichem Tag zu Hause anzukommen und erschöpft, aber glücklich zu sein. Sie lesen noch ein paar Seiten und gehen schlafen, voller Vorfreude auf den nächsten Tag. Das ist kein Stress.

Laut Duden ist Stress eine „erhöhte Beanspruchung, Belastung physischer oder psychischer Art“. Es gibt zurzeit keine einheitliche Definition von Stress, weil diese sehr stark von der konzeptionellen Herangehensweise des Forschers abhängig ist. Auf den bekannten Stressforscher Hans Seyle gehe ich später noch ein.

Stress bedeutet für mich, wenn Sie in Situationen stecken, in denen Sie sich unwohl fühlen. Mir geht es also vor allem um das **erlebte Gefühl** in einer Situation im echten Leben. Zum Beispiel:

- Ein Vertragspartner hält sich in wichtigen Punkten trotz mehrmaliger Hinweise nicht an Absprachen. → Mögliches Stressgefühl: Ärger

- Ihre Assistentin ist krank und der Ersatz kommt erst in zwei Tagen. → Mögliches Stressgefühl: Druck

- Ein anderer wurde bei der neuen Position bevorzugt, obwohl klar war, dass Sie diesen Posten erhalten werden. → Mögliches Stressgefühl: Enttäuschung

Vor dem Konzept „positiver und negativer Stress" kann ich Sie nur warnen. Sie erfahren im Kapitel „So werden Ärger und Stress zu einem Geschenk" noch, welche Gefahren dieses Konzept birgt und wie gefährlich es sein kann.

Gelassenheit

Gelassenheit ist ein Zustand, aus dem optimales Handeln für maximalen Erfolg entspringt. Gelassenheit ist eine Lebenseinstellung und genauso wichtig wie Wissen, Erfahrung, Strategie, Taktik oder Rhetorik. Gelassenheit ist nicht Selbstzweck, sondern die Voraussetzung für Klarheit, Ruhe und damit für das wichtigste für Erfolg: kluges Handeln. Nur im Zustand der Gelassenheit haben Sie Kontakt zu Ihrer inneren Weisheit. Im Stress sagen und tun Sie Dinge, die Ihnen später leidtun. Gelassenheit ist Ihre Brücke zu souveräner Handlung mit optimaler Wirkung. Deshalb ist hier immer von **souveräner** Gelassenheit die Rede. Gelassenheit hat also nichts mit der „Vogel-Strauß-Taktik" zu tun.

Problem

Probleme haben ihre Daseinsberechtigung. Auch wenn viele Menschen angeben, von „Problemen" gestresst zu sein, auch wenn viele sie als etwas Unangenehmes beschreiben. Ohne Probleme braucht es beispielsweise keine Unternehmen. Denn viele Produkte lösen Transport-, Gesundheits- oder Zeitprobleme. Probleme sind eine willkommene Herausforderung, durch die Sie Ihre Leistungsfähigkeit beweisen können oder feststellen, was Sie noch lernen können. Probleme lenken vom Alltagstrott ab und sind Anlass für Dankbarkeit und Freude.

Stellen Sie sich für einen Augenblick vor, Sie hätten noch nie ein Problem gehabt: Was für ein Mensch wären Sie dann heute? Also kann das Motto nur lauten: „Juhu, ein Problem!" Den meisten Menschen aber sind Probleme eine Last. Doch viele Menschen sind nicht erfolgreich und daran interessiert, die Welt und sich selbst jeden Tag ein bisschen besser zu machen. Nicht Ihre Probleme sind Ihre Probleme, sondern Ihr Denken über Ihre Probleme ist Ihr Problem.

Gefühle

Gefühle sind der Indikator für die Güte des Lebens. Wenn wir uns möglichst oft gut gefühlt haben, haben wir möglichst gut gelebt. Für ein erfülltes und glückliches Leben geht es nicht um das Haus, in dem wir leben, es geht nicht um das Auto, das wir fahren, oder die Position, die wir bekleiden. Sondern es geht darum, ob wir uns in unserem Haus glücklich fühlen, während der Autofahrt glücklich sind und während der Arbeit in unserer Position Glück empfinden.

Aufgrund der Beschaffenheit des Lebens können wir nicht immer glücklich sein, wir können uns aber immer selbst dafür einsetzen. Viele Menschen wollen und können leider nicht glücklich sein.

Wirklichkeit

Wirklichkeit ist die Realität, in der wir leben. Es ist das Ding, was wir Tisch nennen. Tisch ist nur unsere Bezeichnung für etwas, das da ist. Die Wirklichkeit ist in dem Augenblick, in dem wir sie wahrnehmen und auf unsere persönliche Art interpretieren, erst einmal so, wie sie ist. Daher darf meiner Auffassung nach das, was ist, erst einmal so sein, wie es ist. Durch unsere von souveräner Gelassenheit geprägte Handlung können wir manchmal dafür sorgen, dass sich die Wirklichkeit ändert. Garantien dafür gibt es nicht. Aber es lohnt sich, es zu probieren.

Gedanken

Gedanken entstehen im Kopf, sind elektrische Entladungen, die unsere Gefühle auslösen. Die Reihenfolge aus Sicht der mentalen Stärke ist: erst der Gedanke, dann das Gefühl. Niemand kann sich über etwas ärgern, ohne erst einmal eine Erwartung zu haben, wie es sein sollte. Eine Erwartung ist nichts anderes als ein Gedanke.

In einer stressigen Situation können wir unser Denken im ersten Augenblick nicht aktiv steuern, da sind wir in der Hand von biologischen Prozessen, die unser Überleben im Falle eines Angriffs durch Säbelzahntiger sichern sollen. Sie kennen bestimmt das bekannte Stress-Programm „Laufen oder Raufen", das wir als Säugetiere zum Überleben immer noch in uns haben. Die erste Reaktion unter starkem Stress ist quasi „biologisch determiniert".

Wir haben einen ständigen Strom von Gedanken, der erst einmal, gerade im ersten Moment von Stress wie Zeitdruck oder Ärger, ohne unser Zutun ständig vor sich hinfließt. Nach diesem ersten, schockartigen Zustand können wir aber erkennen, was in unserem Denken passiert. Durch unser Bewusstsein, unseren Willen und durch Techniken der mentalen Stärke können wir ungefähr erkennen, was wir denken, und das Denken bei Bedarf verändern. Es geht darum zu lernen, das Denken nach dem Schockzustand wieder zu lenken. Die gute Nachricht dabei: Im Gegensatz zur objektiven Wirklichkeit der Welt sind unsere subjektiven Gedanken leichter zu verändern.

Mentale Stärke

Mentale Stärke ist eine Konstante in einer sich immer schneller verändernden Welt. Sie ist ein Instrument und eine menschliche Fähigkeit, um sich im Leben erfolgreich im Einklang mit sich und anderen zurechtzufinden. Mentale Stärke ermöglicht, sich unabhängig von den äußeren Bedingungen im Leben stark, glücklich, ruhig und handlungsfreudig zu fühlen.

Menschen mit großer mentaler Stärke besitzen die erfolgs- und gesundheitsrelevante Fähigkeit, mit den gewöhnlichen Ungerechtigkeiten des Lebens, dem Leid in der Welt und den scheinbar unzähligen Problemen im echten Leben souverän, konstruktiv und zielorientiert umzugehen. Auch hier gilt: nicht immer, aber immer öfter. Mental starke Menschen übernehmen dabei die Verantwortung für ihr Denken, Fühlen und Handeln. Mentale Stärke ermöglicht Gesundheit und Erfolg in der heutigen komplexen, schnellen und sich ständig verwandelnden Welt und stellt damit ein wichtiges Werkzeug für ein glückliches Leben dar.

Stress: Wie er entsteht und warum er uns belastet

2.1 Stress ist Kopfsache, aber nur zu 100 %

Wenn Sie die Idee, dank mentaler Stärke aus dem Stress über souveräne Gelassenheit ins Handeln zu kommen, umsetzen wollen, ist es wichtig zu begreifen, wie Stress im echten Leben entsteht. Ich verschone Sie und mich dabei vor komplexen Modellen und Erklärungen, weil diese in der täglichen Praxis wenig hilfreich sind. Denn in der Stresssituation kann niemand im Lehrbuch auf Seite 354 nachschauen. Jeder braucht Praxiswissen. Dafür möchte ich Ihnen statt der Theorie lieber eine Sichtweise vorstellen, die Sie aus dem unangenehmen Gefühl von Stress nicht nur in Entspannung, Souveränität und Glück führt, sondern auch noch zu Handlungen bringen kann, auf die Sie stolz sein können.

Das Geheimnis der Gelassenheit oder: die erste (halbe) Million

Ich kenne jemanden, der in jungen Jahren im 2. Semester seines Studiums angefangen hat, als freiberuflicher Kommunikationstrainer und Seminarleiter zu arbeiten. Durch glückliche Umstände, ein gewisses Talent und viel Arbeit ist es ihm gelungen, zum Ende des Studiums davon gut leben zu können. Die Diplomarbeit schrieb er im Hotelzimmer nach seinen Seminaren. Er war erfüllt von seinem Erfolg und hatte das nächste Ziel immer schon vor Augen. Natürlich hatte er große Freude an seiner Tätigkeit und liebte es, Menschen dabei zu helfen, besser zu kommunizieren und (sich) besser zu verkaufen. Er konnte das Leben genießen und surfte auf der Welle des Erfolgs.

Diesen Erfolg hat er vor allem mit einer Zahl gemessen: Wie viel Geld habe ich? Anfangs sollten es 1.000 Mark Honorarumsatz pro Tag sein, dann monatlich 10.000 Mark Umsatz, dann jährlich 250.000 Mark Umsatz und so weiter und so fort. Sie werden diese Denkweise wahrscheinlich kennen und auch bei sich oder anderen beobachten können. Das Motto lautete für jeden Tag: „Höher, schneller, weiter".

Dann kam er auf Idee, dass die erste Million ein richtig gutes Ziel sein könnte. Und das war es. Er visualisierte die Million und seinen zukünftigen Lebensstil, so wie es in den Lehrbüchern steht. Mal war er auf einem guten Weg und mal war es schwierig, aber Richtung und Motivation stimmten. Zehn Jahre lang war er fleißig und beinahe versessen. Mehr Kunden, mehr Mitarbeiter, mehr Umsatz, mehr Ertrag, mehr Einkommen. Regelmäßig nahm er sich die Zeit, seinen Immobilienbesitz, den Wert seiner Autos und den Füllstand seines Girokontos zusammenzuzählen. So näherte er sich langsam, aber sicher der Million.

Endlich war absehbar, dass bei Eingang des Geldes für einige noch offene Rechnungen der magische Tag näherrückte. Es müsste Mitte Januar 2001 so weit sein. Ahnen Sie schon etwas? Was passierte am 01.01.2001? Genau, die Währungsumstellung auf den Euro. Was hieß das für ihn? Aus knapp 1.000.000 Mark wurden knapp 500.000 Euro! Mental war er plötzlich, von jetzt auf gleich, ewig weit weg von seinem Ziel. Verrückt, weil das Geld an sich ja theoretisch den gleichen Wert hatte. Ihn verließ sämtliche Energie und er konnte sich aufgrund der neuen Einheit nicht vorstellen, dass der eigentliche Wert des Reichtums ja, zumindest theoretisch, derselbe war.

Der damals junge Mann war ich übrigens. Und es ging mir einige Wochen richtig schlecht. Ich hatte das Gefühl, dass mein ganzer Erfolg plötzlich nichts mehr wert war und dass ich von vorne anfangen muss. Auch wenn das im Rückblick völlig unsinnig erscheint, damals war es so.

Vielleicht dämmert es Ihnen schon, warum ich diese Geschichte mit der Überschrift „das Geheimnis der Gelassenheit" versehen habe. In dieser Phase von Irritation, Frust und Enttäuschung hatte ich eine Erkenntnis:

> Es ist nicht die Wirklichkeit an sich, die mich stresst oder glücklich macht. Es sind meine Gedanken über die Wirklichkeit, die mich stressen oder glücklich machen. **i**

Es geht nie um das Verhalten anderer. Ich gebe Ihnen einige Beispiele, von denen ich hoffe, dass Sie sich ein paar Minuten Zeit nehmen, um sie nachzuempfinden. Die Beispiele basieren auf einer auf den ersten Blick eigentümlichen und ungewöhnlichen Sichtweise. Aber dazu ist ein Buch ja auch da: um zu neuen Sichtweise einzuladen.

- Wenn Sie auf einen Gesprächspartner warten, der zu spät ist, dann kann der Sie nicht stressen. Er ist ja gar nicht im Raum. Ihre Gedanken über ihn stressen Sie.

- Wenn Sie eine E-Mail erhalten, deren Inhalt Sie innerlich aufschreien lässt, ist es doch nicht die E-Mail, die Sie stresst. Eine E-Mail ist nichts anderes als ein Bündel von Lichtstrahlen im Monitor. Ihr Denken macht Sie wütend, nicht die E-Mail an sich. Die E-Mail an sich kann nichts.

- Wenn Sie persönlich unsachlich angegriffen werden und Sie wütend werden, dann waren das Schallwellen, die Ihre Ohren erreicht haben. Die Bewertung der Schallwellen, die durch Ihre Gedanken entsteht, lässt Sie wütend werden.

- Wenn Sie am Bahnhof stehen und Ihr Zug hat Verspätung, kann der Zug an sich Sie nicht nerven, denn er ist ja nicht da. Es sind Ihre Gedanken über den Zug und die Gedanken über die möglichen Folgen Ihrer Verspätung, die Sie nerven und die Sie sich schlecht fühlen lassen.

Ich bin mittlerweile sicher, dass es nicht ausreicht, diesen Zusammenhang nur rational zu verstehen. In den letzten Jahren bin ich immer mehr zu der Überzeugung gekommen, dass wir einfach offen sein sollten für diese Erkenntnis. Wir müssen sie tief ankommen lassen und nicht nur rational verstehen. Erzwingen können wir eine Erkenntnis nicht. Denn moderner Stress in unserer Welt ist zwar durch die Veränderungen in der Außenwelt rational begründet, aber auch ein tiefes Gefühl. Dieses Gefühl lässt sich selten in logische Zusammenhänge auflösen. Die Erkenntnis kommt von sich aus zu uns, wir können sie nicht erzwingen. Aber wir können es ihr leicht machen, uns „zu erleuchten", indem wir uns immer wieder mit dem Zusammenhang von Gedanken, Wirklichkeit und Gefühl beschäftigen.

> **i** Ich hielt mein Gehirn für das wichtigste Organ, bis mir bewusst wurde, woher diese Idee kommt.

Viele Menschen, die diesen Unterschied sehen können und sich von ihm leiten lassen, haben diese Klarheit in besonders intensiven Momenten erlebt. Vor allem in oder nach Zeiten der Krise und der Niedergeschlagenheit. Sie können das nicht lernen wie die neuen Regeln zur internationalen Umsatzsteuerberechnung. Aber Sie können offen sein für diese Sichtweise und warten, bis Sie von ihr erfüllt sind. Sie können und brauchen sich zu nichts zu zwingen. Die Erkenntnis wird Sie zum richtigen Zeitpunkt erfüllen und dann haben Sie es ein für alle Mal begriffen.

2.2 Das ABC-Modell: So entsteht Stress im wahren Leben

Damit Sie möglichst scharf beobachten und sich für diese ungewöhnliche, aber sehr hilfreiche Sicht der Welt öffnen können, erhalten Sie nun ein Raster. Dieses Raster hilft Ihnen dabei, sich für eine ungewöhnliche, aber meiner Ansicht nach wahre und sehr hilfreiche Perspektive auf den eigenen Stress zu öffnen.

Stellen Sie sich drei Ebenen vor: Unten ist die Ebene des Gefühls, ganz oben ist die Ebene der Materie, der Realität, der Wirklichkeit und in der Mitte ist – und das ist der entscheidende Aspekt – Ihre Interpretation, also Ihr Urteil, Ihre Meinung, Ihre Erklärung, Ihre Gedanken über die Wirklichkeit. Ich nenne das Denken der leichten Einprägsamkeit halber gerne das ABC-Denken.

> **i** **Das ABC-Denken**
>
> A ist die Wirklichkeit, das Leben, die Realität.
>
> B ist mein Denken, meine Bewertung darüber.
>
> C sind die Gefühle, die mein Denken auslöst.

Nehmen wir nun an, Sie ärgern sich über einen Kollegen, der zu spät zum Meeting erscheint. Was passiert? Das Gefühl (C) betrachten und nutzen Sie zukünftig als Signal, Geschenk, Hinweis: „Hey, halte mal kurz inne, gerade geht es dir nicht gut. Schau dir mal die beiden anderen Ebenen an: Was genau ist passiert?" Der Kollege ist nicht da und unter uns: Wie soll es ein Kollege, der nicht da ist, schaffen,

Sie zu ärgern? Das geht ja gar nicht. In Wahrheit ärgern Sie sich also über Ihre Meinung (B) von der Realität (A). Sie können das Ärgergefühl jetzt nutzen, indem Sie entweder durch Handlung die Realität verändern oder indem Sie durch Mentaltechnik Ihre Meinung verändern. Sie werden später noch feststellen, dass Letzteres einfacher ist, als Sie denken.

Um die Realität (A) zu ändern, gehen Sie in Ihren „Champion-Zustand" und überlegen sich „Was ist das Beste, was ich jetzt tun kann?" und sagen dem Kollegen dann beispielsweise: „Lieber Kollege, ich habe mich darüber geärgert, dass du zu spät gekommen bist. Bitte sei in Zukunft pünktlicher!"

Wenn Sie Glück haben, sagt der Kollege ja und hält auch noch sein Wort. Dann haben Sie Ihr Stressgefühl genutzt, es als Geschenk betrachtet und erfolgreich die Realität verändert (C). Wenn Sie Pech haben, sagt der Kollege jaja, hält sein Wort aber nicht. Wenn Sie es also bereits 13-mal angesprochen haben, ist es vermutlich sinnvoller, die eigene Meinung zu ändern. Natürlich würden Sie ihn aus dem Projekt oder der Firma entfernen, wenn Sie das können. Stress haben Sie in diesem Fall aber nicht, weil Sie eine Lösung haben. Stress haben Sie nur, wenn Sie etwas ändern wollen, es aber nicht können:

Den Krieg mit der Realität können Sie nicht gewinnen.

Gewisse Dinge können Sie einfach nicht verändern, finden Sie sich damit ab! Weder das Wetter noch das Verhalten Ihrer Kollegen ist Ihre Einflusszone – ob es Ihnen gefällt oder nicht. Wenn der Kollege Ihnen nicht zustimmt, wird er sich auch nicht ändern.

Der springende Punkt dabei ist, dass Sie Ihre mentale Stärke zuerst einmal dafür einsetzen, die Realität zu verändern, indem Sie mutig, freundlich und klar sagen, was Ihnen nicht passt und wie Sie es gerne hätten. Wenn Sie nicht kriegen, was Sie wollen, dann nutzen Sie Ihre mentale Stärke dafür, um mit dem geschmeidig umzugehen, was Sie nicht verändern können. Mit mentaler Stärke gewinnen Sie also in beiden Fällen.

Was Sie dabei auch automatisch tun, ist, die Verantwortung für Ihre Gefühle zu übernehmen. Fragen Sie sich: „Was denke ich denn gerade, was genau ärgert mich?" – und fangen Sie an, diese Dinge zu verändern.

2.3 Warum es anfangs so schwer ist, im Stress unser Denken zu lenken

Den Zusammenhang von Realität, Meinung und Gefühl werden Sie nun nachvollziehen können. Dies ist ein großer Schritt in Richtung mentaler Stärke. Allerdings gibt es eine kleine Schwierigkeit dabei: Das eigene Denken, die eigenen Erwartungen und unsere Sicht auf die Welt wurde im Laufe von Jahren oder gar Jahrzehnten geprägt. Sicherlich kommt es vor, dass wir von jetzt auf gleich etwas anders sehen oder aufgrund einer Einsicht eine neue Perspektive auf etwas gewinnen. Wenn das aber so einfach wäre, würde es sicherlich weniger Stress, Ärger und Schwierigkeiten geben. Wir könnten uns dann ja einfach bei einem aufkommenden unangenehmen Gefühl (C) kurz überlegen, ob wir die Realität (A) ändern wollen und können uns dann bei Bedarf eine neue Meinung (B) zulegen.

Sie kennen vielleicht den Film „Das Streben nach Glück" von und mit dem amerikanischen Schauspieler Will Smith. Darin findet sich eine wunderbare Szene, in der er mit seinem Sohn Basketball spielt. Der Sohn hat eine unglaubliche Freude daran, obwohl er den Korb nur selten trifft. Sein Vater (Will Smith) sieht das und sagt: „Ach weißt du, mein Sohn, ich war nie ein guter Basketballspieler und auch du wirst kein guter Basketballspieler. Ich rate dir, lass das Basketballspielen lieber sein." Der Sohn packt seinen Basketball ein und will niedergeschlagen gehen. Dann wird der Vater wach und sagt: „Sohn, lass dir nie wieder einreden, dass du etwas nicht kannst, was du möchtest! Weder von mir noch von anderen."

Was ist passiert? Beinahe wurde dem Sohn eine fremde Meinung eingepflanzt, nämlich: Ich kann nicht gut Basketball spielen. Das ist nur ein Beispiel dafür, was jeden Tag passiert. Sie kommen mit einer komplett weißen Weste auf die Welt. Im Laufe der Zeit lernen Sie, die Meinung anderer anzunehmen. Es ist kein Zufall, dass Sie sich in bestimmten Situationen beispielsweise mehr ärgern als andere, da Sie einfach gelernt haben, sich über diese Situationen zu ärgern. Es ist deshalb kein Zufall, weil Sie gelernt haben, eine bestimmte Situation auf eine wiederkehrende Art und Weise zu erklären – und Erwartungen zu haben, was in dieser Situation passieren sollte. Diese Erklärungen und Erwartungen – und diese sind nichts anderes als Meinungen und Gedanken – führen Sie in den Ärger.

Vereinfacht gesagt, ist ungefähr Folgendes passiert: Sie konnten Ihre Eltern einige Male dabei beobachten, wie sie sich ärgern. Dabei haben Sie zwei Dinge gesehen: Wie macht man das mit Ärger und wann macht man das genau? Dies ist ein ganz entscheidender Punkt: Sie haben gelernt, sich zu ärgern. Sie sind damit nicht auf die Welt gekommen. Sie haben immer wieder bei unterschiedlichen Menschen beobachten können, wann die sich ärgern, wie sie dabei aussehen, was sie sagen und wie deren Körpersprache ist. Ärger ist, genauso wie viele weitere Anlässe und Gefühle von Stress in der Berufswelt, gelernt.

Nur daher macht dieses Buch überhaupt Sinn. Wenn Ihre gestresste Reaktion auf die Realität vorbestimmt und in Stein gemeißelt wäre, könnten Sie ja nichts verändern. Doch wenn Sie die Verantwortung für das Stressgefühl übernehmen und dessen Entstehung in Ihrem Denken als Reaktion auf die Wirklichkeit erkennen, ist Hoffnung in Sicht.

Denn dann passiert etwas Wunderbares: Sie sind erfüllt von der Erkenntnis, dass es nicht Ihr Chef an sich ist, der mit seinem Vorschlag für unnötige Mehrarbeit sorgt, sondern dass es Ihr Denken über ihn und seinen Vorschlag ist, das Sie nervt. Und Sie erkennen Ihre Möglichkeiten für eine neues Denken (z. B. „Ich kann Nein sagen und mich weigern, diesen Aufgaben nachzugehen" oder „Mal sehen, ob das in der Praxis wirklich so viel Mehrarbeit ist, wie ich jetzt vermute"), anstatt sich mit den bekannten, Stress auslösenden Denkmustern selbst fertigzumachen (z. B. „Auch das noch!" oder „Das zahle ich ihm heim!").

In den nächsten Kapiteln lernen Sie, diese Idee in die Praxis umzusetzen und Sie finden auch zahlreiche Hinweise in den Inspirationen für die jeweiligen Wochen. Genau wie ich Ihnen zu Beginn versprochen habe: Sie bekommen hier nicht nur Antworten auf die Frage „Was (ist zu tun)?", sondern auch konkrete Antworten auf die Frage „Wie (ist es zu tun)?". Zum Was kann ich Ihnen schon mal sagen: Sehen Sie genau hin, wenn Sie auf der Suche nach der Ursache von Stress sind. Es sind nicht äußere Faktoren, die Sie angreifen, es sind die inneren Denkprozesse über die äußeren Faktoren, die angreifen.

Und als wäre das nicht genug, gibt es noch ein weiteres „Problem": Wir Menschen neigen dazu, uns negative Meinungen zu bilden. Stellen Sie sich die folgende Situation vor:

Menschen sehen oft nur das Negative

Sie fahren auf der Autobahn und der Verkehr stockt. Sie sehen rechts neben sich einen Verkehrsunfall und wissen, dass dieser Unfall die Ursache für den Stau ist. Allerdings gibt es auf der linken Seite einen wunderbaren Sonnenuntergang. Alle schauen nach rechts zum Unfall und keiner schaut nach links. Auch Sie.

Unser Verstand ist darauf trainiert, negative Dinge stärker wahrzunehmen als positive Dinge. Vor dem Hintergrund unserer menschlichen Evolution ergibt das Sinn. Denn es ist nicht gut, nach anstrengender Jagd auf Mammuts einen schönen Sonnenuntergang Arm in Arm mit unserer Steinzeitfrau zu genießen, dabei aber den Säbelzahntiger zu spät zu bemerken, der sich uns von hinten nähert.

Inspiration

Suchen Sie ab heute jeden Tag einige Beispiele, in denen es nicht die Wirklichkeit ist, die andere stresst, sondern in denen es die Gedanken der Menschen sind, die diesen Stress auslösen. Oft fällt es leichter, solche Zusammenhänge zuerst bei anderen zu erkennen. Dann ist die Chance sehr groß, dass Sie diese plötzlich auch bei sich erkennen.

2.4 Acht klassische Denkfehler, die Stress entstehen lassen

In jedem Bereich des Lebens gibt es bestimmte wiederkehrende Fehler. Der Grund kann darin bestehen, dass man es nicht besser weiß. Oder man wusste es zwar besser, hat es aber nicht berücksichtigt. Praktische Beispiele aus dem echten Leben: Autofahrer fahren zu dicht auf und es gibt einen Auffahrunfall, Leute fahren mit der Deutschen Bahn und erwarten, dass sie immer pünktlich ist, oder es wird regelmäßig 80 Stunden pro Woche gearbeitet und man wundert sich, dass man dicker und dicker wird.

Obwohl wir genau berechnen können, wie lange der Bremsweg wäre, dass die Bahn aufgrund der Komplexität nicht immer pünktlich sein kann und dass 80-Stunden-Wochen auf Dauer zu einem Ungleichgewicht führen, fällt es oft schwer, das eigene Verhalten zu ändern. Quelle für diese Fehler können einfache Versehen oder Unwissenheit sein – aber häufig sind es bestimmte klassische, also weitverbreitete Denkfehler, die es auszumerzen gilt. Einer der Hauptgründe für Denkfehler besteht darin, dass unser Gehirn energiesparend arbeiten muss. Leider übertreibt es das manchmal und es wäre besser, mit der ein oder anderen zusätzlichen Denkschleife ein besseres Ergebnis zu erzielen. Schließlich kann man auch zu viel Energie sparen.

Schauen Sie sich die folgenden Punkte genau an und prüfen Sie, ob Sie sich der aufgeführten „Denkfehler" bereits bei Ihnen selbst bewusst sind. Bekommen Sie es mit, wenn Sie diese Denkfehler machen? Das kann auch ruhig erst im Rückblick sein. Wenn das bereits so ist, prüfen Sie bitte, ob Sie danach leben oder ob Sie es immer wieder vergessen.

Machen Sie sich dabei bewusst, dass die Neigung zu diesen Denkfehlern im Stress zunimmt. Wenn wir locker sind, uns gut fühlen und den Eindruck haben, Zeit zum Nachdenken zu haben, machen wir weniger dieser Denkfehler.

> Unter Stress nehmen Denkfehler zu und sorgen so für neuen Stress. **i**

Ich bin mir übrigens sehr sicher, dass Sie im beruflichen und privaten Alltag all die angesprochenen Punkte noch mehr beherzigen können. Aber suchen Sie sich zunächst einen einzigen Punkt aus, den Sie in den nächsten Tagen besonders beachten wollen. Wenn Sie die praktische Umsetzung besser beherrschen, knöpfen Sie sich den nächsten Punkt vor. So lange, bis Sie in allen Bereichen Meister sind und sich von diesen Denkfehlern nicht mehr in Stress, Ärger und Frust führen lassen.

Schwarz-Weiß-Denken

Unser Verstand neigt dazu, in gegensätzlichen Kategorien zu denken. Oben–unten, links–rechts, gut–schlecht, langsam–schnell, Mann–Frau, wir–die anderen, Gefahr–Sicherheit, schön–hässlich. Daher sehen wir komplexe, bunte und vielschichtige Situationen vereinfacht „schwarz-weiß". Vielleicht teilen Sie Ihre Lieferanten in zwei Gruppen ein: zuverlässig und unzuverlässig. Oder Sie betrachten Ihre Mitarbeiter als motiviert und unmotiviert.

Der Vorteil dieser Sichtweise ist: Wir können in der freien Wildbahn schnell Freund von Feind unterscheiden. Vermutlich hat diese Art der Wahrnehmung zum Überleben unserer Spezies beigetragen. Auch wenn es in Ihrer Firma manchmal zugeht wie in der Wildnis, denken Sie einen Schritt weiter. Sie haben bei dieser Weiterentwicklung Ihres Denkens zwei große Vorteile: Sie besitzen ein besseres, weil nuancenreicheres Bild von der Wirklichkeit und die Menschen werden sich von Ihnen besser behandelt fühlen, denn niemand wird gerne in eine Schublade gesteckt.

Generalisierung

Einer neu eingestellten Führungskraft gelingt es trotz Ihrer guten Tipps und Hinweise nicht, eine gute Mitarbeiterin zum Bleiben zu bewegen. Sie denken: „Ich wusste es ja gleich, überzeugen und motivieren kann er nicht." In diesem Augenblick versucht Ihr Verstand, aus einer einzelnen, einmaligen Situation etwas Generelles abzuleiten.

Dieses Denken kann Sie zu schweren Fehlentscheidungen führen. Es ist zwar einfach zu generalisieren, indem man ein Vorkommnis auf alle zukünftigen Situationen bezieht, aber es ist nicht korrekt. Vielmehr könnten Sie spezifisch herausfinden, was die Gründe in diesem Beispiel gewesen sind. Wenn Sie dann beim dritten oder vierten Mal wieder feststellen, haben Sie mehr Gründe, die eine Generalisierung vielleicht irgendwann rechtfertigen.

Wenn Sie einmal einen unentschlossenen Gesprächspartner nicht einfangen können, könnten Sie aufgrund der Generalisierung in die Irre geleitet werden und zukünftig von sich denken „Ich bin schlecht darin, unentschlossene Gesprächspartner einzufangen." Fatal, denn vielleicht können Sie es grundsätzlich ja, nur eben nicht bei diesem einen Mal. Fatal ist so ein Gedanke auch deswegen, weil Sie nichts können können, was Sie nicht glauben zu können.

Lassen Sie das sein und überlegen Sie sich ganz genau, was Sie noch hätten tun können, um ihn einzufangen. Beim nächsten Mal achten Sie darauf und wenn es Ihnen nicht gelingt, bringen Sie es sich bei, anstatt sich generell schlechtzumachen.

Nur das Problem und das Schlechte sehen

Wenn Sie Ihren Tag abends Revue passieren lassen, woran erinnert sich dann Ihr Gehirn von allein? An die Momente, in denen Mitarbeiter pünktlich und vorbereitet im Meeting erschienen sind oder an die Momente, in denen jemand zu spät und unvorbereitet gewesen ist? Was ist Ihnen mehr im Kopf geblieben: Das, was Sie nicht geschafft haben, oder das, was Sie heute alles erledigt haben? Bei den allermeisten Menschen ist es so, dass die „unrunden" Sachen im Kopf bleiben. Allerdings haben Sie keinen ausgewogenen und damit realistischen Blick auf den Tag, wenn Sie das Positive vergessen.

Wenn Ihre Klimaanlage seit November jeden Tag funktioniert hat und im Februar ausfällt, erinnern Sie sich abends an die Kälte im Auto, wenn Sie Ihren Tag Revue passieren lassen. Doch die ganzen

Tage davor, als sie immer funktioniert hat, ist Ihnen das nicht in den Sinn gekommen. Beobachten Sie, ob Ihr Verstand auch so tickt und setzen Sie ganz bewusst ein Gegengewicht, indem Sie sich abends fragen: „Was waren drei gute Momente am heutigen Tag?".

Gedankenlesen

Obwohl wir genau wissen, dass wir nicht wissen können, was andere denken, neigen wir dazu, es doch zu glauben. Wir maßen uns an zu wissen, was andere über uns, unser Verhalten und unsere Vorhaben denken. Wenn wir beispielsweise denken „Aufgrund meiner Performance heute müssen die mich für einen Amateur und blutigen Anfänger halten", nehmen wir unsere Vermutung als wahr an und fühlen uns schlecht. Oder wenn wir eine Idee haben und diese gleich verwerfen, weil sich die anderen sowieso nicht von ihr überzeugen lassen, nehmen wir uns selbst unsere gesamte Kraft des souveränen Handelns.

Ich gehe mit dieser Funktion meines Verstandes so um: Entweder es ist mir egal, was die anderen über mich denken oder ich frage nach, ob meine Vermutung stimmt. Nehmen Sie kein Blatt vor den Mund und sprechen Sie aus, was Sie vermuten. So habe ich festgestellt, dass das Ergebnis des Gedankenlesens meistens grober Unfug ist. Mit dieser Erfahrung können Sie dann deutlich besser mit dieser Art des Kopfkinos umgehen.

„Katastrophisierung"

Unser Verstand ist ein besserer Regisseur von Horrorfilmen als jeder Hollywoodregisseur. Manchmal machen wir die Dinge schlimmer, als sie sind. Wir machen aus der Mücke nicht nur einen Elefanten, sondern gleich eine riesige Elefantenherde! Wenn die Zahlen in einem Monat nach unten gegangen sind, neigt unser Verstand dazu, gleich schwarz zu sehen, und vermutet, dass es in den nächsten Monaten noch schlimmer wird. Das zu vermuten, gelingt ihm ganz ohne Beweis.

Es kann uns also schnell passieren, dass wir ohne konkrete Fakten in einen Strudel der immer katastrophaler werdenden Gedanken geraten. Wenn Sie das feststellen, halten Sie inne und schreiben Sie die Fakten auf. Wenn Sie Fakten gefunden haben, stellen Sie Ihr Team zusammen und lösen Sie das Problem mit vereinten Kräften.

Vorschnelles negatives Bewerten

„Bewerten" meint in diesem Zusammenhang, einer tatsächlich vorhandenen Tatsache einen positiven oder negativen Wert zu verleihen. Unter Stress neigen wir dazu, Situationen, Dinge und Menschen negativ zu bewerten.

So passiert es, dass wir denken: „Was für ein Idiot!", statt: „Er hat einen Fehler gemacht, denn besprochen haben wir etwas anderes." Weil es unser Verstand auch hier aus Energiespargründen einfach haben will, neigt er dazu, diese Bewertungen vorschnell, unausgewogen und einseitig vorzunehmen. Dies führt nicht nur zu unangenehmen Gefühlen von Stress, sondern auch zu einer unrealistischen Wahrnehmung, die eine Beschäftigung mit den tatsächlich vorhandenen Tatsachen erschwert. Schließlich ist es einfacher, mit einem Bereichsleiter über seine Abweichung von der Vereinbarung zu sprechen als mit einem „Idioten".

Bitte überlegen Sie, wie schwer Sie sich selbst das Leben machen, wenn Sie unbewusst bewerten. Und überlegen Sie auch, wie schwer Sie es anderen machen, mit Ihnen umzugehen, wenn Sie andere vorschnell negativ bewerten, ohne sich dessen bewusst zu sein.

Die Zukunft vorhersagen

Obwohl keiner von uns weiß, was in Zukunft genau geschehen wird, ist unser Verstand andauernd dabei, uns zu erzählen, was passieren wird. An sich müsste er ja ergänzen „was passieren könnte", legt aber größten Wert auf das, „was passieren wird". Außerdem können wir diese Szenarien als Vorschlag unseres Verstandes betrachten, statt sie im Stress als Wahrheit hinzunehmen.

Auf diese Weise glauben wir zu oft, dass wir eine Glaskugel haben, mit der wir die Folgen unseres Verhaltens, unserer Ideen vorhersehen können. „Das wird ein harter Tag", „An dem Projekt werden wir uns die Finger verbrennen" oder „Wenn ich diesen Aspekt anspreche, trete ich eine Lawine von Widerstand los" sind einige Ihnen wahrscheinlich grundsätzlich bekannte Beispiele hierfür. Diese Aspekte können nicht nur zu einer „sich selbst erfüllenden Prophezeiung" werden, sondern, und das finde ich noch schlimmer, sie können uns dazu bringen, nicht unserem Herzen, unserer Intuition mutig zu folgen. Wenn wir solchem Kaffeesatzlesen ungeprüft Glauben schenken, nehmen wir uns selbst die Macht, unsere Ideen, Vorhaben und unsere Werte mit Schwung zu leben und Ihnen durch Verhalten Ausdruck zu verleihen.

Personalisierung

Auch wenn wir oft genug gehört haben „Die Welt dreht sich nicht nur um dich", so glauben wir es doch häufiger, als es uns bewusst ist. Wenn Sie zum Beispiel vergeblich auf einen Rückruf warten, könnte Ihnen dieser Denkfehler suggerieren, dass das Ausbleiben etwas mit Ihnen persönlich zu tun hat. Gedanken wie „Habe ich im letzten Gespräch etwas Falsches gesagt?" oder „Hat ein anderer schlecht über mich gesprochen?" kommen auf und bringen das Gedankenkarussell der Personalisierung in Schwung. Viel sinnvoller ist es, sich bewusst zu machen, dass das nur eine Möglichkeit von ganz vielen unterschiedlichen ist.

Natürlich kann das Ausbleiben des Rückrufs durch Sie persönlich begründet sein, das muss es aber nicht. Andere Gründe sind „Vergessen", „viel zu tun" oder „Ich dachte, Sie würden sich bei mir melden". Sicherlich haben Sie genau das auch schon einmal erlebt. Also greifen Sie zum Hörer und finden Sie heraus, woran es liegt, statt sich länger als Mittelpunkt der Welt zu betrachten.

Inspiration

In meinen Intensivseminaren wird an dieser Stelle häufig die gleiche Frage gestellt: „Woran erkenne ich, dass ich gerade einen Denkfehler mache?" Meiner persönlichen Erfahrung nach ist die Antwort einfacher, als Sie vielleicht vermuten: Achten Sie auf Ihr Gefühl. Wann immer Sie sich gestresst, unwohl oder verärgert fühlen, begehen Sie einen der hier genannten Denkfehler. Nutzen Sie also auch hier Ihr Gefühl als Indikator, Weckruf oder Hinweis, dass Sie nicht nur auf die äußere Welt sehen sollten, sondern auch auf die eigene, innere Welt.

Aktion

Sobald Sie auf diese Weise solche Denkfehler entdecken, können Sie damit beginnen, sie auszumerzen. Mentale Stärke bedeutet hier wahrzunehmen, was im eigenen Denken gerade passiert, solche Fehler zu identifizieren und das Denken zu verändern. Dazu brauchen Sie nur Beispiele zu finden, die belegen, dass Ihr Denken nicht zu 100 % stimmt. Dafür können Sie eine Frage verwenden, auf die später noch genauer eingegangen wird: „Habe ich 100 % aller möglichen Informationen, um das sicher wissen zu können?" Dann können Sie Ihre Gedanken mit anderen Gedanken erweitern und gewinnen so eine realistische und damit gesunde Perspektive auf die Welt.

3. Kapitel

So werden Ärger und Stress zu einem Geschenk

3

3.1 Warum mental starke Menschen Stress als Geschenk betrachten

In den letzten zwanzig Jahren meiner Tätigkeit als Coach, Seminarleiter und Vortragsredner konnte ich immer wieder feststellen, dass gesunde, gelassene und trotzdem bzw. deshalb sehr erfolgreiche Menschen einige Denk- und Verhaltensweisen gemeinsam haben. Sie gehen mit sich selbst ähnlich wertschätzend um, nutzen ein im Grunde ähnliches Zeitmanagement, behandeln andere Menschen nach ähnlichen Prinzipien, führen erfolgreiche Verhandlungen aufgrund ähnlicher „Mindsets". Und sie haben eine ähnliche Sichtweise „in Sachen Stress". Stress ist für sie nichts Schlechtes, Gefährliches, Unangenehmes oder gar der selbstverständliche Preis für den Erfolg. Sondern sie betrachten Stress als Geschenk. Sicherlich wird das nicht immer so, aber dennoch ähnlich formuliert. Mal höre ich „Stress hilft mir dabei, ...", mal wird „Ohne meine Krise vor fünf Jahren wäre ich heute nie so ..." gesagt, jedoch ist die Überzeugung vorhanden, dass Stress nichts Schlechtes, sondern etwas Gutes ist.

Ich nutze dafür die Formulierung: „Stress ist ein Geschenk." Die Informationen, die auf seriösen, aber noch eher unbekannten Studien basieren, werden Sie anfangs eventuell irritieren, vielleicht werden Sie sie sogar ablehnen. Wenn Sie das merken, bleiben Sie offen, denn es gibt wissenschaftliche Belege dafür, dass die Betrachtung „Stress ist ein Geschenk" Ihr Leben verlängert. Lesen Sie das folgende Kapitel mit der Frage, wie gut Sie bereits darin sind, die Welt und Ihren Alltag von den hier beschriebenen Standpunkten aus zu betrachten.

3.2 Warum es Ihr Leben retten kann, wenn Sie Stress als Geschenk betrachten

Stress ist ein Alltagsphänomen mit schlechtem Image. Das Stress jedoch auch Grund zur Freude sein kann, lesen Sie hier anhand von fünf möglichen Geschenken. Für mich war diese Erkenntnis ein langer Weg. Denn ich begann, meinen Stress zu reduzieren in dem Bewusstsein, dass Stress ein Feind ist, den es zu bekämpfen galt. Dass er in Wahrheit ein guter Freund ist, habe ich erst später verstanden. Zum Glück noch rechtzeitig, denn Sie werden gleich davon erfahren, wie tödlich es sein kann, Stress als Problem anzusehen.

Im letzten Kapitel haben Sie gelesen, dass Stress krank machen kann und die Gefahr eines Herz- oder Hirninfarktes deutliche anhebt. Jetzt lesen Sie davon, dass Stress ein Geschenk sein soll. Möchte ich Ihnen etwa verkaufen, dass ein Herz- oder Hirninfarkt ein Geschenk sein soll? Nein, das möchte ich nicht.

i Der Clou ist: Stress an sich ist nicht unbedingt schädlich.

Nur weil Sie einen stressbedingt hohen Anteil von Cortisol im Körper haben, sind Sie noch nicht gefährdet. Belege und Studien dafür gibt es zahlreich, die notwendigen Informationen dazu erhalten Sie gleich.

Ich möchte Ihnen in diesem Kapitel ermöglichen, sich selbst von etwas ganz anderem zu überzeugen: Nicht der Stress an sich ist es, der Ihre Gesundheit gefährdet, sondern Ihre Reaktion auf den Stress. Wenn die Reaktion davon geleitet ist, dass Stress ein Geschenk ist, ist er nicht mehr gefährlich für Erfolg und Gesundheit, sondern unterstützend für beides.

Stress, Ärger und Zeitdruck werden in der Presse und in den allermeisten bisherigen wissenschaftlichen Artikeln als „Feind" dargestellt. Schließlich gibt es für reißerische Titel mehr Verkäufe und Klicks als für positive Nachrichten. Und Wissenschaftler werden mehr gefeiert und erhalten mehr Forschungsmittel, wenn Sie eine neue Gefahr erkannt haben, die mit bestimmten Mitteln bekämpft werden kann.

Was würde die Pharmaindustrie nur machen, wenn es Stress, Burnout und die anderen Formen der Depression nicht gäbe? Eines steht fest: Sie würden weniger Umsatz machen.

Ich vermute, dass Sie genau so wie ich von dieser Kommunikation beeinflusst wurden: Wenn Sie im Allgemeinen sagen müssten, was Sie von unangenehmem Stress wie Ärger oder Überforderung denken, welche Aussage wäre treffender für Ihre Sichtweise?

1. Stress ist ungesund sowie unangenehm und sollte vermieden, reduziert und gemanagt werden.

2. Stress sollte gemocht werden, denn er ist hilfreich und eine gute Quelle für die persönliche Weiterentwicklung.

Wahrscheinlich überwiegt Ihre Tendenz zu a), auch wenn Sie bereits ahnen, dass b) eine bessere Antwort wäre, um gerade mit unangenehmem Stress bestmöglich umzugehen und ihn für sich zu nutzen.

Halten wir also fest: Noch sehen Sie, wie die allermeisten, Ihren Stress nicht als Freund, sondern eher als Feind an. Lassen Sie uns daher jetzt gegen den Strom schwimmen – der Aufwand lohnt sich, versprochen.

Bevor Sie die folgenden Abschnitte lesen, habe ich die Bitte an Sie, diese mit einer bestimmten Haltung zu lesen. Seien Sie offen, aber nicht leichtgläubig. Genießen Sie eine mögliche anfängliche Irritation, Sie könnte ja die Grundlage für neues Wissen und neue Sichtweisen sein. Um die möglichen Vorteile dieser Sichtweise zu begreifen, beantworten Sie sich diese Fragen:

- Wie geht es wohl Menschen, die Stress tatsächlich als Geschenk betrachten?

- Welche Erlebnisse, Phasen oder Abschnitte in meinem bisherigen Leben sprechen dafür, dass Stress ein Geschenk sein könnte?

- Wie gehen Menschen mit ihrem Stress um, wenn sie ihn als Geschenk betrachten?

- Wie wirken Sie unter Stress und nach dem Stress auf andere, wenn Sie diese Haltung verinnerlicht haben?

- Kommen Sie Ihren Aufgaben eher besser oder schlechter nach, wenn Sie Stress als Geschenk betrachten?

- Erfüllen z. B. Eltern ihre Vorbildfunktion besser, wenn sie mit Stress konstruktiv umgehen?

- Wie behandeln Sie unter dieser Maxime andere, die eine mögliche Ursache für Stress sind?

Wahrscheinlich ist Ihnen schnell klar geworden, was es an Gutem bedeuten kann, Stress als Geschenk zu begreifen und unter dieser Anleitung mit ihm umzugehen. Nun wissen Sie, was das Ergebnis sein kann und welche Ihre möglichen Vorteile sind. Legen wir also los.

Stress als Geschenk anzusehen, ist also eine ungewöhnliche Sichtweise. Vor allem dann, wenn sich dies speziell auf „negativen" Stress wie Ärger, Druck, Zeitnot, Sorgen oder Überarbeitungsgefühle bezieht.

3.3 Wissenschaftliche Belege für den Zusammenhang von Stress und der Sichtweise auf Stress

Die meisten Menschen betrachten Stress als etwas Unangenehmes, das vermieden werden muss. Wie falsch! Denn es gibt wissenschaftliche Belege für eine andere Sichtweise. Nehmen wir uns dafür eine Studie aus dem Jahr 1998 von Abiola Keller & Team von der Universität Wisconsin vor, die von der American Association of Psychology geprüft und dann veröffentlicht wurde. Es gibt weitere Belege für den hier dargestellten Zusammenhang, aber diese hier sind für mich die überzeugendsten. Die Beschreibung der Studie sowie ihre exakten Ergebnisse finden Sie hier: www.christian-bremer.de/studiekeller.

Bei dieser Studie wurden 30.000 ältere erwachsene US-Bürger befragt, ob sie sich augenblicklich gestresst fühlen und ob sie glauben, dass Stress schlecht für ihre Gesundheit ist. Acht Jahre später wurde abgeglichen, wer von diesen 30.000 noch lebt. Genauer gesagt, wer von denen, die sich selbst als gestresst beschrieben haben, noch lebt. Es sollte also herausgefunden werden, ob die gestressten Personen eher sterben als die weniger oder gar nicht gestressten. Die schlechte und nicht sehr überraschende Nachricht vorweg: Ein hohes Maß an Stress hob das Sterberisiko um 43 % an. Aber, und das hat mich und einige Kollegen aufhorchen lassen: Dieser Zusammenhang bestand zum allergrößten Teil bei denjenigen Probanden, die glaubten, dass Stress schlecht für ihre Gesundheit sei. Tatsächlich war es sogar so, dass diejenigen, die glaubten, Stress sei nicht schlecht für ihre Gesundheit, das geringste Sterberisiko hatten. Die Forscher schlossen daraus, dass nicht der Stress allein relevant ist, sondern die Kombination von Stress und dem Glaubenssatz, dass Stress ungesund ist.

Die Forscher konnten es übrigens nicht lassen, mit einer Prise Humor und Übertreibung darauf hinzuweisen, dass in den acht Jahren der Studie hochgerechnet höchstwahrscheinlich 182.000 Menschen vorzeitig gestorben sind, weil sie geglaubt haben, dass Stress ungesund ist.

Ich persönlich betrachte auch die fundierteste Studie immer mehr als Denkanstoß und weniger als Dogma. So hilft mir diese Studie dabei, mehr auf meinen Umgang mit Stress zu achten, indem ich ihn als Geschenk und nicht als Risiko betrachte. Mit dem, was ich nicht ändern kann (ein Leben ohne Stress gibt es ja nicht), versuche ich so umzugehen, dass es mir möglichst wenig schadet und möglichst viel nutzt. Wie geht es Ihnen damit?

Mir gibt diese Studie genug Anlass dafür, das Gefühl von Stress als Geschenk zu begreifen, auch wenn es unangenehm ist. Denn Wissenschaftler, Mediziner, Therapeuten und Psychologen meinen es wahrscheinlich meistens gut mit der Warnung vor Stress. Aber sie erreichen aus Sicht dieser Studien damit etwas, was nicht ihre Intention war, und zwar das genaue Gegenteil. Sie schaden damit. Auch wenn es seltsam klingt: Wer vor Stress mit der Begründung warnt, dass er krank macht, macht die Personen, die er an sich schützen will, mit dieser Warnung krank.

Der Appell aus Sicht solcher Studien müsste an sich lauten:

> Nicht der Stress an sich macht krank, sondern unsere Vermutung über seine negative Wirkung macht krank. **i**

Und daher lautet mein Appell an Sie: Betrachten Sie Stress als ein Geschenk!

Doch damit nicht genug, denn die Wissenschaftlerin Alia Crum liefert einen weiteren Beleg, dass weniger eine Tatsache an sich die Wirkung ausmacht, sondern unser Denken über die Tatsache.

3.4 Ist Ihr Stress-Mindset bereits positiv?

In der anerkannten und von esoterischer Leichtgläubigkeit weit entfernten Zeitschrift Pychological Science veröffentlichte Alia Crum 2007 einen Artikel mit der Überschrift „Mind-Set matters: exercise and the placebo effect."

Dort beschreibt sie eine Studie, die mich fasziniert und Ihnen einen weiteren Grund liefern kann, Stress als Geschenk zu begreifen. Sie hat in mehreren großen Hotels einer Gruppe von Hausmädchen gesagt, dass ihre Arbeit einem Trainingsprogramm im Fitnessstudio entspricht, der Kontrollgruppe wurde nichts davon gesagt. Beide Gruppen hatten die gleiche Arbeitsbelastung. Die Kenntnis über das „Training" hatte nur die erste Gruppe. Vier Wochen später wurde festgestellt, dass die sich scheinbar im Training Befindlichen Gewicht verloren hatten und einen besseren Körperfettanteil hatten. Außerdem hatten sie einen niedrigeren Blutdruck und größere Freude an der Arbeit. Das Faszinierende daran ist, dass sie außer ihrem Denken über ihre Arbeit (Glaubenssatz/Mindset) nichts geändert haben.

Bedeutet das jetzt, dass Sie sich zu Hause in Ihren Sessel setzen können und sich nur einzureden brauchen, dass Sie in Wahrheit auf einem Fahrrad sitzen, um abzunehmen? Nein, natürlich nicht, sondern es heißt etwas ganz anderes: Wenn Sie etwas erleben wie in unserem Thema Stress, Ärger oder Zeitdruck, dann ist die Wahrnehmung entscheidender für die Folgen als das Erlebnis an sich. Die These von Alia Crum lautet „nur", dass bei zwei möglichen Ergebnissen (abnehmen oder nicht abnehmen) das Ergebnis wahrscheinlicher ist, das von der Person erwartet wird.

i Sagen Sie Ja zu den positiven Eigenschaften und Folgen von Stress.

Überlegen Sie sich, was das für Ihren Stress bedeutet. Wenn Sie annehmen, dass Stress Sie krank macht, von Ihren Zielen abbringt und Ihnen Energie nimmt, dann wird genau das passieren. Trotz Stressmanagement!

Unser „Mindset" besteht aus verschiedenen einzelnen Theorien, die wir über die Welt haben. Beispiele für negative Mindsets hören sich so an: „Andere sind mir egal, Hauptsache mir geht es gut!", „Das ist typisch für mich, das passiert mir immer".

Es ist quasi die Brille, durch die wir die Welt betrachten. Während der Betrachtung verändern wir sie bereits. Diesen Aspekt kann ich hier gar nicht genug als Faktor für Ihre Gesundheit und Ihren Erfolg trotz Stress betonen. Alia Crum hat für Stress zwei unterschiedliche Mindsets beschrieben, die seine Folgen beeinflussen. Damit können Sie ganz leicht erkennen, ob Sie im Augenblick Nein oder Ja zum Stress sagen, und sehen, welche Folgen das für Sie haben kann. Beachten Sie dabei, dass es nicht nur darum geht, wie Sie es im Allgemeinen in einem ruhigen Moment, vielleicht jetzt gerade beim Lesen dieses Buches, sehen. Vielmehr geht es darum, wie Sie Ihren Stress und dessen Folgen in dem Moment sehen, wenn Sie ihn haben.

Stress-Mindset 1 umfasst folgende typische Aussagen:

1. Wenn ich Stress erlebe, reduziert das meine Gesundheit und meine Vitalität.

2. Wenn ich Stress erlebe, schwächt das meine Performance und Produktivität.

3. Wenn ich Stress erlebe, behindert das meine persönliche Entwicklung und mein Wachstum.

4. Die Folgen von Stress sind negativ und müssen vermieden werden.

Stress-Mindset 2 umfasst folgende typische Aussagen:

1. Wenn ich Stress erlebe, unterstützt das meine Performance und meine Produktivität.

2. Wenn ich Stress erlebe, stärkt das meine Gesundheit und meine Vitalität.

3. Wenn ich Stress erlebe, fördert das meine persönliche Entwicklung und mein Wachstum.

4. Die Folgen von Stress sind positiv und sollten genutzt werden.

Inspiration

Nehmen Sie sich jetzt bitte einen Augenblick Zeit und überlegen Sie sich genau, welchen Mindset Sie bisher eher vertreten haben, welche möglichen Folgen das hatte und welchen Einfluss es vor dem Hintergrund der Studienergebnisse haben kann, bei sich selbst Mindset 2 aufzubauen.

Außerdem können Sie sich mit diesen Fragen selbst davon überzeugen, dass Sie mit Schwung Mindset 2 aufbauen sollten:

1. Mit welchem Mindset fällt es leichter, sich der Analyse von eigenem Stress zuzuwenden?

2. Mit welchem Mindset fällt es leichter, in guter Stimmung Lösungen zu finden, nachdem der erste Stressschub nachgelassen hat?

3. Eine häufige Ursache für Stress ist die Unveränderbarkeit von Dingen, die uns stören: Mit welchem Mindset fällt es leichter, damit umzugehen?

4. Welcher Mindset führt eher dazu, sich von den Ursachen von Stress abzuwenden und mehr über Lösungen nachzudenken?

5. Welcher Mindset ermöglicht eher, sich „aktiv" um Stress zu kümmern?

6. Welcher Mindset führt wohl eher dazu, aus einer Situation durch konstruktives Denken das Bestmögliche zu machen?

7. Welcher Mindset bringt in der stressigen Situation wahrscheinlich eher eine erste Erleichterung, Entspannung und Auflockerung?

8. Welcher Mindset bringt zum bereits vorhandenen Stress noch weiteren Stress hinzu?

9. Welcher Mindset erleichtert ein möglichst positives Umgehen mit Stress?

10. Welcher Mindset erlaubt eher Zuversicht und Chancendenken?

Ich wünsche Ihnen sehr, dass die Idee, Stress als Freund zu begreifen, bei Ihnen eine erste Resonanz findet. Denn wenn das erst einmal gelungen ist, werden Sie sich automatisch einige Male mit ihr gedanklich beschäftigen. Vielleicht ja sogar so lange, bis Sie sich von Ihr überzeugen konnten und sie zu Ihrem Mindset geworden ist.

Aber die allermeisten Menschen wollen auch dann keinen Stress haben, wenn sie ihn haben. Ich hoffe, Sie finden bereits den einen oder anderen Grund, Ja zum Stress zu sagen. Es würde höchstwahrscheinlich Ihr Leben verlängern, Sie in jedem Fall aber schon jetzt mit Ihrem Stress leichter umgehen lassen.

 Stress„management" bedeutet: Machen Sie Ihrem Stress die Tür auf, bitten Sie ihn herein.

Stress ist durchaus unangenehm und auch ich fühle mich nicht pudelwohl, wenn ich genervt oder angespannt bin. Aber das Bewusstsein, dass in diesem Gefühl etwa Gutes liegt, reduziert das Unangenehme.

3.5 Warum Stress ein negatives Image hat

Darf ich Ihnen den Herrn vorstellen, dem Stress sein negatives Image vor allem zu verdanken hat? Gestatten: Hans Selye (1907–1982) gilt als Begründer der modernen Stressforschung. Jedoch gibt es zahlreiche Gründe, warum sie seinen Forschungsergebnissen trotz seiner guten und gut gemeinten Arbeit nicht ganz trauen sollten. Sein Einfluss ist groß, muss jedoch differenziert betrachtet werden. In vielen Büchern und Seminaren werden bis heute die Forschungsergebnisse vom „Vater des Stresses" bemüht. Bitte berücksichtigen Sie zukünftig dabei, dass immer mehr Kritik an seiner Vorgehensweise und seiner Ethik geübt wird. So wurde mittlerweile bekannt, dass er umfangreiche Mittel von der amerikanischen Tabakindustrie erhalten hat. Ergebnisse seiner Forschung waren dann unter anderem, dass sich Rauchen nicht schlecht auf das Herz-Kreislauf-System auswirkt, sondern sogar dazu beiträgt, sich zu beruhigen, und damit ein probates Mittel gegen Stress sei. Nachlesen können Sie das unter anderem im American Journal of Health, Ausgabe März 2011.

Auch bedeutende Teile seiner wissenschaftlichen Arbeit halten heute keiner Prüfung mehr stand. So wertvoll seine Experimente zum Stress seiner zahlreichen Laborratten auch gewesen sein mögen, die Übertragung seiner Forschungsergebnisse auf den Menschen waren lediglich theoretischer Natur. Er hatte also nicht experimentell untersucht, ob die Ergebnisse seiner Experimente mit Ratten auf uns Menschen übertragbar sind. Er hat es einfach angenommen, dass die zumeist tödliche Wirkung auf seine Ratten auch auf Menschen zutrifft. Diese Annahme wurde verbreitet und so kam es, dass sich die allermeisten Menschen heute von Stress bedroht fühlen.

Meiner Ansicht nach ist die Übertragung seiner Ergebnisse nicht möglich. Der Grund: Die stressigen Ereignisse, denen seine Ratten ausgesetzt waren, sind völlig andere als die, die während eines typischen Arbeitstages der heutigen Zeit auftreten: Seine Ratten sahen sich tagelang unvorhersehbaren und unkontrollierbaren Stromstößen ausgesetzt. Seine Ratten mussten in einem Gefäß schwimmen, aus dem sie nicht entkommen konnten, bis sie vor Erschöpfung untergegangen sind. Seine Ratten mussten in überfüllten Käfigen um Nahrung kämpfen oder wurden tagelang allein gelassen.

Auch wenn der Clown in Ihnen vielleicht sagt: „Doch, genau so komme ich mir vor!", wissen Sie, dass Sie solch einen Stress nicht haben. Unsere Stressoren sind andere, die Ratten hatten eher das Gefühl, im Film „Hunger Games" gelandet zu sein. In solchen Situationen mag es nachvollziehbar sein, um sich schlagen zu wollen, nicht aber in unserer heutigen Lebenswelt in Mitteleuropa.

Selye hat „Stress" als körperliche Reaktion begriffen und seine Beobachtungen wurden fast 1:1 auf den Menschen übertragen. Dabei hat er außer Acht gelassen, dass wir Menschen viel mehr Möglichkeiten haben, mit Stress umzugehen als Ratten. Eine Ratte lässt sich von einem einfachen „wenn X eintritt, dann tue Y"-Prozess leiten. Wir Menschen hingegen haben das Potenzial, uns von „wenn X eintritt, dann tue A oder B oder C oder D ..." leiten zu lassen. Wir haben nicht nur eine Reaktionsmöglichkeit, wir haben unendlich viele.

In Momenten mentaler Schwäche unter Stress sehen wir, ähnlich wie die Ratte, meist nur eine Reaktionsmöglichkeit, obwohl uns als Menschen dank unserer Lebensbedingungen, der Fantasie, der Lebenserfahrung und unserer komplexen Kommunikationsfähigkeit noch viel mehr Möglichkeiten zur Verfügung stehen als einer Ratte. Um diese zu sehen und uns bewusst für eine davon zu entscheiden, braucht es mentale Stärke.

Zusammenfassend möchte ich hier zwei Aspekte betonen:

- Erstens ist die direkte Übertragung der Ergebnisse („Stress ist eine Gefahr für Leib und Leben") auf den Menschen nicht möglich und

- zweitens ist genau diese Meinung trotz ihrer fehlerhaften Übertragung in den Köpfen der meisten Menschen dominant.

Natürlich kann Stress eine Gefahr sein, allerdings birgt er auch die Chance zu Wachstum und Lernen. Neben den möglichen unangenehmen körperlichen Folgen von Stress zeigt er uns vor allem auf, dass wir uns um eine bessere Lösung für die Situation kümmern können, in der wir jetzt noch Stress empfinden. Lassen Sie Ihr Leben Revue passieren und Sie werden feststellen, dass Ihnen genau das bereits viele Male gelungen ist: vieles, was Sie in der Vergangenheit gestresst hat, lässt Sie heute kalt, weil Sie anders damit umgehen.

Denn die uns Menschen möglichen Reaktionen auf Stress sind viel mannigfaltiger als nur „Fliehen, Schockstarre oder kämpfen". Im Tierreich mag die einfache Entscheidung zwischen „Fight or Flight" stimmen und natürlich haben wir diesen Teil auch noch in uns. Allerdings sind unsere menschlichen Reaktionsmöglichkeiten im Gegensatz zu anderen Säugern nicht nur viel differenzierter und zahlreicher, sondern auch von ganz anderer Qualität. Kann eine Ratte als Reaktion auf Stress ein Buch wie dieses hier lesen? Kann sich eine gestresste Ratte so viele verschiedene mögliche Reaktionen auf ihren Stress ausdenken wie wir? Kann sie die Optionen differenziert bewerten? Kann sie sich mit anderen Ratten über ihr Erleben und ihre Möglichkeiten austauschen? Soweit wir wissen, kann sie das nicht. Aber wir können es, vor allem dann, wenn wir Stress als Freund begreifen, der uns aufzeigt, dass wir noch etwas lernen können.

3.6 Stress ist ein Geschenk – fünf gute Gründe

Nun zeige ich Ihnen Wege auf, wie Sie im Alltag von den oben stehenden Ideen profitieren können. Lassen Sie sich von der These „Stress ist ein Geschenk", „Stress ist ein Freund" oder „Stress ist eine Chance" überzeugen, damit Sie mit dem, was Sie nicht ändern können, so umgehen können, dass Sie wachsen, lernen und profitieren.

Denn es gibt viele positive Auswirkungen von Stress. Zuerst zeige ich Ihnen die grundsätzlichen auf, dann spezielle. Und abschließend sehen Sie am Beispiel Ärger, wie Sie das Geschenk auspacken und sich daran erfreuen können. Nehmen Sie sich dieses Kapitel lang Zeit, es kann Ihre Sicht auf Stress so verändern, dass Sie gegen die möglichen unangenehmen Folgen noch immuner werden.

Welche dieser positiven Folgen in einer stressigen Situation erkennen Sie bei sich wieder?

- Sie sind energiegeladen.

- Sie erkennen, dass etwas, was Ihnen wichtig ist, in Gefahr ist.

- Sie kümmern sich intensiv um etwas, was Ihnen wichtig ist.

- Sie fühlen sich lebendig.

- Sie suchen den Austausch mit anderen.

- Sie sind motiviert.

- Ihre Sinne sind geschärft.

- Sie sind fokussiert.

- Sie haben die Kraft, Herausforderungen anzunehmen.

- Sie setzen sich für andere ein.

Überlegen Sie sich auch, ob Ihre Reaktionen auf Stress in Ihrem Sinne sind, ob sie Ihnen helfen oder ob Sie lieber andere Reaktionen entwickeln wollen, um flexibler reagieren zu können. Ideen dafür finden Sie in diesem Buch.

> Setzen Sie ein Pluszeichen vor Ihren Stress.   **i**

Nun haben Sie unterschiedliche Belege für die Bedeutung Ihrer Sichtweise auf Stress für die Folgen von Stress erhalten haben und Sie hatten die Gelegenheit, über verschiedene grundsätzliche Vorteile von Stress nachzudenken. Lassen Sie uns jetzt schauen, mit welchen konkreten Perspektiven Sie die Gefahren von dauerhaftem Stress reduzieren können. Denn mögliche Folgen von lang anhaltendem Stress sind unter anderem Schlaf- und Konzentrationsstörungen, Herz-Kreislauf-Erkrankungen, Kopfschmerzen oder Magen-Darm-Krankheiten.

Meine These lautet: Im Stress liegen fünf verschiedene Geschenke. Wenn Sie das für sich testen wollen, dann werden Sie nicht immer alle fünf finden, eines meiner Erfahrung nach jedoch immer.

Geschenk 1: Stress zeigt auf, dass wir uns in fremden Einflusszonen befinden

In jeder Stresssituation im Leben gibt es immer eine persönliche Einflusszone und eine persönliche Interessenzone. Stress wirkt hier wie ein zu 100 % funktionierender Weckruf, denn unter Stress verwechseln wir oft Einfluss- und Interessenzone. In der Einflusszone können wir unabhängig von anderen selbstständig handeln und etwas verändern. Der gewagte Fahrstil des Vordermannes ist also nicht unsere Einflusszone. Es ist bloß unsere Interessenzone, weil wir pünktlich und sicher ankommen wollen. Der unsichere Führungsstil des Chefs ist nicht unsere Einflusszone. Er ist bloß unsere Interessenzone, weil wir gerne gelobt und gut informiert werden wollen. Wenn Sie sich über die Unpünktlichkeit des Zuges, die Respektlosigkeit Ihrer Kinder oder die Arbeitsqualität eines Mitarbeiters ärgern, in wessen Einflusszone sind Sie dann?

In Kürze: Was ist zu tun, um in die eigene Einflusszone zu kommen?

Wenn Sie prüfen wollen, ob das Geschenk in Ihrer Stresssituation darin liegt, dass Sie Einfluss- und Interessenzone verwechseln, beantworten Sie sich diese zwei Fragen:

- Bin ich gerade mit meiner Sichtweise außerhalb meiner Einflusszone?

- Was ist jetzt meine Einflusszone? Was genau kann ich jetzt tun?

Auf diese Weise erkennen Sie die Verwechslung und tun dann das, was Ihnen im echten Leben, ganz praktisch, möglich ist.

Mein Motto lautet an dieser Stelle: „Alles, was ich tun kann, ist alles, was ich tun kann. Das ist genug." Wenn ich das nicht beherzige, versuche ich, mehr als mein Bestes zu geben. Auf Dauer ist das nicht gesund und außerdem nicht möglich. Natürlich bedeutet das nicht, dass ich nicht kontinuierlich besser werden möchte. Allerdings ist es ein großer Unterschied, ob ich in einem Augenblick einfach nur mein realistisches Bestes gebe oder ob ich generell dafür sorge, dass ich zukünftig ein „besseres Bestes" habe.

Geschenk 2: Stress zeigt auf, dass uns eine eigene Angewohnheit nicht guttut

Wenn wir auf die Welt kommen, ist unser Verstand wie ein leeres Wasserglas, das im Laufe der Zeit automatisch gefüllt wird und dabei auch immer noch größer wird. Ab dem Moment unserer Geburt bekommen wir viele Informationen verabreicht, die wir ungeprüft übernehmen müssen. Informationen über uns, die Welt und andere Menschen. Viele davon führen zu Gewohnheiten und Perspektiven, die uns ständig wiederkehrend in den Stress führen. Das Geschenk besteht also darin zu merken, dass es Zeit ist, die Denkrichtung zu wechseln.

Solche Gewohnheiten sind beispielsweise

- sich zu viel vornehmen

- stets für andere da sein

- sich keine Zeit für sich selbst nehmen

- nicht Nein sagen

Diese oder ähnliche Gewohnheiten sind bei vielen Menschen zu beobachten, weil die allermeisten Menschen alles über Stress, Entspannung, Gelassenheit und Balance von Menschen gelernt haben, die nicht entspannt, nicht gelassen und auch nicht in Balance sind.

In Kürze: Was ist zu tun, um neue Angewohnheiten zu finden?

Um herauszufinden, welche Gewohnheiten Sie immer wieder in Stress führen, beobachten Sie sich einige Tage und erstellen jeweils abends eine Liste von stressigen Situationen. Wenn Sie ca. 20 bis 30 Beispielsituationen gesammelt haben, gruppieren Sie diese, indem Sie deren Gemeinsamkeiten suchen. Überlegen Sie sich dann, welche „inneren Programme" diese wiederkehrenden Situationen auslösen. Schreiben Sie diese auf und formulieren Sie für jedes Programm sein genaues Gegenteil.

Zum Beispiel:

- sich zu viel vornehmen → Ich nehme mir nicht zu viel vor.
- stets für andere da sein → Ich bin für mich da.
- sich keine Zeit für sich selbst nehmen → Ich nehme mir Zeit für mich.
- nicht Nein sagen → Ich sage Nein.

Beginnen Sie dann, diese neuen Programme bei vertrauten Personen auszuprobieren. So werden Sie feststellen, dass die Welt Ihnen trotz der neuen Programme nicht auf den Kopf fällt.

Geschenk 3: Stress zeigt auf, dass wir noch etwas lernen können, um glücklich zu sein

Eine mögliche Betrachtung von „Glück" besteht darin, dass es immer da ist, außer wir sehen es nicht. Ähnlich wie das Wasser den Fisch umgibt, umgibt uns Menschen das Gefühl von „Glück". Unter Stress sind wir von diesem Glück abgeschnitten und haben keinen Zugang zu ihm. Diese Trennung begründet sich einfach darin, dass wir für Situationen, in denen wir Stress statt Glück empfinden, noch keinen passenden Schlüssel haben.

Der Stress will uns sagen: „Um diese Situation zukünftig glücklich, entspannt und freudvoll zu bewältigen, musst du vorher noch etwas lernen." Im Leben ist es sehr oft so, dass die Stress auslösenden Situationen erstens wiederkehrend und zweitens nicht abwendbar sind. Denn egal mit wem Sie arbeiten oder zusammenleben, es wird zu Konflikten kommen. Egal wie gut Sie eine Aufgabe beherrschen, es kommt zu Fehlern. Sie werden so lange Stress empfinden, bis Sie gelernt haben, mit Konflikten oder den eigenen Fehlern produktiv umzugehen. Eine Situation bleibt also so lange Stress auslösend, bis Sie gelernt haben, Sie zu bewältigen.

In Kürze: Was ist zu tun, um aus dem Stress zu lernen?

Stellen Sie sich die folgenden Fragen, um an Ihr Wissen zu gelangen, das Ihnen eine leichte Bewältigung der Situation ermöglicht:

- Wann war ich in einer ähnlichen Situation und habe sie überlebt?
- Was habe ich getan, um die Situation damals zu bewältigen?

Die bewusste Übertreibung in der ersten Frage nimmt die Schärfe aus Situation heraus, denn das Gehirn reagiert unter Stress oft tatsächlich so, als ob Lebensgefahr bestünde. Der Fokus der Frage bezieht sich auf die stets vorhandene innere Weisheit, deren Zugang durch Stress blockiert wird. Mit dieser Frage gelingt es, vorhandene Erfahrungen, Sichtweisen und Kompetenzen abzurufen und zu nutzen.

Geschenk 4: Stress zeigt auf, dass wir einen neuen Blickwinkel einnehmen müssen

Jeder Mensch sieht seine Stresssituation durch seine eigene Brille. Das, was den einen wütend macht und stark verärgert, nimmt der andere kaum wahr. Das Gefühl von Stress weist darauf hin, dass es an der Zeit ist, eine andere Brille aufzusetzen.

Nehmen wir an, Sie erhalten eine überraschende Nachforderung vom Finanzamt. Die wahre Ursache für Stress ist nicht der Brief vom Finanzamt, sondern die Brille, durch die wir ihn betrachten. Der Brief an sich kann nichts, außer auf dem Tisch liegen. Unsere Brillen sind beispielsweise:

- Warum hat mein Steuerberater das nicht gesagt?

- Ich zahle schon genug Steuern.

- Die Steuern sind viel zu hoch.

- Wie soll ich das bezahlen?

- Andere arbeiten schwarz und ich werde ausgenutzt.

Diese Brillen sind die wahre Ursache für unsere Stressgefühle.

Wie kann ein Mensch sich ohne solche Meinungen aufregen oder beunruhigt sein? Gar nicht, denn Stress beginnt und endet im eigenen Kopf. Dank einer neuen Perspektive auf dieselbe Situation gelingt es, sich in Einklang mit ihr zu begeben.

In Kürze: Was ist zu tun, um eine neue Perspektive einzunehmen?

Auch hierbei helfen Ihnen zwei Fragen, die Sie sich beantworten können:

- Was ist das Gute an der Situation?

- Wofür kann ich jetzt in der Situation dankbar sein?

75

Auf den ersten Blick sind das zwei sehr ungewöhnliche Fragen, doch helfen Sie dabei, aus einer nicht zu verändernden Situation das Beste zu machen.

Die Antworten können beispielsweise im oben genannten Brief vom Finanzamt lauten:

- Das Gute ist, dass ich vier Wochen Zahlungsfrist habe.

- Das Gute ist, dass ich den Brief meinem Steuerberater zur Prüfung geben kann.

- Dankbar kann ich dafür sein, dass ich Geld verdient habe. Denn nur wer vorher verdient hat, zahlt Steuern.

- Dankbar kann ich dafür sein, dass ich aufgrund der Steuern von Polizei und Feuerwehr beschützt werde.

Geschenk 5: Stress zeigt auf, dass wir unsere Ziele aus den Augen verloren haben

Wer gestresst ist, denkt nicht an seine Ziele, sondern an ein scheinbar unüberwindbares Problem oder an im wesentlichen Unwichtiges. Prüfen Sie das in Ihrer nächsten Stresssituation, indem Sie sich die Frage stellen, ob Sie gerade auf Ihre beflügelnden Ziele oder auf ein blockierendes Problem fokussiert sind. Unter Stress arbeitet der Verstand gegen uns, nicht für uns. In Stresssituationen kommt es daher eher zum „Tunnelblick" und weniger zur „Lösungsorientierung".

Wenn Sie sich beispielsweise über eine unfreundliche Bäckereifachverkäuferin aufregen, dann sind Sie auf Unwichtiges fokussiert, nicht auf Wichtiges. Denn Sie brauchen in Wahrheit nicht die Freundlichkeit der Verkäuferin, sondern frische Brötchen.

In Kürze: Was ist zu tun, um uns wieder auf Ziele zu fokussieren?

Die Brücke zum Verständnis für das Geschenk besteht darin, sich selbst eine oder mehrere der folgenden drei Fragen zu beantworten:

- Bin ich auf ein Problem oder auf mein Ziel fokussiert?

- Was ist jetzt noch wichtig?

- Worauf kann ich mich jetzt noch fokussieren?

Das Ergebnis können völlig neue Sichtweisen in ein und derselben Situation sein, zum Beispiel:

- Mein Vordermann fährt wie … → Ich habe genug Zeit, um pünktlich zu sein.

- Mein Kollege könnte sich mehr einsetzen. → Ich wende mich jetzt meinen Prioritäten zu und spreche es morgen an.

- Die hätten mir in freundlicherem Tonfall einen Termin geben können. → Ich habe einen Termin.

Es geht nicht darum, ein Leben ohne Stress zu führen. Es macht daher keinen Sinn, gegen Stress zu sein und ihn negativ-abwertend aus seinem Leben verbannen zu wollen. Erst wenn sich ein Mensch seinem Stress ehrlich interessiert zuwendet und das Wertvolle in ihm sucht, ist eine Lösung in Sicht. Es geht darum, mit aufkommendem Stress produktiv, gesund und gestalterisch umzugehen.

Menschen, die ihrem Stress so begegnen, fühlen sich entspannter, lernen jeden Tag dazu, schöpfen ihre Möglichkeiten zu 100 % aus und leben im Einklang mit dem, was im Leben passiert.

Nun haben Sie einige konkrete Beispiele erhalten, wie Sie Stress als Freund betrachten können, der Ihnen nicht schaden will, sondern Ihnen aufzeigen will, wo Sie noch wachsen können. Die oben genannten Studien haben Ihnen aufgezeigt, wie wichtig Ihre Betrachtung von Stress ist. Daher zeige ich Ihnen abschließend am Beispiel „Ärger" auf, wie Sie die Freundschaft annehmen können.

3.7 Stress ist ein Geschenk – das Beispiel „Ärger"

Natürlich ist mir vollkommen bewusst, dass Ärger oder Wut nicht gesund sind – ja sogar krank machen können. Dass Ärger auf die Dauer zu Kopfschmerzen, Rückenschmerzen oder einer Schwächung des Immunsystems führen kann. Natürlich weiß ich auch, dass Ärger auf Dauer und wenn er intensiv ist, dazu führen kann, dass Beziehungen in die Brüche gehen. Wer sich häufig über andere Menschen ärgert, führt Konflikte herbei, die im Laufe der Zeit unlösbar werden und Grund für eine Beendigung der Beziehung sein können.

Das weiß ich alles. Aber ich weiß auch, dass im Ärger ein Geschenk liegt.

Damit Sie viel von dieser ungewöhnlichen Sichtweise haben, seien Sie jetzt bitte für einen Augenblick ungewöhnlich offen, neugierig und interessiert. Ich möchte nicht, dass Sie zustimmen, mich verstehen oder alles hier unreflektiert gut finden. Ich möchte vielmehr, dass Sie die Idee von „Ärger als Geschenk" nachvollziehen und dann für sich und Ihr Leben nutzen können.

Also, los geht es mit beispielhaften Gründen, warum Ärger als Geschenk angesehen werden kann. Vielleicht können Sie ja schon dem ein oder anderen Aspekt zustimmen oder gar noch Gründe aus Ihrem persönlichem Erleben hinzufügen!

Tipp!

Grund Nr. 1: Ärger zeigt genau auf, welche Situationen Sie künftig noch besser bewältigen können

Wenn Sie Ihre letzten Ärgersituationen Revue passieren lassen, können Sie etwas Lehrreiches feststellen: Im Ärger befinden Sie sich meist in einer einerseits wiederkehrenden und andererseits unangenehmen Situation. Das bedeutet: Ärger zeigt Ihnen auf, dass es in Ihrem Leben im Augenblick etwas gibt – eine Situation, ein Thema, einen Konflikt –, das immer mal wieder vorkommt und das Sie noch nicht geschmeidig, elegant und gelassen bewältigen können. Das ist er erste Grund, warum Ärger ein Geschenk ist. Wie Sie es auspacken, verrate ich Ihnen später natürlich auch noch.

Tipp!

Grund Nr. 2: Ärger zeigt Ihnen auf, dass Sie gerade in der Vergangenheit leben

Dazu ein kleiner Versuch: Können Sie sich über Ihre Zukunft ärgern? Und? Funktioniert nicht, richtig? Schließlich wissen Sie ja nicht, was in Zukunft passiert. Außer Sie beherrschen die Kunst des Hellsehens, was ich für eher unwahrscheinlich halte. Das bedeutet: Zukünftige Ereignisse können Sie ängstigen, aber Sie können sich nicht darüber ärgern. Wirklich ärgern können Sie sich nur über die Vergangenheit. Und die ist in dem Augenblick vorbei, in dem Sie sich ärgern.

Sich über vergangene – und damit unveränderbare Ereignisse – zu ärgern, bringt Sie also erst mal nicht weiter. Ihre Gedanken gehören in die Gegenwart – denn nur in der Gegenwart können Sie Fehler ausbügeln und nur in der Gegenwart können Sie die Zukunft durch Ihre Handlung im Jetzt beeinflussen. Ärger ist also auch ein Geschenk, weil er Ihnen aufzeigt: „Hey, wach auf. Gerade eben lebst du in der Vergangenheit, komm in das Jetzt und überlege dir, was zu tun ist!"

Tipp!

Grund Nr. 3: Sofort raus aus fremden Einflusszonen und rein in die eigene!

Der dritte Grund, warum Ärger als Geschenk betrachtet werden kann, ist dessen weitere wichtige Signalfunktion: Denn Ärger gibt Ihnen das Signal: „Gerade eben befindest du dich in einer fremden Einflusszone!" Angenommen, Sie ärgern sich über jemanden, der zu spät kommt. Das „Zuspätkommen" ist wessen Einflusszone, Ihre oder seine? Meiner Ansicht nach ist es seine, denn er hat sich dafür entschieden, später loszufahren.

Stellen Sie sich vor, Sie ärgern sich, weil Sie vom Chef übergangen wurden. Dass Sie übergangen wurden, ist nicht Ihre Einflusszone, sondern die Ihres Chefs. Denn er hat entschieden, Sie beispielsweise nicht zum Meeting einzuladen, er hat sich entschieden, Ihnen eine Information nicht zu geben. Das heißt, der Ärger ist ein Geschenk, weil er Ihnen aufzeigt: „Hey, halte mal inne. Gerade eben bist du in einer fremden Einflusszone. Du machst dich selbst zum Opfer und nimmst dir die Möglichkeit zu handeln. Also halte inne und überlege dir – was ist meine Einflusszone und was sind meine Handlungsmöglichkeiten?"

Tipp!

Grund Nr. 4: Ärger verdeutlicht sehr genau, an welchen Stellen Sie noch etwas lernen können, um glücklicher und erfolgreicher zu sein

Der vierte Grund, warum Ärgern ein Geschenk ist, wird durch das Lernpotenzial ärgerlicher Situationen begründet. Natürlich weiß ich, dass Ärger ein schlechtes Image hat, allerdings können Sie sich Folgendes überlegen: Was kann ich noch lernen, um mich in dieser Situation nicht mehr zu ärgern? Was für eine Lektion kann ich für mich annehmen, um in Zukunft zu schmunzeln und zu handeln?

Tipp!

Grund Nr. 5: Sage genau, was du möchtest

Der fünfte Grund dafür, dass Ärger ein Geschenk ist, zeigt sich in der an sich ziemlich deutlichen Nachricht, die jeder Ärger in sich trägt. Die Nachricht lautet: Sprich dich aus, sprich es an! Wenn Sie innehalten und überlegen: „Welche Nachricht könnte in meinem Ärger enthalten

sein – aus meinem Leben, aus meinen letzten Monaten und Wochen?",
dann werden Sie feststellen, da ist immer etwas enthalten. Und aus
diesen Gründen ist Ärger für mich auch als Geschenk zu betrachten.

Wie können Sie diese Sichtweise nun für Ihre alltägliche Gelassenheit
nutzen?

Stellen Sie sich einmal folgende Situation an einer Weggabelung vor:
Sie stehen vor dem Weg A oder dem Weg B. Bezüglich Ärger stehen
Sie an einer ähnlichen Weggabelung, in der Sie einen Entscheidung
treffen müssen, und zwar für Plan A oder Plan B.

Plan A sagt: „Ich mache jetzt weiter wie bisher und werde mich immer wieder von Neuem ärgern. Über die gleiche Situation und über
die gleichen Menschen.

Oder aber Sie entscheiden sich für Plan B, für Weg B. Sie überlegen
sich: Wie kann ich mich verändern? Wie kann ich noch besser werden? Wie kann ich noch wachsen? Wie kann ich in dieser Situation
weniger oder sogar gar kein Ärger empfinden?

Übrigens gibt es für mich persönlich noch einen weiteren Grund,
warum Ärger als Geschenk betrachtet werden kann. In Situationen,
in denen ich mich ärgere, stellt sich mir regelmäßig die Frage: „Bin
ich gerade dabei, Katzen das Bellen beizubringen?" Und häufig lautet
die Antwort schlicht: „Ja"! Denn ich stelle immer wieder fest, dass,
wenn ich mich ärgere, ich eine konkrete Erwartung an andere Menschen habe. Diese Menschen erfüllen diese Erwartung einfach nicht.
Wissen Sie, warum? Die Antwort, das Geheimnis ist bereits im Wort
„Erwarten" versteckt. Darin steckt das Wort „Warten", weil Sie lange
warten können, bis Ihre Erwartungen erfüllt werden.

i   Hören Sie auf, Katzen das Bellen beizubringen

Deswegen habe ich es mir zur Angewohnheit gemacht und empfehle
das Gleiche jedem, innezuhalten und zu überlegen: „Könnte ein Geschenk im Ärger versteckt sein?" Überlegen Sie sich das nicht direkt
in der Situation, in der Sie sich ärgern, sondern auf dem Heimweg
oder auf dem Weg zum nächsten Termin. Wenn Sie sich am Abend
über Ihren Lebenspartner geärgert haben, dann überlegen Sie am
nächsten Morgen: „Was ist da mit mir passiert – und wo könnte das
Geschenk im Ärger enthalten sein?"

4. Kapitel

Mentale Stärke als Lösung bei Stress, Ärger und Druck

4

4.1 Mit mentaler Stärke in den absoluten „Champion-Zustand"

„Auch das noch!" Kennen Sie Tage, an denen Sie eher lustlos Ihrer Arbeit nachgehen? Tage, an denen Ihnen auch Kleinigkeiten schnell auf die Nerven gehen? An solchen Tagen sind Sie in keinem guten Zustand. Besitzen Sie bereits die Fähigkeit, Ihren Zustand zu erkennen und bei Bedarf gezielt zu verändern? Wahrscheinlich haben Sie da noch etwas Spielraum nach oben. Denn Stress, Ärger und Zeitdruck sind nichts anderes als unangenehme Zustände. Damit Sie die Tricks zur Änderung Ihres Zustands motiviert anwenden können, erläutere ich Ihnen hier die große Bedeutung von psychischen Zuständen für ein erfülltes, erfolgreiches und gesundes Leben.

Wie Sie vom „Champion-Zustand" profitieren

Sprechangst

Ein Entwicklungsvorstand ist in Meetings wortgewandt und versteht es, seine Mitarbeiter dauerhaft zu motivieren und dazu zu bringen, sich schwungvoll um auftretende Probleme und Änderungswünsche von Kundenseite zu kümmern. Doch sobald er auf Symposien, Kongressen und Branchentreffen vor größeren, unbekannten Gruppen über seine Erfahrungen und Sichtweisen sprechen soll, ist er wie gelähmt. Schweißtropfen treten ihm auf die Stirn, er fällt quasi in sich zusammen – und er meidet solche Situationen wie der Teufel das Weihwasser. Dieser Zustand hindert ihn daran, sich und seine Arbeit einer größeren Öffentlichkeit zu präsentieren, obwohl er das an sich möchte.

Angst vor einem schwierigen Gespräch

Der Vertriebsleiter schafft es einfach nicht, von seinem besten Verkäufer eine bessere Dokumentation seiner Gespräche einzufordern. Die anderen Verkäufer fragen sich schon lange, warum sie selbst zur Dokumentation durch Gesprächsprotokolle angehalten und ermahnt werden, bei „dem besten Mann" anscheinend aber mit einem anderen Maß gemessen wird. Aber der Vertriebsleiter schiebt das Gespräch seit Wochen vor sich her. Denn der Gedanke an das seiner Ansicht nach schwierige Gespräch und die mögliche Konsequenz des Rückzugs seines „Top-Perfomers" lassen ihn zurückschrecken, obwohl er schon deutlich schwierigere Verhandlungen geführt hat. Sein Zustand hindert ihn daran, wichtigen Aufgaben nachzugehen.

Wieso fällt es den beiden so schwer, etwas für erwachsene Menschen mit jahrelanger Berufs- und Lebenserfahrung nun wirklich Leichtes hinter sich bringen? Weil der Zustand sie davon abhält. Denn gebraucht wird ein „Champion-Zustand"!

Inspiration

Welche Situationen lösen in Ihnen Zustände aus, die Sie von Tätigkeiten und Gesprächen abhalten, die Sie an sich durchführen wollen?

Zustand

Ein Zustand ist die Verfassung, in der Sie sich in einem Moment befinden. Er besteht aus geistigen und emotionalen Aspekten, die in der Praxis natürlich zeitgleich auftreten und miteinander verwoben sind.

Wenn Sie für eine Situation maximale Kreativität brauchen, aber in einem erschöpften Zustand sind, ist der geistige Aspekt z. B., dass sie jetzt eher an Erholung oder Nahrung denken, und der emotionale Aspekt, dass Sie in diesem Zustand eigentlich gar keine Lust auf die Aufgabe haben. Optimal zur Aufgabenlösung und optimal, um einen guten Tag zu haben, ist dieser Zustand also nicht.

Sie erkennen bei sich und anderen einen Zustand leicht, indem Sie die Körpersprache beobachten.

Ihre Ausstrahlung hängt zu 99,9 % von Ihrem Zustand ab.

Ist der Zustand kraftvoll, souverän und zuversichtlich, ist auch die Körpersprache kraftvoll, souverän und zuversichtlich. An sich ist das ganz einfach. Überlegen Sie: Wie sehen Sie aus, wenn Sie zu einem Meeting gehen, auf das Sie sich freuen? Wie sehen Sie aus, wenn Sie sich auf das Meeting nicht freuen?

Allerdings hat kaum jemand gelernt, sich selbst bewusst und wie auf Kopfdruck in einen Zustand zu versetzen, der für eine bestimmte Situation der allerbeste ist. Denn genau das ist die erste Aufgabe in den beiden Beispielen von oben: Der Entwicklungsleiter braucht einen zuversichtlichen und starken Zustand, um vor Gruppen sicher und überzeugend aufzutreten. Der Vertriebsleiter braucht einen zuversichtlichen und starken Zustand, um den Leistungsträger dazu zu bringen, seine Tätigkeiten besser zu dokumentieren.

> Sobald ein Zustand erreicht ist, der für eine bestimmte Situation optimal ist, ist ein „Champion-Zustand" erreicht. **i**

An dieser Stelle kommt die mentale Stärke ins Spiel. Denn sie hilft dabei, einen solchen Zustand zu herzustellen. Stellen Sie sich für einen Augenblick vor, dass Sie in der Lage wären, den richtigen Zustand für eine vor Ihnen liegende schwierige Aufgabe zu erkennen, ihn in sich aufzubauen und während der Aufgabe zu halten. Natürlich wissen wir beide, dass das nicht immer geht. Aber nehmen wir an, Sie könnten das besser, leichter und schneller als jetzt. Würde Sie das stärker machen? Wären Sie weniger genervt? Könnten Sie leichter über einen längeren Zeitraum am Ball bleiben? Ja, ganz bestimmt.

> Nicht das Problem an sich ist das Problem, sondern unser Zustand, in dem wir ihm begegnen. **i**

Den „Champion-Zustand" aufbauen

Wie also können Sie Ihren „Champion-Zustand" aufbauen? Das geht in zwei Schritten: Sie überlegen sich zunächst, welchen Zustand Sie gleich optimalerweise brauchen können. Dann gehen Sie in ihn hinein und halten ihn. So weit die Strategie, kümmern wir uns um das Wie.

Lassen Sie uns dafür annehmen, dass Sie um 11.00 Uhr ein Meeting leiten, bei dem es darum geht, die Wogen zwischen drei Abteilungsleitern zu glätten und zu einer gemeinsamen Lösung zu kommen. Ihr Ziel ist es, sich von den zahlreichen zu erwartenden Sticheleien, Vorwürfen und Schuldzuweisungen nicht beirren zu lassen, um möglichst schnell eine tragfähige Lösung zu finden. Das Problem dabei: Sie hielten die jetzige Situation zwischen den Abteilungsleitern zwar für angemessen, wenn sie alle noch im Kindergarten wären – bei Erwachsenen haben die Verhaltensweisen der drei Herren aber eigentlich nichts zu suchen. Natürlich wissen Sie, dass so etwas vorkommt und kennen auch die Lösungen und Tipps aus den Lehrbüchern, aber Ihr Genervtsein darüber überwiegt. Allerdings wissen Sie auch, dass dieser Zustand des „Genervtseins" nicht optimal ist, um das Meeting professionell zu gestalten.

Was für ein Zustand wäre hier optimal? Meiner Ansicht nach erfüllt er folgende Kriterien:

- ruhig

- kräftig

- schwungvoll

- ziel-/ergebnisorientiert

- verständnisvoll

- strukturiert

- souverän

- stark

- in sich ruhend

- freundlich

Vielleicht haben Sie noch weitere Ideen und würden das ein oder andere anders beschreiben, aber in der Richtung werden wir uns einig sein.

Wie gelangen Sie in einen solchen Zustand? Wenn die Voraussetzungen, dass Sie Ihren Zustand wirklich verändern wollen und Sie sich vorstellen, dass das möglich ist, erfüllt sind, fällt es Ihnen leichter, als Sie jetzt vielleicht noch denken.

i Um einen Zustand zu erreichen, wähle ich ihn bewusst aus und tue zu 500 % so, als wäre er bereits real.

Wenn Sie einen Zustand wie oben aufgelistet für ein Meeting um 11.00 Uhr erreichen wollen, dann beginnen Sie ab 10.30 Uhr intensiv damit, sich in ihn hineinzuversetzen. Später können Sie das auch „von jetzt auf gleich", doch zu Beginn nehmen Sie sich ruhig etwas Zeit.

Die Zustandsveränderung erreichen Sie auf zwei Ebenen, die zeitgleich ablaufen: mental und körpersprachlich. Die eine Ebene ist die geistige, fantasievolle, das innere geistige Auge, Ihre Vorstellungskraft. „Fake it, until you make it", so sagte mein amerikanischer Business-Coach aus Kalifornien zu mir, als es um meinen Zustand ging. Ich konnte es anfangs kaum glauben und vermutete, dass mich meine Sprachkenntnisse im Stich lassen. Aber ich hatte es richtig verstanden und es war ernst gemeint: Sie stellen sich vor, Sie drehen einen Film mit sich in der Hauptrolle. Sie nehmen geistig vorweg, was in dem Meeting ab 11.00 Uhr passieren wird und wie Sie sich gleich verhalten werden. Sie sind selbst souverän, aufrecht, sicher – eben so, wie Sie sich im Meeting fühlen und verhalten wollen. Probieren Sie es aus und geben Sie dabei 100 %. Wenn Sie das nur zaghaft und zögerlich probieren, klappt es nicht.

Auf der mentalen Ebene sehen Sie sich dazu einige Minuten lang vor Ihrem inneren Auge genau so, wie Sie sich in der echten Situation gleich sehen wollen. Im Film vor Ihrem geistigen Auge strahlen Sie körpersprachlich alles das aus, was Sie in dem echten Zustand gleich ausstrahlen wollen und werden. Sie nehmen die Wirklichkeit vorweg. Sie sehen sich siegen.

Wenn Sie mögen, können Sie auch noch Ihren Gehörsinn nutzen, indem Sie währenddessen Musik hören, die Ihren gewünschten Zustand unterstützt. Haben Sie das einige Male gemacht, können Sie sogar auf die echte Musik verzichten und sie sich einfach, quasi vor Ihrem inneren geistigen Ohr, vorstellen und in die Szenerie einspielen.

Die andere Ebene ist Ihr Körper. Sie setzen Ihren Körper so intensiv und effizient ein, wie es ein Gepard bei der Jagd macht. Er jagt nicht ein bisschen und schaut sich nebenbei die Gegend an, sondern er ist präsent und gibt punktgenau 100 %. Sie setzen schwungvoll Ihre Körpersprache ein, um sich in einen guten Zustand zu versetzen. Richten Sie sich auf, atmen Sie durch, machen Sie sich groß, nehmen Sie Raum ein.

Auf der körpersprachlichen Ebene strahlen Sie mit jeder Faser Ihres Körpers zu 100 % aus, dass Sie kraftvoll, zuversichtlich, ruhig oder was auch immer Sie gleich brauchen, sind.

Hierbei ist es sehr wichtig, dass Sie vor allem einen Aspekt wirklich beherzigen: Setzen Sie die Körpersprache nicht zaghaft ein und erwarten dann eine massive Änderung Ihres Zustandes. Sondern setzen Sie sich massiv ein, um eine massive Änderung Ihres Zustandes zu erreichen. Sitzen Sie nicht „ein bisschen" aufrecht, sondern richtig aufrecht. Atmen Sie nicht ein bisschen intensiver, sondern holen Sie richtig tief Luft. Schließen Sie Ihre Bürotür und hüpfen Sie einige Male auf und ab. Bringen Sie Ihren ganzen Kreislauf auf Trab. Anfangs kommt Ihnen das komisch vor. Wenn Sie aber zum ersten Mal festgestellt haben, wie schnell und wie leicht Sie Ihren Zustand ändern können, wollen Sie nie mehr darauf verzichten.

Wichtig dabei ist nur, dass Sie wirklich zu Beginn übertreiben, um aus dem alten Zustand in den neuen zu gelangen.

i Ihren Zustand können Sie nur verändern, wenn Sie es plötzlich und mit viel Schwung tun.

Überraschen Sie Ihr Denken und Ihre eigene Verfassung durch eine plötzliche, überraschende Wendung. Ziehen Sie sich dafür eventuell zurück. Werden Sie laut und reden Sie kraftvoll mit sich: „Du hast die Kraft, die alles schafft!" Wiederholen Sie das 30-mal. So lange, bis Sie merken, dass Sie es anfangen zu glauben und dann zur Sicherheit noch 10-mal mehr. Es lohnt sich. Mental starke Menschen wissen, dass sie ihre Umwelt nicht immer verändern können, ihren Zustand aber schon. Es ist meiner Ansicht nach Ihre Pflicht, auf Ihren Zustand zu achten und ihn immer wieder anzupassen. Denn wenn Sie eine wirklich gute Leistung bringen wollen, brauchen Sie einen wirklich guten Zustand. Überlassen Sie diesen nicht dem Zufall. Sie steuern Ihren Zustand, nicht die anderen.

Tun Sie also auf beiden Ebenen so, als wären Sie bereits kraftvoll, zuversichtlich, ruhig etc. Wie ein Schauspieler. Es ist ja für einen guten Zweck. Testen Sie es und spüren Sie, wie sich Ihr Zustand verändert. Es ist ein Genuss zu merken, wie andere Menschen auf mich reagieren, wenn ich in einem guten Zustand bin. Probieren Sie es aus und Sie werden gefragt, ob Sie neuerdings ins Fitnessstudio gehen, obwohl Sie da ewig nicht mehr gewesen sind. Aufgrund Ihrer Ausstrahlung, die durch Ihren Zustand beeinflusst wird, glauben die Leute, dass Sie sich verändert haben.

Sie arbeiten also einerseits mit einem inneren Film, um die Bilder im Kopf zu ändern, andererseits setzen Sie dazu Ihre Körpersprache ein.

Lernen können wir das von Spitzensportlern. Kein Sprinter bei der Leichtathletik-WM käme auf die Idee, kurz vor dem Rennen das Stadion zu betreten, die Schuhe zu wechseln und zum Startblock zu gehen. Es ist selbstverständlich, dass er sich „warm macht". Sie machen sich heiß.

4.2 Mit mentaler Stärke Widerstand auflösen: Wie Sie aufhören, Katzen das Bellen beizubringen

Eines Abends im Supermarkt

Es gibt Tage, an denen läuft es einfach nicht rund. Nach so einem Tag ging ich, genervt und in schlechter Stimmung, abends noch in einen Supermarkt. Mit mir betrat ein junger, blinder Mann den Markt und wollte wohl ebenfalls einkaufen. Er meldete sich an der Infotheke und wurde dann von einem Mitarbeiter beim Einkaufen begleitet, während ich muffelig durch die Gänge schlich.

Sie kennen das wahrscheinlich auch: Beim Einkaufen sieht man sich wieder. Die Wege kreuzen sich. Erst trifft man sich beim Gemüse, dann vielleicht an der Fleischtheke, bei den Keksen und abschließend bei der Tiefkühlkost. Dabei fiel mir auf, dass die beiden viel Spaß hatten. Es wurden Witze gemacht, es wurde gelacht, die beiden hatten eine wirklich gute Zeit. Und das hat mich zum Nachdenken gebracht.

Wieso hat ein offensichtlich blinder Mensch bessere Laune als ich, der von bester Gesundheit und „frei von Behinderung" ist? Ich müsste doch eigentlich der mit guter Laune sein.

Zum Glück waren die beiden an der Kasse hinter mir und ich habe immer schon viel gefragt. Also lege ich meine Einkäufe auf das Band, drehe mich um und sage: „Guten Abend, kann ich Ihnen mal eine Frage stellen?" Der Blinde: „Ja, wem denn?". Ich: „Ach ja, Entschuldigung, Ihnen!". Er bejaht und ich frage: „Sagen Sie mal, wieso haben Sie, offensichtlich blind, so eine verdammt gute Laune, wobei Sie doch genug Anlass hätten, anders drauf zu sein?" Und dann kam eine Antwort, die mein Leben verändert hat und an die ich bis heute immer wieder denke:

„Wie blöd wäre ich denn, wenn ich blind wäre und schlecht gelaunt?!"

Lassen Sie sich das mal auf der Zunge zergehen. Nehmen Sie sich ein bisschen Zeit und durchdringen Sie diese Sichtweise. Sie zeigt einen Weg zum Glück, den nur ganz wenige Menschen beherrschen und wirklich leben.

Diese Perspektive beschreibt für mich bestens Großteile der mentalen Stärke. Vieles im Leben können wir nicht ändern. Vieles geschieht ohne unseren Einfluss. Wir können die Welt nicht so verbiegen, wie wir sie haben wollen.

Das Leben ist kein Wunschkonzert. Es passieren Dinge, die uns nicht passen, die uns die Stimmung vermiesen, die wir für unsinnig, ungerecht und unnötig halten. Dinge, die so gar nicht nach unserem Geschmack sind. Lieb gewonnene Menschen sterben. Gute Mitarbeiter kündigen und sind nicht zum Bleiben zu bewegen. Umsatzzahlen brechen ein. Verträge platzen. Mitarbeiter schaden in voller Absicht ihrer eigenen Firma, stehlen, machen blau und denken nur an sich. Absprachen werden nicht eingehalten. Menschen lügen, betrügen und töten. Es gibt Krieg und Terror. Daran können wir im ersten Augenblick nichts ändern. Aber wir können bereit sein, damit umzugehen. Wir können annehmen, was ist, um dann aus dem, was ist, das Beste zu machen.

Das hat nichts mit „positivem Denken" oder „das Gute in allem sehen" zu tun, sondern es ist eine umfassende, uns durchdringende Art und Weise, unser Leben zu führen: Es ist die Entscheidung darüber, wie wir mit Dingen, Situationen, Erlebnissen und Menschen umgehen, die uns überhaupt nicht passen. Die uns gegen den Strich gehen, und zwar gewaltig. Und die wir nicht verändern können. Der blinde junge Mann hat erkannt, dass er gegen seine Blindheit nichts tun kann. Aber er kann entscheiden, wie er mit seiner Blindheit umgeht. Wie er mit etwas Unangenehmem umgeht, das das eigene Leben im Vergleich zu anderen stark einschränkt.

Im weiteren Gespräch wurde mir sehr klar, welche Perspektive er gewählt hat. Er hat verstanden, dass er durch Traurigkeit, Vorwürfe und Grübeln auch nicht wieder sehen kann.

Doch wie ist es bei der Mehrzahl der Menschen? Die meisten haben verstanden, dass sie das Wetter nicht verändern können, glauben aber, dass sie andere Menschen gegen deren Willen verändern können.

Wie ist das bei Ihnen? Wenn Sie sich im Straßenverkehr über jemanden aufregen, wollen Sie dann nicht auch, dass er sich anders verhält? Natürlich. Sich zu wünschen, dass er schneller fährt, rechts ran fährt und Sie vorbeilässt oder am besten gleich ganz auf das Autofahren verzichtet, ist nichts anderes als das. Sie wollen sein Verhalten, seine Einstellung ändern, weil Sie glauben zu wissen, was das Richtige ist. In dem Augenblick sehen Sie nicht, dass Sie an der Situation durch Ihre Wut und Aufregung an sich nichts verändern.

Stellen Sie sich vor: Ein Kollege verhält sich unfair Ihnen gegenüber, streut Gerüchte und versucht, den von Ihnen vertretenen Verantwortungsbereich schlechtzumachen. Er will Ihnen und Ihren Leuten die Schuld in die Schuhe schieben. Sie können das alles nicht nachvollziehen. An sich ginge es jetzt doch einfach darum, dem ein Ende zu setzen. Ohne sich aufzuregen. Die Wut darüber ändert nichts. Die Aggression brauchen Sie nicht, um ihm unter vier Augen die Meinung zu sagen. Sie brauchen nur den Entschluss, das zu tun.

Wenn in einem Meeting Probleme gewälzt werden, anstatt dass tragfähige Lösungen gefunden werden, macht Sie das wahnsinnig. Wollen Sie auch da das Vorgehen der anderen verändern? Soll Ihre Sicht zu deren Einsicht werden? Ich meine ja. Eine gute Lösung bestünde unter dem Motto „Gelassenheit gewinnt" darin, ruhig, konstruktiv, freundlich und bestimmt anzusprechen, dass es eher um Lösungen als um Probleme geht – allerdings im vollen Bewusstsein dessen, dass sich die anderen dann Ihrer Sichtweise anschließen können, es aber nicht müssen.

Dieser Versuch, andere gegen ihren Willen zu verändern oder Situationen, die so sind, wie sie sind, nicht anzunehmen und uns ihnen nicht zu stellen, ist ein großer Stressor.

Aus Orangen machen auch Sie keinen Apfelsaft. **i**

Aus Sicht der mentalen Stärke geht es darum, erst mal das anzunehmen, was ist. Es nicht abprallen zu lassen, sondern dafür offen, durchlässig zu sein. Nach diesem bewussten „Ja, das darf jetzt erst mal so sein" geht es darum, es sich genau anzusehen, es zu analysieren. Wenn Sie gegen etwas sind, wird Ihnen das schwerfallen oder es wird Ihnen gar unmöglich sein, es sich ganz genau anzusehen. Denn nur wenn Sie es für einen Augenblick wirklich zulassen, können Sie sich dem zuwenden und es wirklich ansehen. Dann geht es natürlich darum, im Rahmen des eigenen Einflusses, der eigenen konkreten Handlungsmöglichkeiten zu tun, was zu tun ist.

Ich treffe öfter auf Menschen, deren Verhaltensweisen ich erst mal nicht nachvollziehen kann – um es nett zu formulieren. Mir hilft beim „erst mal annehmen, was ist" die Idee „der darf das". Ich halte inne und mache mir für einen Augenblick bewusst, dass der oder die andere, genauso wie ich selbst, frei darin ist, sich zu verhalten, wie er oder sie es möchte. Dann spreche ich, meistens mit einer Frage, an, was mich stört. Übrigens ist meine Lieblingsfrage dabei nicht „Warum machst du das?" sondern „Wozu machst du das?". Auch das Modell der gewaltfreien Kommunikation ist hier sehr hilfreich.

Ich hatte im Sommer 2014 das Glück, Anselm Grün kennenzulernen. Er hat das wunderbar auf den Punkt gebracht, als er mir sagte:

Erst mal darf alles so sein, wie es ist. Wir sehen es uns an und gehen damit um.

4.3 Maximale Präsenz: Dank mentaler Stärke im Hier und Jetzt sein

Was ist die Einheit des Erfolges? Stopp, lesen Sie jetzt für einen Augenblick nicht weiter, sondern überlegen Sie mal selbst. Vielleicht kommen Sie ja selbst drauf, helfen lassen können Sie sich ja immer noch. Wir geben doch allem eine Einheit, also können wir das auch für Erfolg tun. Die Einheit einer Strecke ist Meter, die Einheit von der Außentemperatur lautet … richtig!

Aber was ist die Einheit des Erfolgs? Es ist der Tag. Das mag für Sie jetzt erst mal seltsam klingen, doch denken Sie mit. Können Sie gestern etwas für Ihren Erfolg tun? Können Sie in der Vergangenheit etwas tun, was Ihren Erfolg beeinflusst? Sie hätten etwas tun können, wenn Sie es aber nicht getan haben, ist es nicht mehr nachzuholen. Können Sie morgen, in der Zukunft etwas tun, was Ihren Erfolg positiv beeinflusst? Eventuell, aber ob Sie es tun oder nicht, steht noch nicht fest. Sie können es sich als Termin eintragen. Doch ob Sie dann dazu kommen oder es erneut aufschieben, ist eine ganz andere Frage. Definitiv, neutral messbar, können Sie in der Zukunft nicht handeln. Sie können planen, aber nicht handeln.

Inspiration

Denken Sie darüber mal einen Augenblick nach: Wie können Sie morgen durch eine echte Handlung für Ihre Gesundheit sorgen? Können Sie es heute nur planen und für morgen als Beschluss fassen oder können Sie morgen konkret handeln? Wann ist „morgen"?

Sie können nur heute handeln, nicht morgen. Natürlich kommt „morgen" sehr wahrscheinlich, aber dann ist es ja wieder „heute". Ich meine damit: Genauso wenig wie Sie in Zukunft handeln können, können Sie in der Vergangenheit handeln. Sogar jetzt, beim Schreiben, fällt es meinem Verstand schwer, sich das klarzumachen. Aber es ist so. Denn handeln, und zwar im echten Leben, können wir nur heute. Am heutigen Tag.

Doch wie sieht es da bei vielen Menschen aus? Sie sind doch viel mehr damit beschäftigt, darüber nachzudenken und zu fantasieren, was sie noch tun wollen oder was sie hätten tun können. Die Königsdisziplin besteht natürlich darin, sich jammernd stundenlang wiederkehrend Gedanken darüber zu machen, was zukünftig alles getan werden könnte. Schlimmer wird es dann nur noch, wenn darüber auch noch in epischer Breite gesprochen wird. „Wir müssten mal …" oder „Ich werde versuchen …". Doch es passiert nichts. Nada, nothing, niente. Das sind dann übrigens Situationen, in denen ich bis heute meine eigene Gelassenheit bestens trainieren kann.

Sie machen es besser: Sie wissen, dass die Einheit jeden Erfolges der Tag ist.

> Die Jahre sind kurz, die Tage sind lang. Haben Sie auch schon beobachten können, wie schnell ein Jahr vorbei ist? Und haben Sie auch schon beobachten können, wie viel Sie an einem Tag schaffen können? **i**

Wenn Sie sich gerade wirklich Gedanken darüber gemacht haben, dann können Sie zu keinem anderen Schluss gekommen sein. Es gibt die tatsächliche Zeit und die psychologische Zeit. Die tatsächliche Zeit nimmt ihren natürlichen Verlauf, ohne dass wir diesen auch nur im geringsten verändern können. Den Verlauf von Frühling, Sommer, Herbst und Winter können wir nicht beeinflussen. Auch wenn eine Verlängerung von Frühling und Herbst Ihre Umsatzzahlen in die Höhe schnellen ließe, Sie können nichts tun, um diese Zeiten zu verändern. Der Tag hat eine bestimmte Dauer, wir nennen das 24 Stunden. Auch wenn Ihre Vertriebsmannschaft mit nur einer Stunde mehr Zeit viel mehr Umsatz und Ertrag erwirtschaften könnte oder die Entwicklungsabteilung noch das eine Quäntchen mehr in Sachen Energieeffizienz herausholen könnte – Sie können diesen Aspekt der tatsächlichen Zeit nicht beeinflussen.

Die psychologische Zeit ist eine herrliche Erfindung des menschlichen Bewusstseins, des menschlichen Geistes. Auf einem Zeitstrahl steht meistens, schön geordnet, die Vergangenheit links, in der Mitte die Gegenwart und rechts die Zukunft. Sie können sich auch vorstellen, dass der Zeitstrahl durch Sie hindurch geht: Hinter Ihnen liegt die Vergangenheit, wo Sie stehen, ist die Gegenwart und vor Ihnen liegt die Zukunft. Daher heißt es ja auch „Das habe ich hinter mich gebracht" bzw. „was noch vor uns liegt".

In Zuständen der mentalen Schwäche lassen wir es zu, dass die psychologische Zeit Anlass für unangenehmen Stress ist. Sorgen vor der Zukunft oder Selbstvorwürfe aus der Vergangenheit klingen dann in etwa so: „Das Projekt kriegen wir nie in KW 35 fertig" oder „Hätten wir damals mal bei der Lieferantenauswahl mehr Zeit investiert". Sie kennen das aus Ihrem eigenen Denken, stimmt?

i Angst braucht Zukunft. Ärger braucht Vergangenheit.

Ich wende mich hier nicht gegen die Idee von Vergangenheit und Zukunft. Ich weise Sie nur darauf hin, dass beide Ursachen für Stress sein können und zugleich Ideen Ihres Verstandes sind. Meistens sind es ja auch gute, hilfreiche Ideen. Wie wollen Sie mit Ihren Kollegen eine Telefonkonferenz planen, ohne eine Vorstellung von der Zukunft zu besitzen?

Jedoch können die meisten Menschen noch lernen, die Ideen von Vergangenheit und Zukunft viel mehr für sich zu nutzen, anstatt sich von ihnen stressen zu lassen. Ich persönlich schaffe das durch einen Beschluss, eine felsenfeste Entscheidung, die ich vor einigen Jahren getroffen habe. Vielleicht wollen Sie ja eine ähnliche Entscheidung treffen:

i An der Vergangenheit erfreue ich mich oder lerne aus ihr. Auf die Zukunft freue ich mich oder beeinflusse sie durch meine heutige Handlung.

Also: Egal, welche „Fehler" in der Vergangenheit von Ihnen selbst oder anderen begangen wurden, wann können Sie das Beste aus der Situation machen und dafür sorgen, dass so etwas nicht wieder vorkommt? Heute, am heutigen Tag, in der jetzigen Situation.

Egal, wovor Sie sich sorgen, ob vor einer bedeutenden Rede, einer möglichen feindlichen Übernahme, Umsatzeinbrüchen oder dem sinkenden Aktienkurs. Wann können Sie das Beste tun, um dem vorzubeugen oder die Folgen möglichst gering zu halten? Heute, am heutigen Tag, in der jetzigen Situation.

Daher ist der Tag die Einheit des Erfolges. In Momenten mentaler Stärke wissen Sie das und handeln entsprechend.

4.4 Meine fünf besten Techniken zur mentalen Stärke

Mein Anspruch besteht neben Ihrer Inspiration auch darin, Ihnen in diesem Buch Techniken an die Hand zu geben, die sehr wirksam und sehr einfach, aber noch nicht so bekannt sind. Wie bei allem Neuen werden Sie den hier beschriebenen Techniken eventuell anfangs skeptisch gegenüberstehen. Jedoch erinnern Sie sich wahrscheinlich an Situationen, in denen Sie anfangs skeptisch waren. Nachdem Sie sich aber einen kleinen Ruck gegeben haben, haben Sie gute Erfahrungen gehabt und Spannendes erlebt.

Hier ist es jetzt ganz genau so: Nicht alle der hier beschriebenen Techniken werden zu Ihnen passen. Um jedoch herauszufinden, von welchen Sie am meisten profitieren können, müssen Sie sie testen. Lesen Sie erst einmal alle zehn und entscheiden Sie dann, in welcher Reihenfolge Sie testen. Einfach, wirksam und praxistauglich sind sie alle.

Das Stress-Board

Sicherlich kennen Sie die allseits bekannte Idee, Visionen und Ziele auf ein Blatt Papier zu schreiben oder zu visualisieren. Übrigens ist das eine Technik, die meiner Erfahrung nach gut funktioniert. Auch wenn das, was jetzt kommt, auf den ersten Blick komisch wirkt, probieren Sie es aus, lassen Sie sich darauf ein und profitieren Sie dann davon. Bei dem Vision-Board machen Sie sich ja bewusst, was Sie an Schönem, Wertvollem, Positivem erleben wollen, damit Sie im Rückblick sagen können, dass Ihr Leben erfüllt war.

Bei einem Stress-Board machen Sie das genaue Gegenteil: Sie schreiben auf ein möglichst großes Blatt Papier, am besten DIN A3, mindestens aber DIN A4, auf, was Sie stresst, nervt oder regelmäßig bremst. Wenn Sie lieber Zeichnungen oder Symbole mögen, funktioniert auch das. Dieses Stress-Board kopieren Sie dreimal, eine Version hängen Sie dann am besten neben Ihren Arbeitsplatz. Wenn Ihr Stressboard besser nicht von anderen gelesen werden sollte, platzieren Sie es so, dass nur Sie es sehen können. Die Kopien platzieren Sie möglichst an den Orten, an denen Sie sich am häufigsten oder regelmäßig aufhalten. So werden Sie immer wieder daran erinnert.

Warum funktioniert diese Technik? Unser Gehirn sieht es als seine wichtigste Aufgabe an, uns vor Gefahren zu beschützen. Es hält andauernd danach Ausschau und findet oder erfindet unterschiedliche Probleme, die auftreten können oder aufgetreten sind. Früher waren solche Probleme unsere „Fressfeinde" und damit relativ real sowie einfach. Heute erfindet das Gehirn eher komplexe Probleme wie mögliche heftige Budgetüberschreitungen, kostenrelevante Rückschläge bei großen Projekten oder eventuelle Krisen in der Branche. An den Lösungen ist das Gehirn nur zweitrangig interessiert, vor allem will es erst mal mögliche Bedrohungen erkennen. Es beschäftigt sich ständig mit Problemen. Sie kennen das beispielsweise, wenn Sie in einem Meetings gedanklich abdriften und sich in „Was-wäre-wenn-Szenarien" vergraben oder nachts vor Sorge nicht einschlafen können.

Was passiert nun, wenn das Stress-Board auftaucht? Sie schreiben alles das, was im Gehirn an Problemen, Sorgen, Ängsten und Horror-Szenarien lebendig ist, auf und „sichern es so". Das Gehirn kriegt mit, dass die Probleme notiert wurden, und hat den Eindruck, dass sie quasi sicher abgelegt sind. So kann es sich entspannen. Wenn Sie sich die Probleme nicht aufschreiben, glaubt das Gehirn, es muss sie im Bewusstsein behalten, um sich damit zu beschäftigen.

Wenn das Gehirn dann wieder diese notierten Probleme und Gefahren hervorholt, ist es sich bewusst, dass diese Dinge bereits gesichert sind und bearbeitet werden. Das lässt sich noch genauer und komplexer erklären, aber Ihr gesunder Menschenverstand wird die grundsätzliche Wirkungsweise nachvollziehen können. Um das auszuprobieren, reicht diese Erklärung aus.

Aktion

Nehmen Sie sich drei Minuten Zeit und ein Blatt Papier. Schreiben Sie alles auf, zeichnen Sie alles oder finden Sie für alles passende Symbole, was Sie in diesen Wochen in Stress versetzt. Auch wenn es komisch klingt und anfangs unserer „Ausweich-und-Augen-zu-Methode" widerspricht, wirkt das Erstellen und regelmäßige Betrachten des Stress-Boards Wunder für den gewiefteren Umgang mit Stress.

Schauen Sie im Laufe dieser Woche immer wieder mal auf Ihr Stress-Board. Ich muss immer lächeln, wenn ich meines ansehe.

Sprich mit dem Kind-Ich in dir: Schluss mit der Angst vor möglichen Fehlern

Angst kann wie die chinesische Mauer sein – doch sie hat Schlupflöcher. Die Angst an sich ist nie das Problem. Das Gefühl von Angst schützt uns beispielsweise vor Fehlern. Außerdem zeigt sie uns auf, an welchen Stellen wir noch etwas lernen können, damit wir sicherer werden und uns wichtige Aufgaben leichter von der Hand gehen, die uns zur Zeit noch Angst bereiten.

Es geht also weniger um die Angst, sondern vielmehr darum, wie wir mit der Angst umgehen.

Denn Angst hat eine Stimme, die zu uns zum Beispiel sagt:

- „Mach das lieber nicht. Auch wenn es für dich das Richtige ist, wer weiß, was passiert. Warte noch ab, es wird der passende Tag kommen."

- „Sprich dieses Thema nicht an, wer weiß, wie der andere reagiert und welche Nachteile es für dich haben kann!"

- „Gib dich lieber mit der jetzigen Situation zufrieden, bevor du etwas tust und dann feststellst, dass es umsonst war."

Sie kennen solche Arten von Selbstgesprächen, bei denen wir eine gute Idee haben und uns diese selbst ausreden, weil wir Angst vor ihren möglichen Folgen haben. Solche Angstmuster als Grundlage für Selbstgespräche kommen meist aus unserem „ängstlichen Kind-Ich". Mit diesem gilt es, in einem konstruktivem Selbstgespräch Kontakt aufzubauen und eine gemeinsame Lösung zu finden. Sie führen also vor einer Angst auslösenden Aktion ein Selbstgespräch mit dem Ziel, die positiven Aspekte der Angst für sich zu nutzen, anstatt sich von ihnen lähmen zu lassen.

Wenn Sie also beispielsweise vor einem Telefonat mit einem Chef, Lieferanten, Kunden oder Ihrem Lebenspartner Angst oder Sorge haben, führen Sie vorher einen Dialog mit dem Teil in Ihnen, der sich aus Angst mit Händen und Füßen gegen das Telefonat wehrt. Stellen Sie sich dabei wirklich sich selbst vor, als wären Sie acht Jahre alt. Um das zu intensivieren, können Sie sich ein Foto von sich besorgen, auf dem Sie ungefähr so alt waren. Daneben halten Sie ein Foto von sich, das Sie zurzeit zeigt. Dann sehen Sie den Unterschied am deutlichsten. So machen Sie sich bewusst, wie viel mehr Erfahrung, Mut, Wissen und Kompetenzen Sie heute haben.

Die Beziehung zu diesem Teil der Persönlichkeit sollte wertschätzend, freundlich und verständnisvoll sein. Lassen Sie die Angst zu, sperren Sie sie nicht ein, sondern hören Sie, was Ihnen diese Stimme zu sagen hat.

Ich gebe Ihnen ein Beispiel von mir:

Angst vor Investitionen

Lange Jahre hatte ich große Angst davor, falsche Investitionsentscheidungen zu treffen und mein Geld zu verlieren. Natürlich hat diese Angst das Wachstum meines Unternehmens und damit meinen Erfolg deutlich sabotiert. Die Idee und der Wunsch nach Investition waren da, aber es entstand ein innerer Bürgerkrieg zwischen dem Wunsch und meiner Angst, der immer von der Angst gewonnen wurde. Das mag in manchen Fällen richtig gewesen sein, hat mir aber hervorragende Chancen genommen.

Der innere Dialog mit dem „12-jährigen Christian" (meinem Kind-Ich) sah dann so aus: „Okay, natürlich kann das Geld dann weg sein. Das kann passieren, weil es eine realistische Möglichkeit ist. Jemand investiert und der erhoffte Erfolg bleibt aus. Doch, lieber Christian, lass uns doch mal diesen einen Punkt um zwei Aspekte ergänzen: Was ist so schlimm daran, wenn das Geld weg ist? Ist es lebensbedrohlich? Wirst du dann pleite sein und zum Sozialamt gehen müssen? Was meinst du? Und andererseits: Was kannst du denn machen, um das Risiko zu reduzieren? Was brauchst du, um die Angst kleiner werden zu lassen? So klein, dass sie dich nicht mehr lähmt, sondern vor möglichen Gefahren beschützt? Komm, wir schauen uns das jetzt mal in aller Ruhe an ...".

Auf diese Weise ist es Ihnen dank mentaler Stärke möglich, die Angst zu nutzen, anstatt sich von ihr lähmen zu lassen. Lassen Sie sich dabei nicht von meinem Beispiel des „12-jährigen Christian" irritieren, es können auch 8, 12 oder sogar 20 Jahre sein. Auf die Zahl kommt es dabei nicht an, sondern eher auf das Gefühl, nicht erwachsen zu sein. Denn in der Zeit des Kinder- und Jugendalters werden die Grundlagen für viele Ängste gelegt. Bei dieser Technik gilt es, damit Kontakt aufzunehmen.

Aktion

Lassen Sie im Laufe dieser Woche jeden Abend Ihren Tag Revue passieren und suchen Sie Situationen, in denen Sie Angst hatten, sich Sorgen gemacht haben oder unsicher gewesen sind. Benennen Sie eine dieser Situationen und führen Sie solch einen inneren Dialog. Erlauben Sie sich zunächst das Gefühl der Angst und bringen Sie ihm Wertschätzung entgegen. Dann versuchen Sie, die folgenden Fragen zu beantworten:

- Was genau kann passieren?

- Was kann im schlimmsten Fall passieren?

- Bin ich dann in Lebensgefahr?

- Sind die möglichen Folgen schwerwiegend und schwächen sie mich über einen langen Zeitraum?

- Was wären die möglichen Folgen vor einem realistischen Hintergrund?

- Was kann ich tun, um das Risiko zu reduzieren?

- Was verpasse ich möglicherweise an Gutem, wenn ich nichts tue?

Auf diese Weise folgen Sie dem positiven, neugierigen und lösungsorientierten Teil Ihrer Persönlichkeit.

Am wirkungsvollsten ist diese Technik, wenn Sie als Rechtshänder Ihrer linken meist schwächeren und unsicheren Hand einen Stift sowie Papier geben. Bitten Sie Ihre Angst, all das aufzuschreiben, was Sie ängstigt. Verleihen Sie Ihrer Angst erst eine Stimme, dann eine Hand. Schreiben Sie sich leer.

Nehmen Sie dann ein neues Blatt Papier oder nutzen Sie die Rückseite und schreiben Sie mit der starken rechten Hand auf, welche Lösungen und sinnvollen Absicherungen es gibt, die eine Handlung im Einklang mit der nun kleiner gewordenen Angst ermöglichen. Es kann durchaus sein, dass Sie diesen Prozess einige Male durchführen müssen, weil die Angst immer wieder neue Gründe findet. Haben Sie Geduld und machen Sie sich bewusst, dass es sich lohnt. Denn nach einigen Runden ist diese Angst schwächer und schützt Sie, anstatt Ihnen Kraft und Mut zu nehmen. Jahrelang hatten Sie die Angst und ohne diese Technik haben Sie sie noch jahrelang. Da sind die Zeit und die Geduld, den Prozess einige Male zu nutzen, eine gute Investition!

Übrigens: Sollten Sie gerade Single sein und bei der „Sozialak-quise" aufgrund Ihrer Angst vor Zurückweisung oder Versagen Schwierigkeiten haben, den oder die Schöne(n) an der Bar anzu-sprechen, ist das die beste Chance, diesen Dialog zu üben. Auf das Aufschreiben würde ich an der Stelle verzichten, sonst ist die Person eventuell bereits anderweitig angesprochen worden.

Schluss mit dem Defizit-Denken: Startschuss für ein Überfluss-Denken

Quält Sie manchmal auch die Überzeugung, nicht genug zu haben? Nicht genug Zeit, nicht genug Ressourcen, nicht genug Ideen, nicht genug Kraft? Wie fühlen Sie sich, wenn sich die Gedanken schon morgens beim Aufstehen oder auf dem Weg zur Arbeit um diese Dinge drehen? Wenn Sie in Ihrem Büro grübeln? Genau, schlecht – doch damit machen Sie jetzt Schluss. Denn Sie sind viel zu wertvoll, um sich selbst mit diesem defizitorientierten Denken zu peinigen. In dem Augenblick, in dem Sie glauben, etwas zu brauchen, aber nicht zu haben, versetzen Sie Ihr Gehirn in höchste Alarmbereitschaft. Wir haben das alle gelernt und ich zeige Ihnen jetzt auf, was Sie tun können, um Ihrem Denken eine neue Richtung zu verleihen. Lernen Sie, unter dem Paradigma „Denken in der Fülle" zu leben.

Das Umprogrammieren des defizitären Denkens ist vor allem deswe-gen so wichtig, weil defizitäres Denken mit großer Wahrscheinlich-keit auf Dauer zu einem chronischen Stresszustand führt. Schließlich haben wir ständig gute Ideen, interessante Vorhaben sowie spannen-de Ziele, die wir erreichen wollen. Dafür können wir ja nie genug Zeit, Ressourcen und Wissen haben. Die Gefahr liegt also darin, dass wir uns selbst ein Loch ohne Boden graben, dort jeden Tag hinein-springen und es immer noch tiefer graben.

Das Problem hierbei besteht darin, dass wir einerseits viele Ideen haben und uns andererseits gleich wieder ausreden, diese umsetzen zu können. Sie können die besten Ideen für die Weiterentwicklung Ihrer Firma haben. Wenn Sie dann im nächsten Augenblick glauben, dafür nicht die richtigen Mitarbeiter zu haben, bauen Sie mit der an sich guten Idee in Wahrheit unangenehmen Stress auf.

Machen Sie sich dabei bitte bewusst, dass der Stress auch hier nicht über die tatsächlich vorhandenen oder auch nicht vorhandenen Ressourcen entsteht, sondern aufgrund unserer inneren mentalen Annahme, diese nicht zu haben! Wenn ich glaube, etwas nicht zu haben, kann ich es nicht haben. Selbst dann nicht, wenn ich es in Wahrheit habe oder einen Weg finden könnte, es zu haben.

Aktion

Der Ansatz, um aus dem defizitorientierten Denken in ein ressourcenorientiertes Denken zu kommen, besteht darin, gleich morgens sein Denken in Richtung der Ressourcen zu lenken. Probieren Sie das am besten einige Male aus und finden Sie heraus, ob und wie es Ihnen nutzt. Verzichten Sie dafür auf das frühmorgendliche Ansehen Ihrer E-Mails und das Sehen, Hören oder Lesen der Nachrichten. Bevor Sie das machen, fluten Sie sich ganz bewusst mit dem Wahrnehmen der Ressourcen, die Ihnen heute zur Verfügung stehen.

Machen Sie sich dafür direkt nach dem Aufstehen beispielsweise bewusst,

- dass Sie gesund sind,

- dass Sie einen ganzen Tag vor sich liegen haben, den Sie nutzen können,

- dass Sie energiegeladen sind,

- welche Menschen Ihnen beruflich oder privat helfen können,

- dass Sie intelligent, schnell und pfiffig sind,

- wie viele Jahre Erfahrung Sie bereits haben,

- dass Sie eine unschlagbare „Problemlösungsmaschine" sind,

- dass Sie in Teilen die Freiheit der Entscheidung haben, wem oder was Sie Priorität geben,

- dass Sie heute jede Stunde eine kleine Pause zur Erfrischung machen können.

Finden Sie Ihre eigenen vorhandenen Ressourcen. Machen Sie das nicht schnell und nebenbei, sondern langsam, bewusst und tief gehend. Verweilen Sie bei jedem Punkt ein paar Sekunden, bis Sie sich der Ressource bewusst sind.

Labeling: Gib dem Stress einen Namen und schon reduzierst du ihn

Kennen Sie Situationen, in denen Sie sich gerne ändern würden, es aber einfach noch nicht geschafft haben? Sie sind zwar nicht verzweifelt, aber auf dem besten Weg dahin. Mir ging es so, als ich als erwachsener Sohn mit manchen sicherlich gut gemeinten Verhaltensweisen meiner Mutter liebevoll und freundlich umgehen wollte, anstatt mich aufzuregen und sie ungerecht zu behandeln. Sie ist wirklich eine tolle Frau, eine wunderbare Mutter und sie meint es gut. Ich habe eine Menge versucht, mir in vielen Gesprächen Ideen sowie Rat gesucht. Natürlich habe ich das, was mich stört, auch bei ihr angesprochen. Aber Mütter sind halt Mütter, vielleicht haben Sie ja ähnliche Erfahrungen gesammelt. Dieses Thema hat mich sicherlich ein Jahr immer wieder mal beschäftigt, vor allem dann, wenn ich meine Mutter getroffen habe.

In einem völlig anderen Zusammenhang bin ich dann auf eine einfache Technik gestoßen, mit der ich dieses Thema bewältigt habe bzw. bewältigen kann, wenn es wieder mal auftaucht.

Vielleicht fällt es Ihnen auch manchmal in stressigen Situationen schwer, klar mit einem einzigen passenden Wort zu benennen, was Sie so nervt. Und genau darin besteht die Wirksamkeit des „Labeling". Wenn Sie merken, dass Sie in einem unangenehmen Zustand sind, halten Sie inne und versuchen Sie, Ihre Gemütslage mit einem einzigen Wort zu benennen. Auch wenn Sie die Wirkung dieser einfachen Vorgehensweise für unwahrscheinlich halten: Probieren Sie es aus! Sie können mit einer Emotion, die Sie klar benennen, viel besser umgehen, als mit einer diffus-ungenauen Emotion.

Vergleichen Sie das mit der Jagd: Wenn Sie während der Jagd beim Zielen nicht genau wissen, welches Reh Sie abends verspeisen wollen, ist die Chance gering, eines zu treffen.

 Packen Sie Ihre Emotion in ein Wort. Geben Sie dem Kind einen Namen.

Traurig, überfordert, angespannt, hoffnungslos – welches Label Sie auch nehmen, gestehen Sie sich ein, dass es passt. Gerade Männer haben es schwer, ihre Gefühle zu erkennen, zu benennen und damit konstruktiv umzugehen. Zumindest lässt sich formulieren, dass viele Frauen das besser können als viele Männer.

Wo sitzt das Gefühl?

Ich hatte einen Coaching-Klienten der von einer stressigen Situation sprach und ich fragte ihn im Rahmen der Analyse: „Was spüren Sie in der Situation?" Seine Antwort: „Nichts." Ich: „Wo fühlen Sie das denn?" Seine blitzschnelle Antwort: „Ja hier, im Nacken!".

Ich schwieg und ließ ihn darüber einen Moment nachdenken. Aufgrund seiner analytischen Gabe hat er den herrlichen Dialog Revue passieren lassen und die Erkenntnis nahm ihren Lauf.

Also: Egal, was Sie empfinden, finden Sie einen Namen für das Gefühl. Auf diese Weise beruhigen Sie sich selbst, werden im Geist klarer und können mit Ihrer Gefühlslage viel besser umgehen. Die Gefühle werden nicht verschwinden, aber das wollen Sie ja auch gar nicht. Schließlich haben Sie hier ja bereits mehrfach gelesen, dass auch unangenehme Gefühle Geschenke sind, wenn wir konstruktiv mit ihnen umgehen und sie für unsere persönliche Weiterentwicklung nutzen. Was Sie aber nicht wollen, ist, dass Sie von den Gefühlen überrannt werden und nicht mehr Herr Ihrer selbst sind. Sie wollen am Steuer sitzen und nicht Beifahrer sein! Labeling hilft Ihnen dabei.

Wahrscheinlich fällt es Ihnen anfangs nicht ganz leicht, Ihre Gefühle zügig und präzise zu benennen. Nutzen Sie dafür Ihre analytische Gabe und Ihr logisches Denken: Beginnen Sie im Allgemeinen bei häufigen Gefühlen im Stress wie: angespannt, wütend, sorgenvoll oder unter Druck stehend. Wenn Sie auf diese Weise eine grobe Richtung eingeschlagen haben, nehmen Sie sich für eine weitere Annäherung ein wenig Zeit und suchen weitere Labels. Bedenken Sie dabei: Je präziser Sie das Gefühl treffen, desto besser beruhigen Sie sich und desto besser können Sie mit den Gefühlen und Ihrer Situation umgehen.

Vermutlich werden Sie aber noch wissen wollen, warum die Technik des Labeling funktioniert. Der Psychologe Matthew D. Liebermann von der *University of California in Los Angeles* konnte in eine Serie von Studien Folgendes belegen: Probanden, die ihre Gefühle klar benennen können, haben eine geringe Aktivität in der Amygdala. Diesem Bereich des Gehirns wird die Lenkung der „Fight-or-flight"-Reaktion zugesprochen. Außerdem hatten sie eine höhere Aktivität im rechten präfrontalen Cortex, dem sogenannten „denkenden Hirn". Durch das Benennen der Gefühle haben die Probanden also einen Sprung vom fühlenden Zustand in einen denkenden Zustand vollbracht.

Sie treten also auf die Bremse, als würden Sie eine soeben auf gelb gesprungene Ampel sehen. Sie betätigen quasi die „emotionale Bremse" – eine großartige Technik, wenn sie genutzt wird.

Ist das eher rationale Denken nicht genau das, was Sie sich zurückwünschen, wenn Sie unter Stress stehen? Ist es nicht genau das, was Sie brauchen, um das zu lösen, was Ihnen Stress bereitet?

Nehmen wir nur drei Beispiele, um diesen wichtigen Punkt zu erläutern:

- **Verbalinjurien:** Was kann Ihnen Besseres passieren, als möglichst klar denken zu können, wenn Sie im Gespräch unsachlich angegriffen werden? Wie sonst wollen Sie cool bleiben und sachlich gewinnbringend argumentieren?

- **Zeitdruck:** Wenn Sie unter Zeitdruck stehen und daher neue Prioritäten setzen wollen, möchten Sie diese lieber aus Ihren Emotionen heraus oder rational setzen? Ein paar Sekunden für eine richtige Entscheidung kann Ihnen und Ihren Mitarbeitern wochenlangen, unnötigen und frustrierenden Mehraufwand ersparen.

- **Fehler:** Immer wieder läuft etwas schief, die Anlässe dafür sind zahlreich. Doch wie wäre es denn, rational nach logischen Lösungen zu suchen, anstatt sich zu ärgern?

Sobald Sie sich Labeling zu eigen gemacht haben, reagieren Sie in der aktuellen und in ähnlichen Situationen weniger impulsiv, kommen weniger ins Grübeln und empfinden deutlich weniger Aggressivität. Außerdem, und das macht mentale Stärke ja auch auch, behalten Sie leichter Ihre Ziele und Ressourcen im Blick, statt sich in emotionale Fallstricke zu verwickeln und dann zu stolpern. Das ist gelebte, natürliche Selbstkontrolle.

Sollten Sie damit Schwierigkeiten haben, Gefühle zu benennen, dann habe ich hier einen Tipp für Sie: Beginnen Sie das Training von Labeling nicht in stressigen Momenten. Beginnen Sie mit der Benennung von eher physisch bedingten Gefühlen wie Spannung im Körper, Müdigkeit oder Hunger. Nehmen Sie erst mal das Gefühl wahr, ohne spontan zu reagieren und unreflektiert irgendetwas zu tun. Beginnen Sie dann ein Selbstgespräch nach dem Motto: „Okay, ich bin jetzt angespannt, wo genau ist diese Anspannung denn? Im Oberkörper, aber wo da denn genau?" Erst wenn Sie das Gefühl in seiner Art und auch dessen Entstehungsort genau benennen können, überlegen Sie sich, was Ihnen jetzt guttun könnte, um das Gefühl zu lindern. Ist es eine Handlung, ein anderer Gedanke? Seien Sie auch hier geduldig mit sich und erwarten Sie nicht, sofort die perfekte „Lösung" zu finden. Lassen Sie sich ein bisschen Zeit, arbeiten Sie vielleicht schon mal weiter und sehen Sie, ob Sie nicht die eine oder andere Idee haben.

Aktion

Erstellen Sie eine Liste von Situationen, in denen Sie öfter mal unangenehm gestresst sind. Schreiben Sie erst zu jeder Situation ein allgemeines Gefühl auf und überlegen Sie dann, wie Sie es genau benennen können. So sind Sie auf zukünftig auftauchende Situationen besser vorbereitet.

Die Macht der Antizipation

Wann können Sie mit Stress auslösenden Situationen geschmeidiger umgehen? Wenn Sie überrascht werden und sich schnell einen guten Plan überlegen müssen oder wenn Sie absehen können, dass etwas Stressiges passiert und Sie bereits einen guten Plan vorbereitet haben, den Sie jetzt umsetzen können? Natürlich ist das eine rhetorische Frage, um Sie von der Bedeutung der Antizipation zu überzeugen. Denn das Schlimmste ist eine unangenehme Überraschung, bei der wir mit dem Rücken zu Wand stehen und nicht wissen, was wir tun sollen.

Hier ist Antizipation eine wunderbare Lösung. Sie überlegen sich, was eventuell passieren könnte und legen sich einen guten Plan zurecht. Ich kann hier gar nicht genug betonen, wie wichtig und wertvoll diese Technik ist.

Denn die Situationen, die Sie im privaten und beruflichen Leben stressen, sind zu 90 % vorhersehbar, weil sie sich wiederholen. Prüfen Sie das mal mit einem Stressprotokoll: Von 100 Situationen, in denen Sie sich unwohl fühlen, sind 90 „Klassiker". Schreiben Sie sich einfach einige Wochen lang abends auf, was oder wer Sie gestresst hat. Schon bald werden Sie merken, dass Muster und Wiederholungen zu erkennen sind. Daher wirkt die Macht der Antizipation.

Haben Sie je versucht, gegen Jugendliche oder Kinder bei einem Autorennen auf der Playstation zu gewinnen? Wenn Sie nicht selbst ein passionierter Playstation-Spieler sind, haben Sie keine Chance! Aber nicht nur, weil die jeden Tag zwei Stunden üben und Sie bloß Auto fahren können, sondern aus einem weiteren Grund: Die wissen, wo die fiesen Kurven und Hindernisse sind, bei denen abgebremst werden muss. Sie knallen in jedes Hindernis hinein, während die anderen ihre Autos locker durch den Parcours bringen. Das ist Antizipation in Bestform: Die wissen, was sie erwartet, Sie aber nicht.

Diese Chancen nutzen Sie, indem Sie sich einen Plan für vor Ihnen liegende Situationen überlegen, in denen es eventuell zu Stress, Ärger oder Druck kommt.

Hier einige Beispiele:

- Wenn Sie wissen, dass Herr Miesepeter Sie bei jedem Jour fixe mit seiner negativen Art nervt, überlegen Sie sich vor dem Meeting, was Sie diesmal anders machen, um damit lockerer umzugehen und es nicht so an sich heranzulassen.

- Wenn Sie wissen, dass der Lieferant bei Preisverhandlungen immer die Karte mit den angeblich gestiegenen Rohstoffpreisen zieht und Sie dadurch Ihre innere Ruhe verlieren, überlegen Sie sich vor der Verhandlung, wie Sie diesen Aspekt ausklammern können.

- Wenn Sie wissen, dass der Marketingvorstand in gefühlt stundenlangen blumigen Ausführungen über Visionen spricht und Sie das nervt, überlegen Sie sich vorher, wie Sie ihn freundlich unterbrechen und das Gespräch in die von Ihnen gewünschten Bahnen lenken, ohne ihn zu verletzen.

Mich begeistern bei der Antizipation gleich mehrere Aspekte:

- Erstens finde ich es wunderbar, wenn das, was ich mir vorher ausgemalt habe, tatsächlich passiert und ich meinen Plan annähernd in die Praxis umsetzen kann. Da ist es mir unmöglich, mir ein inneres Schmunzeln zu verkneifen.

- Zweitens ist es ebenso wunderbar, wenn die vorbereitete Situation nicht eintritt. Denn dann habe ich mich zwar umsonst vorbereitet, war aber nicht gestresst.

- Drittens bin ich davon überzeugt, dass mein Gehirn mir viel bessere Lösungen vor der stressigen Situation vorschlägt als in der Situation, in der ich ja dann schon gestresst bin. Schließlich macht Stress „doof", zumindest lässt er aber mein Gehirn auf Erbsengröße schrumpfen. Vorher bin ich viel lösungsorientierter, kreativer, partnerschaftlicher, klarer und rhetorisch gewiefter.

Ärger und die meisten anderen Gefühle im Stress zeigen Ihnen auf, dass Sie in einer Situation sind, die einerseits unangenehm und andererseits wiederkehrend ist. Das haben Sie im Kapitel „Stress ist ein Geschenk" nachlesen können. Damit Sie diese ungünstige Kombination auflösen, nutzen Sie die Macht der Antizipation.

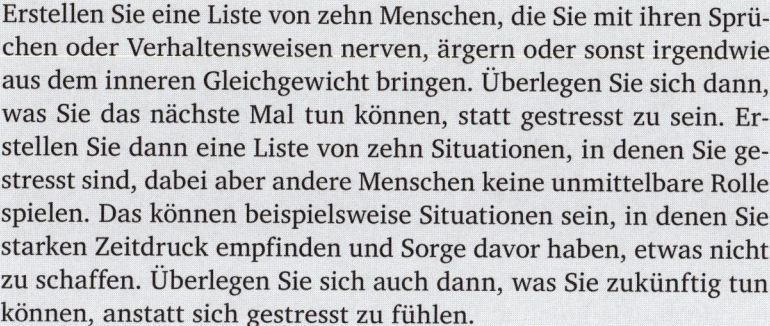

Aktion

Erstellen Sie eine Liste von zehn Menschen, die Sie mit ihren Sprüchen oder Verhaltensweisen nerven, ärgern oder sonst irgendwie aus dem inneren Gleichgewicht bringen. Überlegen Sie sich dann, was Sie das nächste Mal tun können, statt gestresst zu sein. Erstellen Sie dann eine Liste von zehn Situationen, in denen Sie gestresst sind, dabei aber andere Menschen keine unmittelbare Rolle spielen. Das können beispielsweise Situationen sein, in denen Sie starken Zeitdruck empfinden und Sorge davor haben, etwas nicht zu schaffen. Überlegen Sie sich auch dann, was Sie zukünftig tun können, anstatt sich gestresst zu fühlen.

4.5 Mit mentaler Stärke den inneren Kritiker nutzen

Sie schließen die Tür des Meetingraums hinter sich und würden am liebsten im Boden versinken. Der Grund: Sie haben in der Besprechung komplett den roten Faden verloren, haben sich verunsichern lassen, Unsinn geredet und unpassende Fragen gestellt. Am meisten macht es Sie aber fertig, dass Sie vor Ihren Kollegen ein ganz schlechtes Bild abgeliefert haben. Sie kommen sich richtig doof vor und würden die Kollegen vor Scham am liebsten nie wieder sehen. Solche oder ähnliche Situationen haben Sie bereits erlebt. Auch wenn es Ihnen nicht hilft: Sie sind nicht der Einzige, bei dem es mal nicht ganz rundläuft. Sie sind nicht der Einzige, der sich von seinem inneren Richter aus der Bahn werfen lässt.

Ein gutes Beispiel dafür lieferte Edmund Stoiber auf dem Neujahrsempfang der Münchner CSU am 21.01.2002:

Edmund Stoibers missglückte Rede

„Wenn Sie vom Hauptbahnhof in München mit zehn Minuten, ohne dass Sie am Flughafen noch einchecken müssen, dann starten Sie im Grunde genommen am Flughafen, am, am Hauptbahnhof in München starten Sie Ihren Flug. Zehn Minuten, schauen Sie sich mal die großen Flughäfen an, wenn Sie in Heathrow in London oder sonst wo, meine sehr v-, Charl-, Charles-de-Gaulle, äh, in Frankreich oder in äh, in, in, äh, in äh Rom, wenn Sie sich mal die Entfernungen ansehen, wenn Sie Frankfurt sich ansehen, dann werden Sie feststellen, dass zehn Minuten Sie jederzeit locker in Frankfurt brauchen, um Ihr Gate zu finden. Wenn Sie vom Flug, vom Fl-, vom Hauptbahnhof starten, Sie steigen in den Hauptbahnhof ein, Sie fahren mit dem Transrapid in zehn Minuten an den Flughafen in, an den Flughafen Franz-Josef-Strauß, dann starten Sie praktisch hier am Hauptbahnhof in München. Das bedeutet natürlich, dass der Hauptbahnhof im Grunde genommen näher an Bayern, an die bayerischen Städte heranwächst, weil das ja klar ist, weil auf dem Hauptbahnhof viele Linien aus Bayern zusammenlaufen."

Wir alle fanden diese Rede wahrscheinlich sehr witzig. Überlegen Sie jedoch, wie Edmund Stoiber sich gefühlt haben muss und was er währenddessen gedacht haben muss. Diese Rede ist sicherlich aufgrund ihrer extremen Ausprägung zu einem Klassiker geworden.

Sie kennen aus Ihrem Erleben aber bestimmt auch Situationen, in denen Ihnen innerlich regelrecht „heuß wird" und Sie dann vom eigenen inneren Kritiker zusammengestaucht werden. Auch wenn Sie noch so selbstsicher, wortgewandt, souverän und erfolgreich sind: Manchmal kommt es vor, dass Sie Dinge wie „Was für ein Idiot ich doch bin, was ist nur mit mir los? Oh Gott, wie peinlich – wie hat mir das nur passieren können?" denken und sich miserabel fühlen. In diesem Augenblick sprechen Sie negativ mit sich, weil Sie dem inneren Kritiker Ihre ganze Aufmerksamkeit schenken – und ihm das glauben, was er Ihnen erzählen will. In dem Fall glauben Sie tatsächlich, dass Sie ein Idiot sind.

Nichts gegen ein gesundes Maß an Selbstkritik und realistischer Bewertung der eigenen Leistungen. Doch die Dosis macht es. Denn was haben Sie davon, einen Fehler gemacht zu haben und sich deswegen schlecht zu fühlen? Revidieren Sie den Fehler so? Versetzen Sie sich mit der Idee, ein Idiot zu sein, in Ihren Champion-Zustand, um das Beste aus der Situation zu machen? Nein. Also muss es auch hier darum gehen, durch eine Änderung des eigenen Denkens einen Zustand zu erreichen, in dem Sie „frisch, frech und funky" sind. Denn so schauen Sie nach vorne und tun Ihr Bestes, um die Konsequenzen Ihres Fehlers so gering wie möglich zu halten. Oder Sie können den Fehler einfach als „Es ist passiert, machen wir einfach weiter" abbuchen.

So weit die Theorie – im echten Leben kann es passieren, dass Sie sich noch Stunden oder gar Tage später Vorwürfe machen und sich die Situation immer wieder vor Ihrem geistigen Auge abspielt. Sie versuchen, da rauszukommen, machen es aber immer noch schlimmer. Wenn Sie die Techniken hier anwenden, ist Schluss damit.

Worum es jetzt also geht, sind gedankliche „Energieräuber" wie beispielsweise:

- Anderen gelingt so was leicht, nur mir nicht.

- Mein Hang zur Unpünktlichkeit wird sich nie ändern.

- Das schaffe ich nicht, egal wie sehr ich mich anstrenge.

- Im Sprachenlernen bin ich einfach unbegabt.

- Das hätte mir nicht schon wieder passieren dürfen.

Der Richter oder innere Kritiker in mir fällt gnadenlose Urteile, die mir Energie rauben oder durch die ich mich gedanklich mit Dingen beschäftige, die längst passiert und unveränderbar sind. Er will uns das Genick brechen und unser jeder Hoffnung, Zuversicht und Kreativität berauben. Er möchte nicht, dass wir uns Fehler erlauben. Auf keinen Fall lässt er es zu, dass wir mit uns liebevoll umgehen und nach einer Phase des Überlegens ins Handeln kommen. Er zieht es vor, uns immer neue Gründe zu liefern, warum wir uns peinlich, dumm und unfähig fühlen sollen. Er bringt uns auf die Verliererstraße und sorgt dafür, dass wir sie nicht verlassen. Auch wenn die Worte hier eventuell harsch, übertrieben und abschreckend wirken, ist es wichtig, den wahren Konsequenzen ins Auge zu blicken: Der Richter nimmt uns unsere Lebensfreude, den Stolz auf unsere Arbeit und vor allem nimmt er uns die motivierende Idee, dass wir uns Fehler erlauben und lernen können, es beim nächsten Mal besser zu machen.

Wie gelingt es uns also, ihm das Handwerk zu legen? Ich zeige Ihnen ein paar Techniken auf, mit denen Sie sich von diesen selbstkritischen Gedankengängen befreien können.

Zuallererst ist wichtig, die Natur des inneren Kritikers kennenzulernen. Ein Aspekt besteht darin, dass jeder Mensch einen hat. Sie sind nicht der Einzige, in dessen Kopf öfter Gedanken der negativen Selbstbewertung lebendig sind. Das ist noch nicht die Lösung, aber es ist gut zu wissen, dass Sie „normal" sind, wenn Sie sich selbst innerlich verbal verprügeln und sich einreden, schlecht, falsch oder defizitär zu sein.

Diese Stimme hat ja sogar manchmal recht: Sie handeln in manchen Situationen schlecht, falsch und defizitär. Allerdings ist das nicht schlimm, nur das weiß der innere Kritiker nicht. Er weiß nicht, dass unsere menschliche Unvollkommenheit völlig okay ist. Was er nicht weiß, kann er uns nicht sagen. Er scheint andauernd dabei zu sein, unsere menschliche, grundsätzlich „fehlerhafte Natur" negativ zu bewerten und uns einzureden, dass wir aufgrund mangelnder Möglichkeiten nicht in der Lage sind, uns weiterzuentwickeln. Auf dem Auge ist er blind.

Diese innere Stimme ist nicht nur gnadenlos, sondern auch fast immer hörbar. Aber wer oder was spricht da? Die gute Nachricht vorweg: Es sind nicht Sie. Jetzt wird es ein bisschen kompliziert, haben Sie Geduld und nehmen Sie sich vielleicht die Zeit, diesen sehr wichtigen Absatz einmal mehr zu lesen. Es sind also nicht Sie, sondern der innere Kritiker ist einer von mehreren Teilen Ihrer selbst. Weitere Teile Ihres Selbst sind beispielsweise der Schwarzseher, der Tyrann, der Jammerer, der Übertreiber. Natürlich gibt es auch den Positivseher, den Liebenden, den Problemlöser, den Nachsichtigen, den „Für-alles-Verständnis-Habenden" und so weiter. Im Stress kommen diese aber selten zu Wort, daher geht es um die erste Gruppe der inneren Stimmen.

Diese Stimme ist eigentlich die der Eltern, Lehrer und anderer Personen, die Sie, Ihr Verhalten, Ihre Persönlichkeit oder Ihre Meinungen irgendwann einmal kritisiert haben. Als Sie kritisiert wurden, geschah das durch die Stimmen anderer Personen. Es war nicht Ihre eigene Stimme. Jedoch haben Sie im Laufe Ihrer Entwicklung begonnen, diese Stimmen in sich aufzunehmen. Aus den äußeren Stimmen wurde so eine innere Stimme. So wurde aus einem „Du bist ungeschickt und das ist schlecht" ein „Ich bin ungeschickt und das ist schlecht". Ihr innerer Kritiker ist ein Spiegelbild Ihrer Erfahrungen mit anderen in der Umgebung, in der Sie groß geworden sind. Daher fühlen Sie sich auch wie ein 6-, 8- oder 12-Jähriger, wenn der innere Kritiker überhandnimmt. Erwachsen fühlen Sie sich dann sicher nicht, oder? Vielleicht möchten Sie an dieser Stelle einen Augenblick innehalten und über diesen Aspekt nachdenken.

Auf diese Weise haben Sie gelernt, sich selbst zu missachten, sich selbst kleinzureden. Bei manchen Menschen führt das sogar dazu, dass sie sich selbst hassen und gar nicht mehr sehen, was sie gut machen.

Das wahre „Ich" ist die Gesamtheit Ihres Wesens. Das „Ich" spürt Gefühle, denkt, nimmt über die Sinne die Umwelt wahr und ist sich des eigenen Egos bewusst. Dieses „Ich" ist der übergeordnete Teil, der verschiedenste Aspekte umfasst.

Wenn wir dem inneren Kritiker erliegen, tun wir so, als ob er 100 % von uns sei, anstatt zu sehen, dass er nur eines von vielen ganz unterschiedlichen Teilen ist. Nur so können wir mit ihm umgehen und ihm die Macht über uns nehmen: Wir dürfen ihn nicht größer machen, als er ist, sondern ihn als das betrachten, was er ist, nämlich einfach einer von vielen kleinen Teilen, die uns als Ganzes ausmachen.

Nachdem Sie jetzt wissen, wie der innere Kritiker entstanden ist und dass Sie ihn nicht größer machen sollten, als er ist, können Sie mit ihm in drei Schritten umgehen. Die Schritte sind „Wahrnehmen", „Verändern" und „Handeln".

Zuallererst machen Sie sich selbst zum Zeugen des Dialogs. Nehmen Sie wahr, was gerade in Ihnen und mit Ihnen los ist. Dafür müssen Sie sich bewusst werden, dass Sie dem inneren Kritiker gerade zuhören und dass Ihnen das nicht guttut. Hierbei können folgende Fragen helfen:

- Wie gehe ich mit mir jetzt gerade um?

- Rede ich mich selbst groß oder klein?

- Gebe ich mir Zuspruch oder eher nicht?

- Was denke ich?

- Weise ich mich auf meine Stärken und Begabungen hin oder sehe ich nur meine Schwächen?

- Welche demotivierende Geschichte über mich erzähle ich mir gerade?

- Was mache ich?

Das Wissen um eine Krankheit ist die Voraussetzung für ihre Behandlung. Sie müssen aufwachen und merken, was Sie gerade mit sich veranstalten. Das erreichen Sie, indem Sie auf Ihr Gefühl achten. Denn wenn Sie sich klein, unfähig und peinlich berührt fühlen, ist die Chance sehr groß, dass der innere Kritiker aktiv ist und Sie ihm Gehör und Glauben schenken. Gerade zu Beginn Ihrer Beschäftigung mit ihm können Sie ihn oder besser sich selbst dabei „ertappen", wenn Sie gerade eine Aufgabe erledigen und sich plötzlich, wie aus dem Nichts, in einer Sackgasse fühlen, energielos sind, sich massiv hinterfragen oder antriebslos sind und nicht wissen, wie es weitergeht.

Schieben Sie ihn nicht weg, denn dann bewerten Sie ihn ja so, wie er Sie bewertet. Seien Sie lieber präsent und achten Sie neutral beobachtend darauf, was gerade mit Ihnen passiert. Auf diese Weise lassen Sie es nicht länger zu, dass er Sie wie eine Marionette an Fäden führt.

Wenn Sie sich der Situation bewusst sind, können Sie eine der folgenden Techniken auswählen, einüben und anwenden. Auch hier gilt natürlich, dass Sie das spielerisch, locker und anfänglich ohne große Erwartung machen. Es geht hier nicht um eine perfekte Anwendung der Techniken, sondern darum, dass Sie sich selbst neue Impulse für ein neues Denken geben.

Allen Techniken ist gemeinsam, dass sie zwei Ziele verfolgen: Einerseits sollen sie Ihnen ermöglichen, dass Sie souverän handeln können und andererseits sollen Sie den eventuell wahren Kern der Kritik an sich selbst dazu nutzen, besser zu werden. In der Praxis können Sie durchaus zugleich denken, dass Sie etwas „falsch gemacht haben" und dass Sie „besser werden können". Wenn Sie beide Ziele im Blick haben, also Handeln und Lernen, nutzen Sie Ihren inneren Kritiker, anstatt sich von ihm kleinmachen zu lassen.

Durchbrechen Sie den Kreislauf des Nachdenkens über Ihre möglichen Fehler damit, sich auf Ihre Atmung zu fokussieren und Ihren Oberkörper aufzurichten. Gönnen Sie sich ein paar herrliche, belebende Atemzüge und nehmen Sie eine Körperhaltung ein, die Sicherheit, Gelassenheit und Souveränität ausstrahlt. Die Grundrichtung ist hierbei „nach oben und weit". Richten Sie sich auf, gehen Sie ein paar Meter, schauen Sie nach vorne-oben, lächeln Sie, entspannen Sie Hände, Arme und Nacken. In diesem Zustand wird es Ihnen leichter fallen, die eine oder andere Technik anzuwenden.

Technik 1: Einsatz von Fragen

Sicherlich kennen Sie den alten Spruch „Wer fragt, der führt". Nutzen Sie diese Idee, indem Sie sich bzw. Ihrem inneren Kritiker ein paar Fragen stellen, auf deren Beantwortung Sie pochen. Mit diesen Fragen lenken Sie Ihr Denken und entwickeln neue Sichtweisen. Der Grundtenor, die Stimmung, in der Sie sich diese Fragen stellen und beantworten, ist freundlich, locker, humorvoll, leicht, konstruktiv, friedlich und ruhig. Hier ein paar Beispiele für solche Fragen:

- Ja und? Nur weil du (also der innere Kritiker) das denkst, muss es noch lange nicht wahr sein. Was gäbe es denn für weitere Sichtweisen?

- Wen interessiert das? Deine Meinung von mir ist nur eine Meinung, ich habe eine weitere Meinung und kann viel mehr sehen als du.

- Und wo bitteschön ist jetzt die Lebensgefahr? Du tust ja gerade so, als ob mein Leben hiermit beendet wäre.

- Warum nicht? Warum sollte ich das denn nicht können? Woher weißt du das? Woher nimmst du deine Sicherheit? Welche Beweise hast du dafür, dass mir das nicht hätte passieren dürfen?

- Okay, nehmen wir an, ich wäre wirklich _____ , was wäre denn dann? Wenn andere mich wirklich für _____ halten würden und ich das okay fände, was wäre denn dann?

Mit diesen Fragen werden Sie Ihren inneren Kritiker nicht verschwinden lassen, aber Sie arbeiten mit ihm auf Augenhöhe, anstatt sich von ihm lenken und leiten zu lassen. Solange wir einen kritischen Verstand haben, wird er uns begleiten. Aber wir können ihn erkennen und sagen: „Ich sehe dich und bringe Licht ins Dunkel!" Sobald wir ihn identifizieren, nehmen wir ihm die Kraft und geben sie an uns zurück.

Technik 2: Distanzierung durch eine dritte Meinung

Wenn Sie sich fest in der Hand des inneren Kritikers befinden, sind scheinbar zwei Meinungen auf dem Tisch: seine und ihre, die aber an sich gleich sind. Um aus diesem Denkstrudel herauszukommen, fügen Sie eine dritte Meinung hinzu. Dafür stellen Sie sich die Frage: „Welchen Rat würde ich einem Freund geben, der exakt in meiner Situation steckt?"

Hier ein Beispiel:

Welchen Rat würden Sie geben?

Obwohl ein Freund von Ihnen es hätte besser wissen müssen, ist er verspätet losgefahren und kam zu spät zu einem Vorstellungsgespräch. Was würden Sie diesem Freund raten, der jetzt von sich denkt: „Du bist manchmal aber auch einfach dämlich! Das war der Fehler deines Lebens! Wenn du den Job jetzt nicht bekommst, ist alles vorbei!"

Würden Sie ihm nicht auch ungefähr Folgendes sagen: „Du hast vielleicht einen Fehler gemacht, aber das ist nicht das Ende der Welt. Wenn sie dich haben wollen, werden sie über dein Zuspätkommen hinwegsehen. Du wirst eine Chance für ein zweites Gespräch bekommen, bei dem du dann pünktlich sein kannst. Außerdem warst du im bisherigen Kontakt mit denen immer zuverlässig, sonst hätten sie dich nicht eingeladen. Und wenn es nicht klappen sollte, wirst du bald eine neue Chance bekommen. Wer weiß schon, wofür es gut ist?"

Reden Sie mit sich selbst, als würden Sie mit einem guten Freund oder einer guten Freundin reden. So beenden Sie den inneren, recht einseitigen Dialog und gewinnen neue Sichtweisen.

Technik 3: Denken Sie weiter und werden Sie präzise

Wie Sie bereits gelesen haben, neigt unser Verstand und damit auch unser innerer Kritiker zum Übertreiben, Dramatisieren und Verallgemeinern. Deshalb prüfen Sie, wie schlimm es wirklich wäre, wenn Ihre Gedanken über Sie wahr werden würden: Was würde es bedeuten, wenn Ihr Kollege sich wirklich über Sie lustig macht und schlecht über Sie spricht? Was wäre denn genau, wenn er den Respekt vor Ihnen verlieren würde? Welche genauen Konsequenzen hätte es denn, wenn Sie die Verhandlung im obigen Beispiel zu Ihren Ungunsten abgeschlossen hätten?

Sie werden feststellen, dass die Konsequenzen meist gar nicht so schlimm sind. Und sorgen Sie dafür, dass Sie von sich aus allgemeine Abwertungen Ihrer eigenen Person spezifizieren. So wird aus „Daran hätte ich denken müssen" ein „Es wäre besser gewesen, wenn ich daran gedacht hätte – das gelingt mir mal besser, mal schlechter". „Beim nächsten Mal achte ich mehr darauf und dann klappt es schon!"

 Ihr vom gnadenlosen Richter bestimmter innerer Dialog hält Sie davon ab, Ihr ganzes Potenzial auszuschöpfen.

Technik 4: Verleihen Sie der Stimme einen neuen Sprecher

Stellen Sie sich vor, dass die Stimme des inneren Kritikers gar nicht Ihre eigene, sondern die einer anderen, Ihnen übel gesonnenen Person ist. Verleihen Sie die Stimme des inneren Kritikers einer Person, deren Job es ist, Sie anzugreifen und klein zu halten.

Vielleicht hatten Sie ja einen Lehrer, der bei Fehlern wenig aufbauend und ermutigend war, sondern Sie eher auf vorwurfsvolle Weise kritisiert und „klein gemacht" hat? Dessen Art zu sprechen, dessen Worte und dessen unangenehmen Tonfall verwenden Sie bei dieser Technik. Dabei nutzen Sie eine wunderbare Kraftquelle: Was passiert, wenn Sie sich von jemandem zu Unrecht angegriffen fühlen? Genau, Sie kommen in einen energiegeladenen Zustand, suchen den Dialog mit dem anderen und wollen ihn überzeugen. Das tun Sie bei dieser Technik nicht mit einer tatsächlich vorhandenen anderen Person, sondern im inneren Dialog mit sich selbst und, in diesem Beispiel, mit einem ehemaligen Lehrer. Schlau, oder?

Technik 5: Going public

Vielleicht fällt es Ihnen schwer, laut auszusprechen, was Sie denken, aber es hilft ungemein. Sie öffnen ein Ventil, indem Sie einer vertrauten Person kurz und zeitnah erzählen, was der innere Kritiker so von sich gibt. Greifen Sie also zum Hörer und berichten Sie. Es reicht sogar aus, auf eine Mailbox zu sprechen, wenn Sie die gewünschte Person nicht erreichen.

Wenn Sie diese Technik ausprobieren, müssen Sie sich anfangs einen kleinen Ruck geben, um mit der Sprache herauszurücken. Wenn Sie sich dann aber selbst reden hören, öffnen sich die Schleusen. Außerdem kann es gut sein, dass Sie noch den ein oder anderen Tipp erhalten, um mit der Situation, die Anlass für Ihre Selbstkritik ist, wie ein erwachsener Profi umzugehen.

Nun haben Sie im ersten Schritt erkannt, dass Sie in der Hand des inneren Kritikers sind. Im zweiten Schritt haben Sie mit ihm auf mentaler Ebene gearbeitet, um ihn zu nutzen, statt sich fertigmachen zu lassen. Was kann der nun abschließende dritte Schritt sein? Genug der Psychologie, jetzt wird gehandelt. Was ist das Beste, das Sie jetzt tun können? Wie sorgen Sie dafür, die Konsequenzen gering zu halten und wie schaffen Sie es, in dem Bereich, für den Sie sich kritisiert haben, besser zu werden? Auf zur entschlossenen Tat!

4.6 Raus aus diesen zehn Stressfallen

In den letzten 20 Jahren meiner Tätigkeit als Coach, Seminarveranstalter und Vortragsredner sind mir immer wieder zehn typische Verhaltensweisen aufgefallen, mit denen wir uns in Stress begeben. Je weniger Sie diesen nachgehen, desto mehr souveräne Gelassenheit werden Sie haben. Diese zehn Aspekte habe ich die „Not-to-do-Liste" genannt. In diesem Kapitel stelle ich sie Ihnen vor.

Doch damit nicht genug: Sie erhalten nicht nur Tipps, was Sie sein lassen sollten, sondern Sie erhalten auch ganz klare Hinweise, was Sie stattdessen tun können. Die „Not-to-do Liste" erhalten Sie ansprechend gestaltet als PDF hier zum sofortigen Gratis-Download: www. christian-bremer.de/not-to-do-liste. Drucken Sie sie sich viermal aus und suchen Sie dann drei gute Orte, um sie aufzuhängen, damit Sie sich an sie erinnern können. Einen zu Hause, einen im Büro und einen im Auto. Die vierte Version brauchen Sie, um gleich damit zu arbeiten, wenn Sie nicht direkt ins Buch schreiben wollen.

Gerne würde ich Ihnen diese Liste aufgrund ihrer immensen Bedeutung mit Fanfare und Konfetti vorstellen, doch dies übersteigt die Möglichkeiten dieses Buches. Vielleicht können wir das ja mal persönlich nachholen. Aber so lange können Sie sich das jetzt ja alles vorstellen.

Die Not-to-do-Liste

1. Es allen recht machen wollen.

2. Sich über alles und jeden aufregen.

3. „Ja" sagen und „Nein" meinen.

4. Sich zu viel vornehmen.

5. Immer mehr haben wollen.

6. Sich keine Zeit für sich nehmen.

7. Perfekt sein wollen.

8. Immer für alle da sein.

9. Sich als Opfer der Umstände sehen.

10. Alles verstehen wollen.

Haben Sie sich in dem einen oder anderen Punkt der Not-to-do-Liste wiedergefunden? Den meisten meiner Klienten geht es zumindest so. Und mir selbst ging es früher auch so. Wir werden einfach so erzogen!

Probieren geht über Studieren: Bevor Sie auf den folgenden Seiten lesen, was mit den Punkten genau gemeint ist und wie Sie mit ihnen für Ihre Gelassenheit, Ihr Glück und Ihre Gesundheit sorgen können, lade ich Sie zu einem kleinem Experiment ein:

- **Schritt 1:** Schreiben Sie, bezogen auf Ihr tägliches Handeln, zu jeder der Aussagen auf der Liste eine Zahl zwischen 0 und 10 auf. Die 0 steht dabei für „Das mache ich nie, dazu neige ich überhaupt nicht" und 10 für „Das mache ich öfter, dazu neige ich sehr". Mit den Zahlen zwischen 1 und 10 können Sie Häufigkeit und Neigung abstufen.

- **Schritt 2:** Stellen Sie sich nun für einen Augenblick vor, dass Sie der weiseste Mensch auf Erden wären und wirklich begriffen hätten, dass Sie mit sich wohlwollend und fürsorglich umgehen sollten: Welche Zahl schreiben Sie jetzt neben Ihre erste Zahl? Gehen Sie die Not-to-do-Liste erneut durch und überlegen Sie, welche Zahlen Sie vor diesem neuen Hintergrund vergeben würden. Schreiben Sie diese neben die Zahlen aus der ersten Runde.

- **Schritt 3:** Vergleichen Sie jeweils die beiden Zahlen pro Aussage miteinander. Wahrscheinlich haben Sie in der zweiten Runde andere Zahlen gefunden, richtig? Lassen Sie mich raten: Es sind eher kleinere Zahlen.

Die Verschiedenheit der Zahlen zeigt den Unterschied zwischen mental starken Momenten und mental schwachen Momenten! Natürlich ist es anfangs schwierig, es nicht mehr allen recht machen zu wollen oder nicht mehr perfekt sein zu wollen. Aber es lohnt sich, sich mehr Eigenarten mentaler Stärke anzueignen und in seinen Alltag einzubinden. Die Differenz beschreibt sehr konkret Ihr persönliches Potenzial für noch größere Gelassenheit. Lesen Sie auf den folgenden Seiten, wie Sie diese Erkenntnis in die Tat umsetzen können. Sie werden feststellen: Es ist einfacher, als Sie vielleicht denken.

1. Stressfalle: Es allen recht machen wollen

Wenn Sie es immer allen recht machen wollen, ehrt Sie das sehr. Sie sind stets für andere da, opfern sich auf und achten darauf, dass sich andere wohlfühlen. Das ist auch gut so, denn unsere Gesellschaft und Ihre Firma braucht ein solches Denken und Handeln. Einerseits ehrt Sie das also und wahrscheinlich fühlen Sie sich auch wohl, wenn Sie diesem Wunsch nachgehen können. Machen Sie damit weiter.

Allerdings macht die Dosis das Gift: Wenn Sie hier bei unserem Experiment eine hohe Zahl stehen haben, denken Sie mal über folgende

Idee nach: Wem machen Sie es oft nicht recht, wenn Sie es allen recht machen wollen?

Genau, Ihnen machen Sie es nicht recht. Hören Sie auf damit und fangen Sie an, es sich und anderen recht zu machen. Wenn Sie stets nur für andere da sind, sind Sie zu selten für sich da! Und das führt auf Dauer dazu, dass Sie aus dem Gleichgewicht kommen und Ihr Akku leer wird. So wie jeder Vogel zum Fliegen zwei Flügel braucht, brauchen Sie zwei Interessen: Interesse an den anderen und an sich selbst.

Ideen für neues Denken und Handeln

Testen Sie für eine Woche das genaue Gegenteil: „Es nicht immer allen recht machen wollen". Oder: „Es mir recht machen wollen."

Lassen Sie sich von diesem Motto eine Woche begleiten. Beobachten Sie dann abends, wie Ihr Tag verlaufen ist und wie Sie sich fühlen. Hierbei geht es nicht darum, dass Sie sich egoistisch verhalten. Sondern es geht darum, Einklang und ein neues Gleichgewicht mit Ihren Rechten zu finden.

2. Stressfalle: Sich über alles und jeden aufregen

Nehmen Sie sich jetzt kurz Zeit und denken Sie noch einmal über meine These nach: „Ärger braucht Vergangenheit." Sie können sich nicht über etwas ärgern, was in der Zukunft eventuell passiert. Sie können sich nur über Vergangenes ärgern. Entweder über andere oder über sich.

Stellen Sie sich ab heute Ärger wie einen Pfeil vor, der aus der Vergangenheit in die Zukunft zeigt. Denn Ärger hat eine wundervolle Funktion: Er zeigt Ihnen auf, dass Sie für die Zukunft eine Veränderung wünschen. Entweder von anderen oder von sich selbst.

Also: Sie ärgern sich über andere? Sprechen Sie an, was Sie sich von der Person zukünftig wünschen. Sie ärgern sich über sich selbst? Überlegen Sie, was Sie noch besser machen oder lernen können, um es zukünftig besser zu machen.

Beherzigen Sie außerdem folgende Idee: „Ärger ärgert doppelt!". Einmal im Augenblick des Ärgers und dann noch einmal im Rückblick. Denn Sie wissen ganz genau, dass es nichts bringt, sich zu ärgern. Im Rückblick fallen Ihnen viele andere Möglichkeiten ein, die Sie hätten tun können, anstatt sich zu ärgern. Doch dann ist es meistens zu spät.

Ideen für neues Denken und Handeln

Testen Sie für eine Woche das genaue Gegenteil: „Sich nicht immer über alles und jeden aufregen". Oder: „Sich seltener über alles und jeden aufregen".

Lassen Sie sich von einem dieser Mottos eine Woche begleiten. Wann immer Sie sich aufregen, halten Sie einen Moment inne und erinnern sich an das Motto. Überlegen Sie sich dann, was Sie machen können, anstatt sich zu ärgern.

3. Stressfalle: „Ja" sagen und „Nein" meinen

Wenn Sie eigentlich gerne etwas ablehnen wollen, es dann aber doch machen, programmieren Sie selbst Ihren Stress und sorgen für Ihre eigene Unzufriedenheit.

Der Grund: Ihr Herz will etwas nicht, aber Ihr Verstand sagt „Du kannst jetzt nicht Nein sagen". Es ist ja nett von Ihnen, anderen einen Gefallen zu tun. Natürlich geht es auch nicht darum, ab jetzt zu allen und allem Nein zu sagen. Sondern es geht darum, dass Sie im Einklang mit sich selbst handeln. Wenn Sie wollen, können Sie das „authentisch" nennen. Ich nenne es „logisch". Es ist für mich logisch, mich so zu verhalten, wie es für mich richtig ist.

Allerdings ist das leichter gesagt als getan. Warum sagen wir nicht öfter mal Nein? Ich glaube aus Angst, dass etwas Schlimmes passiert. Denn in dem Augenblick, in dem Sie mit Ja oder Nein antworten, schießt eine unangenehme Fantasie durch Ihren Kopf. Sie sehen vor dem inneren geistigen Auge, was passieren wird, wenn Sie Nein sagen.

Beruflich sehen Sie sich arbeits- und mittellos unter einer Brücke, wenn Sie die Bitte eines Kunden oder Kollegen ablehnen. Privat sehen Sie sich allein und verlassen ohne einen einzigen Freund, auf den Sie zählen können.

Vielleicht ist es nicht so extrem, aber die Richtung stimmt, oder?

Ideen für neues Denken und Handeln

Testen Sie für eine Woche das genaue Gegenteil: „Nein sagen und Nein meinen". Oder: „Ich traue mich einfach mal, Nein zu sagen".

Probieren Sie aus, in zwei Phasen Nein zu sagen: zuerst eine sympathische Reaktion wie z. B. „Schön, dass du fragst!" und dann ein freundliches „Gerne ein anderes Mal" oder „Frag bitte einen anderen". Sie werden sehen, dass die Welt nicht zusammenbricht.

Probieren Sie auch mal die Reaktion „Schön, dass Sie mich gefragt/gebeten haben. Ich denke darüber nach und sage Ihnen morgen Bescheid." Sie glauben ja gar nicht, wie oft Sie hören werden: „Och, schon gut!" Dieser kleiner Puffer gibt Ihnen nicht nur Zeit, ein klares Ja oder Nein zu finden und die Chance, sich zu überlegen, wie Sie das Nein formulieren. Sondern Sie erhalten auch die Chance, dass Sie gar nicht Nein zu sagen brauchen, weil der andere seine Frage oder Bitte zurückzieht.

4. Stressfalle: Sich zu viel vornehmen

In jedem guten Buch über Zeitmanagement lesen Sie, dass Sie von der zur Verfügung stehenden Zeit maximal 80 % verplanen dürfen. Je nach Tätigkeit können Sie sogar nur 50 % der Zeit verplanen, weil so viele unvorhersehbare Störungen und „Mal-eben-Aufgaben" auftauchen. Die allermeisten Menschen nehmen sich zu viel vor.

Sie machen das besser, weil Sie rechnen können. Denn fünf Aufgaben, die jeweils zwei Stunden brauchen, schaffen Sie nicht in acht Stunden. Und vergessen Sie bitte die Idee, dass Sie Zeit managen können. Sie haben am Tag 24 Stunden Zeit, da gibt es nichts zu managen. Das Einzige, was Sie da managen können, sind Sie selbst!

Nutzen Sie dafür mein „logisches Zeitmanagement" in fünf Schritten:

1. Bevor Sie morgens anfangen zu arbeiten, überlegen Sie sich schmunzelnd: „Wie viel Zeit meiner Lebenszeit bin ich heute in meiner grenzenlosen Güte bereit für die Arbeit aufzuwenden?"

2. Listen Sie dann auf, welche Aufgaben heute anstehen.

3. Vergeben Sie nun an jede Aufgabe eine ABC-Priorität.

4. Überlegen Sie sich, wie viel Prozent Ihrer Zeit Sie von sich aus verplanen können.

5. Definieren Sie dann abschließend, welche der A-Aufgaben Sie heute schaffen können. Legen Sie los!

Was Sie heute nicht schaffen, war einfach nicht wichtig genug. Anderes war wichtiger. Sie müssen lernen, in Prioritäten zu denken und mit einem guten Gefühl Feierabend zu machen, wenn Sie das Ihnen Wichtige erledigt haben.

Lösen Sie sich außerdem von der Idee, irgendwann mit allem fertig zu sein. Es gibt immer noch etwas zu tun. Gut so! Gehen Sie in diesem Gefühl nach Hause: Morgen wartet neuer Spaß auf Sie.

Ideen für neues Denken und Handeln

„Ich nehme mir weniger vor." Sie arbeiten schon jetzt genug, es reicht! Wenn sich Ihr Leben dem Ende zuneigt, werden Sie sich nicht wünschen, noch mehr gearbeitet zu haben. Sie werden sich mehr Momente mit Freunden oder mit der Familie wünschen.

Sorgen Sie jetzt dafür, denn noch haben Sie es in der Hand. Auch wenn es anfangs schwierig ist: Sie werden feststellen, dass Sie sehr gut erkennen können, welche Aufgaben erledigt werden müssen und welche einfach mal liegen bleiben dürfen, weil nichts Schlimmes passiert. Seien Sie mutig und probieren Sie das aus.

5. Stressfalle: Immer mehr haben wollen

Wenn Sie sich hier in der ersten Runde des Experiments einen hohen Wert gegeben haben, sind wir uns ähnlich. Denn ich wollte immer mehr haben. Egal, ob es um mehr und größere Kunden oder um mehr und größere Autos ging – ich wollte immer mehr haben.

Die Folgen waren gut und schlecht zugleich. Einerseits war ich so top motiviert. Andererseits war ich andauernd unzufrieden, weil ich das, was ich hatte, nicht richtig zu schätzen wusste. Zum Glück habe ich vor einigen Jahren begriffen, dass es um eine schlauere Sichtweise geht: mit dem, was ich habe, glücklich sein und zugleich mehr haben wollen. Offen sein für die bunte Mannigfaltigkeit des Universums. Es gibt so viel zu tun, zu erreichen, zu erleben – unglaublich, oder?

Ein Leben reicht ja gar nicht aus, um die unendlichen Angebote der Welt zu nutzen. Allein das wirkliche, langsame und intensive Bereisen der ganzen Welt dauert viel länger als ein Menschenleben.

Die Kunst besteht darin, dankbar zu sein für das, was Sie schon haben, und sich nicht vom weitverbreiteten Mangeldenken unter Druck setzen lassen. Sich nicht von „höher, weiter, schneller" hetzen zu lassen. Seien Sie dankbar für das, was Sie haben – und streben Sie mit diesem Bewusstsein in Dankbarkeit und Ruhe das Neue an.

Ideen für neues Denken und Handeln

Entscheiden Sie sich jetzt für eines der Mottos: „Immer weniger haben wollen" oder „Nicht immer mehr haben wollen".

Erstellen Sie sich eine Liste von den Dingen, Menschen, Talenten und Erfahrungen, die Sie bereits „haben" und überlegen Sie sich genau, was Sie wirklich noch zusätzlich haben wollen. Weniger ist manchmal mehr!

Viel Freude kann es auch bereiten, einmal eine Liste von Dingen und Erlebnissen zu machen, die Sie zurzeit haben wollen und dann die Punkte von der Liste zu streichen, die Sie nicht zu 100 % haben wollen. Was sind Sie z. B. bereit gegen Ruhe, Stille und Erholung einzutauschen?

6. Stressfalle: Sich keine Zeit für sich nehmen

Überschlagen Sie jetzt bitte einmal, wie viel Zeit Sie pro Tag im Durchschnitt für sich selbst haben. Die Zeit, in der Sie nicht für andere da sind und nichts für andere tun. Zeit, in der Sie nichts für Ihre Firma tun. Das sind Tätigkeiten, die nur Ihnen in diesem Augenblick Freude bereiten, die Ihnen guttun und die Sie nicht aus Ego-Gründen machen. Wenn Sie ins Fitnessstudio gehen, um gut auszusehen, machen Sie das nicht für sich – meiner Meinung nach könnten Sie diese Zeit also nicht aufschreiben. Gehen Sie ruhig weiterhin hin, allerdings sollten Sie sich dann nicht einreden, dass Sie es zu 100 % für sich tun.

Wenn Sie trainieren, um sich in dem Augenblick wohlzufühlen und gesund sowie fit zu bleiben, tun Sie es für sich. Wenn Sie aber fit bleiben wollen, damit Sie lange arbeiten können, tun Sie es vielleicht wieder nicht wirklich für sich. Ich glaube, Sie haben das Prinzip verstanden – seien Sie jetzt ehrlich und machen Sie sich die durchschnittliche Stundenzahl bewusst.

Darf ich davon ausgehen, dass da die ein oder andere halbe Stunde mehr stehen dürfte?

Wahrscheinlich. Denn wenn Ihr Leben mal zu Ende geht, dann werden Sie sich nicht wünschen „Ach, hätte ich mal noch eine Million mehr verdient!". Sondern Sie werden sich wünschen, viele schöne

Momente in einem glücklichen, gesunden und erfüllten Zustand erlebt zu haben. Und um diese zu erleben, brauchen Sie Zeit für sich. Nicht viel mehr als jetzt, aber vielleicht ja etwas mehr als jetzt. So haben Sie Spaß dabei, die Million mehr zu verdienen und reiben sich dabei nicht auf.

Ideen für neues Denken und Handeln

Wählen Sie jetzt für eines der Mottos „Sich Zeit für sich nehmen" oder „Sich ein bisschen mehr Zeit für sich nehmen".

Sie brauchen sich nur zu überlegen, was Sie immer mal vorhatten und welche Herzenswünsche zurzeit auf der Strecke bleiben. Dann wissen Sie auch, was Sie mit der neu gewonnenen Zeit Sinnvolles anfangen können.

7. Stressfalle: Perfekt sein wollen

Haben Sie sich hier einen hohen Wert gegeben? Dann kommt jetzt ein anfangs eventuell etwas schwer verdaulicher Punkt. Überdenken Sie mal die Aussagen „Perfektion schafft Aggression" und „Perfektion schafft Frustration". Ist da was dran? Ich bin mir dabei sehr sicher, aber was denken Sie? Wenn Sie sich hier bei dem Experiment eine hohe Punktzahl gegeben haben, kann Sie der Wunsch nach Perfektion in Stress führen.

Die beiden Hauptgründe dafür sind a) im echten Leben gibt es keine Perfektion, denn Perfektion ist ein menschlich erdachter Zustand und b) wahrscheinlich haben Sie nicht genug Zeit, um perfekt zu arbeiten. Überlegen Sie doch mal: Perfektion braucht Zeit. Wenn Sie diese haben, wunderbar – dann haben Sie keinen Stress. Oftmals haben wir diese Zeit aber wegen der Vielzahl anderer, ebenfalls wichtiger Aufgaben nicht – und können Sie uns auch nicht nehmen. Dann ist es an der Zeit, realistisch zu denken und sich bewusst zu machen, dass Ihr Ergebnis in Anbetracht der zur Verfügung stehenden Zeit perfekt ist. Ich nenne das „relative Perfektion".

Es ist wichtig zu erkennen, ob die jeweilige Aufgabe wirklich zu 100 % perfekt gelöst werden muss. Denn nicht alle Aufgaben brauchen das gleiche Ausmaß an Perfektion.

Probieren Sie es aus! Außerdem geht es nicht um „Perfektion", sondern um „Fortschritt"!

Natürlich gibt es Aufgaben, die „Perfektion" benötigen. Glauben Sie nicht, dass ich dem Arzt, der mich operiert sagen werde: „Mach schnell und viele Fehler!" Die Idee ist vielmehr, dass Sie je nach Aufgabe eine bewusste Entscheidung treffen: entweder für Perfektion und das dann größere Zeitbudget zuungunsten anderer Aufgaben oder für eine schnellere und dafür relativ perfekte Sache. Werden Sie zum „relativen Perfektionisten" und bedenken Sie dabei immer wieder die aus dem modernen Zeitmanagement bekannte Idee „Perfektionisten scheitern gründlicher".

Ideen für neues Denken und Handeln:

Entscheiden Sie sich jetzt für das Motto „relativ perfekt sein wollen" und prüfen Sie, ob Sie öfter mit einer Leistung gut zurechtkommen, die in Ihren Augen „nur gut" ist – andere aber glücklich macht.

Ich vertraue Ihnen dabei, dass Sie erkennen werden, wann es um „echte" Perfektion geht und wann die oben beschriebene „relative Perfektion" gefragt ist. Vertraue ich Ihnen mehr als Sie sich selbst?

8. Stressfalle: Immer für alle da sein

Sind Sie auch gerne für andere da? Springen ein, helfen, wo es geht, und haben immer ein offenes Ohr für die Sorgen und Nöte anderer? Schön, aber lassen Sie das sein. Machen Sie aus dem „immer" ein „manchmal", sonst gehen Sie zugrunde. Ich bin auch gerne für andere da, schließlich ist das ein gutes Gefühl und ich weiß danach, dass ich Gutes getan habe. Allerdings macht auch hier die Dosis das Gift. Denn wo bleiben Sie, wenn Sie immer für alle da sind? Wenn Sie stets die Interessen und Bedürfnisse anderer über Ihre eigenen stellen? Sie bleiben auf der Strecke! Und wie wollen Sie dauerhaft für andere da sein, wenn es Ihnen selbst nicht gut geht? Sie brauchen doch Kraft und Energie, um anderen zu helfen, oder nicht?

Wahrscheinlich sind Sie auch mit dem Glaubenssatz groß geworden, dass soziales Denken sehr wichtig ist. Das ist es auch, allerdings braucht es dafür dauerhaft ein weiteres Denken, und zwar das Denken an sich selbst. Es geht im Leben doch darum, sich **und** die anderen glücklich zu machen. Schließlich sind wir soziale Wesen und Zusammenhalt und der Einsatz für unsere Mitmenschen sorgen für eine funktionierende Gesellschaft. Doch was haben Ihre Mitarbeiter, Anteilseigner und Kunden davon, wenn Sie dauerhaft auf der Strecke bleiben? Helfen können Sie dann nicht mehr.

Ideen für neues Denken und Handeln:

Wie wäre es denn mal mit dem Motto „Immer auch für mich da sein!"?

Auf diese Weise sind Sie sowohl für sich da – als auch für die anderen. Denn Ihre Entscheidungen, wem Sie wie und wann helfen, treffen Sie auf eine Weise, die Ihre Bedürfnisse mit denen der anderen unter einen Hut bringt. Das ist jetzt vielleicht schwer vorstellbar, jedoch ist es im echten Leben leichter, als Sie denken. Denn die Welt will, dass Sie im Gleichgewicht denken und handeln.

9. Stressfalle: Sich als Opfer der Umstände sehen

Denken Sie manchmal auch „Da kann man nichts machen!"? Wahrscheinlich schon, denn jeder denkt das gelegentlich. Doch solche und ähnliche Gedanken geben Ihnen das Gefühl, machtlos zu sein. Auf diese Weise werden Sie zum Spielball der Welt. Zum Glück ist das nur eine von mehren Sichtweisen auf das, was im Leben passiert.

Später werde ich Ihnen die für den Aufbau mentaler Stärke sehr wichtige Formel „A + B = E" noch genauer vorstellen. Weil sie aber als Lösung bei dieser Stressfalle so hilfreich ist, gebe ich Ihnen hier schon mal einen kleinen Vorgeschmack. Mit ihr kommen Sie aus der Opferrolle heraus, in die Sie sich selbst gebracht haben. Das sind harte, aber nötige Worte, wenn Sie sich hier einen hohen Wert gegeben haben.

Das „E" steht in der Formel für das „Emotionale Ergebnis" und beschreibt, wie Sie sich fühlen. Im Stress zum Beispiel „überfordert", „genervt" oder „verärgert". Das „A" steht für die Aktion, die im Leben gerade passiert. Zum Beispiel ein unzufriedener Kunde, ein schwieriges Projekt oder ein langsamer Autofahrer.

Viele Menschen machen dann nach dem Motto „A = E" den Kunden, das Projekt oder den Autofahrer dafür verantwortlich, wie es einem gerade geht, zum Beispiel: „Der Kunde nervt mich."

Doch das ist falsch! Denn dabei wird das „B" vergessen – Ihr persönlicher Beitrag. Seien Sie gestresst, ohne zu denken – unmöglich! Ihr Beitrag, Ihre persönliche Reaktion spielt eine große Rolle für Ihr Empfinden. Die Antwort auf Stress ist die Verantwortung für Ihren Beitrag. Im Bewusstsein, dass Sie mit Ihrem „B" immer einen Beitrag zur Situation leisten, sehen Sie plötzlich Ihre eigenen Möglichkeiten.

Ideen für neues Denken und Handeln:

Sich auch als Schöpfer(in) der Umstände sehen! Sich auch als Meister(in) der Umstände sehen!

Wenn Sie sich hier einen hohen Wert gegeben haben, dann finden Sie beim nächsten Mal Ihr „B" und überlegen Sie, mit welchen Denk- und Verhaltensweisen Sie das „E" zum Besseren lenken.

10. Stressfalle: Alles verstehen wollen

Das Verhalten so mancher Zeitgenossen ist so ungewöhnlich, dass ich immer mal wieder im ersten Augenblick am „gesunden Menschenverstand" zu zweifeln beginne. Ich verstehe dann einfach nicht, wie die Leute denken und sich verhalten. Unpünktlichkeit, Unzuverlässigkeit oder mangelnde „gute Kinderstube" können bei mir dazu führen, dass ich ins Grübeln komme. Wieso machen die das? Wieso schaffen manche es nicht, sich an einfache Absprachen zu halten? Denn es dürfte doch wohl jedem völlig klar sein, dass eine Zusammenarbeit oder ein Zusammenleben so nicht funktioniert.

Doch alle diese Stress auslösenden Gedanken führen zu nichts. Außer zu Ihrer und meiner Unzufriedenheit und zu einem Denken, das schnell Zeitverschwendung ist. Ein Denken, das in Genervtsein führt. Und dafür ist unser Leben zu kurz. Viel besser ist es, entweder damit aufzuhören oder nachzufragen!

Wenn Sie das nächste Mal überhaupt nicht verstehen, warum jemand irgendetwas (nicht) macht, entscheiden Sie sich bewusst für eine der beiden Varianten. Entweder Ihnen ist es egal und Sie kümmern sich um Wichtiges – oder Sie fragen freundlich nach. „Mir ist xy aufgefallen – aus welchen Gründen und wozu machst du das?" Denn wenn Sie andere wirklich verstehen wollen, dann müssen Sie nachfragen! Außerdem kann es natürlich sinnvoll sein zu sagen, was Sie sich wünschen!

Ideen für neues Denken und Handeln

Probieren Sie zukünftig das Motto: „Nicht immer alles und jeden verstehen wollen" aus.

Wichtiger ist es doch, dass Sie das machen, was für Sie richtig ist, und eventuell nachfragen, wenn Sie etwas verstehen wollen. Stoppen Sie so das unnötig häufige Nachdenken über das Verhalten anderer!

Nun haben Sie erkannt, was Sie in Sachen der mentalen Stärke noch verbessern können. Sie wissen, wo Ihre Baustellen sind und werden einige Aspekte der Not-to-do-Liste bei sich wiedergefunden haben. Beschließen Sie jetzt, diese Aspekte konsequent und dickköpfig umzusetzen. Denken Sie nicht länger darüber nach. Ihr Verstand wird nur zahlreiche Ausreden finden, warum es nicht klappen könnte, dass es schwierig ist und dass Sie das erst mal durchdenken müssen. Lassen Sie das sein und fangen Sie an. Stoppen Sie das bremsende, Probleme und Schwierigkeiten suchende kleine Denken mit „Stopp!" und legen Sie los. Das wirkt auch hier. Sie tun es für sich und werden sehr stolz auf sich sein, wenn Sie sich das erste Mal dabei erwischen, neue Verhaltensweisen und Reaktionen zu zeigen.

4.7 Erste-Hilfe-Checklisten aus der mentalen Stärke für wiederkehrende Stress-Situationen

Als ich mich zur Konzeption dieses Buches mit einigen meiner Seminarbesucher und Coachingklienten unterhalten habe, war eine meiner Fragen: Wie muss das Buch aufgebaut sein, damit es möglichst viel nützt? Heraus kam, dass es den meisten neben Inspiration und Praxistauglichkeit auch darum ging, für bestimmte wiederkehrende Situationen „Rezepte" zu erhalten. Am liebsten im Sinne von „Wenn das und das passiert, dann kannst du dich so und so verhalten." Natürlich ist völlig klar, dass solche Rezepte nicht immer passen und jeder sie auf seine Weise anwenden muss. Dennoch können Rezepte in stressigen Situationen helfen.

So entstand die Idee, zehn häufig wiederkehrende Situationen zu sammeln, in denen Stress empfunden wird, und aufzuzeigen, wie mit ihm leichter umgegangen werden kann. Sie haben so gleich zwei Vorteile:

- Erstens können Sie abgleichen, ob die jeweilige Situation auch in Ihrem Leben auftaucht, haben also eine Chance zu Selbstreflexion.

- Zweitens finden Sie sehr gezielt Ansätze, um diese Situation zukünftig geschmeidiger zu bewältigen.

Schauen Sie also zuerst, welche Situationen Sie persönlich aus Ihrem eigenen Leben gut kennen, und nutzen Sie dann die Ideen, um dem Stress darin ein Ende zu setzen. Bitte machen Sie sich dabei bewusst, dass Sie gegen die Situation an sich nichts tun können. Sie werden wieder vorkommen, weil Sie zu Ihrem Alltag gehören. Wenn diese mal nicht mehr zu finden sind, läuft irgendetwas schief. Es geht also darum, die Situationen im eigenen Leben zu erkennen und einen besseren Weg zu finden, mit ihnen umzugehen. Inspiration dafür finden Sie hier reichlich.

Umgang mit Rückschlägen

1. Machen Sie sich bewusst, dass Rückschläge zum Leben dazugehören.

2. Erlauben Sie sich jetzt für einen Augenblick, in schlechter Stimmung zu sein.

3. Nehmen Sie Ihren Champion-Zustand ein (Oberkörper aufrecht, Brust raus, Blick nach vorne, tief durchatmen).

4. Finden Sie unter dem Motto „jetzt erst recht" das, was jetzt zu tun ist. Fokussieren Sie sich ganz und gar auf den jetzigen Moment und Ihre jetzige Handlungsmöglichkeit.

5. Betrachten Sie den Rückschlag als Beleg, dass Sie auf dem richtigen Weg sind und noch etwas lernen können.

Unangenehme, ängstigende und schwierige Aufgaben meistern

1. Machen Sie sich klar, dass nicht die Aufgabe an sich unangenehm ist, sondern dass Sie sie erst durch Ihr bewertendes Denken so werden lassen.

2. Fragen Sie sich selbst nach früheren Erfolgen: „Wann habe ich so etwas schon mal in der Vergangenheit erlebt und wie habe ich es bewältigt?"

3. Erinnern Sie sich an den Sinn dieser Aufgabe: „Wie trägt diese Aufgabe zu meinen Zielen bei?", „Warum ist es wichtig, es hinter mich zu bringen?".

4. Verleihen Sie der Aufgabe einen neuen Rahmen. Nennen Sie sie statt „unangenehm" „herausfordernd", statt „unmöglich" „schwer zu meistern", statt „schwierig" „interessant".

5. Betrachten Sie die Aufgabe als eine Chance, sich und Ihre Kompetenz zu beweisen.

Ansprechen, was einem schwerfällt

1. Könnte es vielleicht sein, dass Sie nur annehmen, dass es schwer wird, Sie sich aber irren? Können Sie wirklich wissen, was passiert? Fragen Sie sich selbst: „Bevormunde ich mein Gegenüber gerade?" Vielleicht ist es ja so, dass es gerne wissen möchte, was Sie von ihm und der Situation denken.

2. Betrachten Sie das unangenehme Gefühl als einen Hinweis, dass Sie noch nicht ausreichend vorbereitet sind. Was müssen Sie beherzigen, um Ihre Sorge zu minimieren?

3. Erkennen Sie, was immer wieder an Unangenehmem und Vermeidbarem passieren würde, wenn Sie das Gespräch weiter vor sich herschieben würden.

4. Was sind Ihre ersten Worte und Sätze, um das Gespräch zu beginnen und sich so selbst zu zwingen weiterzusprechen?

5. Welche Ihrer Stärken und Lebenserfahrungen können Sie jetzt einsetzen, um die Situation erfolgreich anzugehen?

Wenn alles zu viel wird: Ordnung im Kopf

1. Machen Sie für einen Augenblick nichts. Lehnen Sie sich zurück, atmen Sie ein und aus, beobachten Sie Ihr Denken.

2. Nehmen Sie sich ein Blatt Papier und einen Stift.

3. Um Ordnung in Ihren Kopf zu bringen, schreiben Sie sich alles auf, was ansteht.

4. Streichen Sie alles durch, was nicht heute erledigt werden muss. Was können Sie delegieren?

5. Beginnen Sie mit dem, was am wichtigsten ist.

Angriffe anderer

1. Anstatt innerlich Widerstand aufzubauen, denken Sie sich „Der darf das". Denn jeder vergreift sich mal im Ton oder sieht etwas falsch, auch Sie. Werden Sie innerlich durchlässig und stellen Sie sich vor, dass der Angriff des anderen einfach durch Sie hindurchgeht oder an Ihnen vorbeigeht. Nichts trifft Sie persönlich.

2. Reagieren Sie erst mal gar nicht, sondern machen Sie eine kleine Pause. Atmen Sie aus, entspannen Sie sich. Gönnen Sie sich und

dem Gesprächspartner eine kurze Auszeit. Zwei Sekunden reichen!

3. Kontrollieren Sie, ob Sie selbst noch freundlich, locker und sympathisch sind. Denn das wollen Sie aufgrund Ihrer inneren Weisheit auch dann sein, wenn Sie angegriffen werden.

4. Anstatt sich zu verteidigen, sagen Sie etwas zum sachlichen Kern des Angriffs oder stellen die Frage: „Interessant, dass Sie das sagen, wie genau meinen Sie das?"

5. Feuern Sie Ihre deeskalierende Routine ab, die Sie sich für solche Situationen zurechtgelegt haben. Beispielsweise: „Sie können mir alles sagen, bleiben Sie bitte nur höflich dabei." Oder: „Ich höre Ihnen zu: Was ist los?"

Umgang mit Unveränderbarem

1. Bringen Sie sich selbst zunächst Wertschätzung entgegen dafür, dass Sie etwas, was Sie stört, verändern wollen. Das ist gut und es gehört zu Ihren Aufgaben. Seien Sie sich dafür dankbar. Es macht Sie wahrscheinlich sogar zu einem besseren Menschen. Erkennen Sie aber auch an, dass die augenblickliche, Stress auslösende Art und Weise, damit umzugehen, erstens offensichtlich nicht viel bringt und Ihnen zweitens schadet. Für diese Kombination sind Sie zu wertvoll.

2. Entspannen Sie sich. Hören Sie für einen Augenblick mit dem auf, was Sie gerade tun. Sehen Sie sich selbst bildlich als jemanden, der mit voller Wucht immer wieder vor eine Wand läuft.

3. Sehen Sie ein, dass Sie gerade eben dabei sind, Katzen das Bellen beizubringen.

4. Nutzen Sie die Zauberwörtchen „noch" oder „im Augenblick": Da kann man „noch" nichts machen oder da kann man „im Augenblick" nichts machen sind eine vorläufig gute, konstruktive Grundhaltung, mit der Sie auf gesunde Weise am Ball bleiben können.

5. Prüfen Sie, ob Sie sich gerade durch eine falsche Fokussierung verrannt haben. Kann es sein, dass Sie sich auf das fokussieren, was Sie nicht verändern können? Könnte es sein, dass Sie durch eine neue Fokussierung etwas finden, das Sie schon jetzt verändern können? Wenn es nichts Sachliches ist, können Sie durch die in diesem Buch beschriebenen Techniken der bewussten Neufokussierung eines immer verändern: Ihre eigene Haltung.

Erstellen Sie sich in Ihren Worte eine noch kürzere Checkliste in Scheckkartenformat. Wann immer Sie sich in einer der hier beschriebenen Situationen wiederfinden, schauen Sie nach und beherzigen Sie die Kommandos an sich selbst.

Tägliche Gewohnheiten zum Aufbau mentaler Stärke

Glauben Sie, dass Pete Sampras andere Gewohnheiten hat als ein Amateurtennisspieler? Können Sie sich vorstellen, dass ein Top-Verkäufer in seinen Verkaufsgesprächen andere Gewohnheiten hat als ein durchschnittlich erfolgreicher Verkäufer? Haben Menschen mit Übergewicht im Bereich Ernährung und Bewegung andere Gewohnheiten als Menschen mit Normalgewicht? Ich bin davon überzeugt. Gewohnheiten sind Handlungen, die täglich oder wöchentlich „automatisch" über einen langen Zeitraum durchgeführt werden. Weil Gewohnheiten natürlich viel mehr wirksamen Einfluss auf Gelassenheit, Erfolg, Gesundheit und Ausgeglichenheit haben als einmalige Aktionen wie eine Kur, eine Massage oder ein Urlaub habe ich Ihnen hier die wichtigsten Gewohnheiten zusammengestellt, mit denen Sie all das erreichen können.

Wenn Sie diese Dinge beherzigen und zu Ihren Gewohnheiten werden lassen, unternehmen Sie einen Großteil von dem, was ich für meine souveräne Gelassenheit tue. Ich liebe es, mit wenig Aufwand viel zu erreichen. Wenn Ihnen das auch zusagt, werden Sie die Gewohnheiten schon nach wenigen Tagen aufgrund ihrer herrlichen Wirkung auf Ihre Gelassenheit lieben.

Selbst wenn Sie nur diese fünf Hinweise beherzigen, hat sich der Kauf des Buches und die Zeit des Lesens für Sie bereits millionenfach gelohnt. Denn diese täglichen Gewohnheiten sind es, die Ihnen im echten Leben Gelassenheit und Leichtigkeit erlauben. Wenn wir uns mal in einer Flughafenlounge zufällig oder geplant treffen, dann wünsche ich mir, dass Sie mir mit großen, leuchtenden Augen voller Freude berichten, mit wie wenig Aufwand Sie es geschafft haben, das Tauziehen in Sachen Gelassenheit jeden Tag neu zu gewinnen.

Ich wünsche mir, Sie ein bisschen neugierig gemacht zu haben, und ich hoffe, Sie bald zu treffen.

Zu Beginn eine kleine Übersicht der aktiven Handlungen mit bester Rendite. Denn der Aufwand ist gering, der Ertrag aber riesig.

- **Gewohnheit 1: Versetze dich in einen guten Zustand**
  Zuerst sehen Sie, wie Sie sich mit Leichtigkeit gleich morgens in einen guten Zustand versetzen können. Denn nicht alle Tage sind gleich schön und oft ist es sehr hilfreich, sich an Aufgaben, die man sowieso machen muss, mit guter Stimmung zu begeben.

- **Gewohnheit 2: MM – meine Minute**
  Danach zeige ich Ihnen auf, wie Sie mit einer kleinen, aber feinen Übung immer wieder bei sich ankommen, zur Ruhe kommen und Ihrem ständig Probleme lösenden Verstand eine Pause gönnen. In nur drei Minuten am Tag senken Sie so nachweisbar Ihr Stresslevel und sorgen dank mentaler Stärke für größere Tatkraft und souveräne Gelassenheit.

- **Gewohnheit 3: Setze vor alles ein Pluszeichen**
  Im nächsten Schritt lernen Sie, vor all das, was im Leben so an unvorhergesehenen, unangenehmen und stressigen Situationen auftaucht, ein Pluszeichen zu setzen. Denn wir können uns nicht immer aussuchen, was im Leben passiert, aber wir können immer wählen, welche Haltung wir dazu einnehmen. Dafür trainieren Sie Ihren „Dankbarkeitsmuskel". Denn Dankbarkeit enthält eine Kraft, die Sie für sich nutzen können, um mit Situationen und Personen fertigzuwerden, die Sie im Augenblick noch stressen. Außerdem können Sie nicht zugleich dankbar und gestresst sein. Da sollte die Wahl doch lieber auf Dankbarkeit fallen, oder?

- **Gewohnheit 4: Cool bleiben trotz Stress**
  Im vorletzten Schritt lernen Sie, wie Sie im echten Leben aus dem Stress, dem Ärger oder der Zeitnot über souveräne Gelassenheit ins Handeln kommen. Das Motto hierbei ist: „Runter von der Palme und ran ans Werk." Die Aussicht auf der Palme mag zwar schön sein, ändern können Sie an dem, was Sie stört, da oben aber herzlich wenig.

- **Gewohnheit 5: Verantwortung übernehmen**
  Der abschließende fünfte Teil Ihrer möglichen neuen Gewohnheit für mehr Gelassenheit, Erfolg, Gesundheit und Glück besteht darin, dass Sie lernen, für Ihr Denken noch mehr Verantwortung zu übernehmen. Sie können im Geschäftsleben nur gestresst sein,

wenn Sie Gedanken haben, die diesen Stress auslösen. Das Motto hierbei lautet ja: „Seien Sie mal gestresst, ohne zu denken – es geht nicht." Wenn es Ihnen also gelingt, noch mehr die Verantwortung für Ihr Denken zu übernehmen und es dann Ihren Wünschen nach zu verändern, ist das eine gute Chance, aus dem Stress in Gelassenheit und damit ins Glück zu gehen.

5.1 Gewohnheit 1: Sorgen Sie gleich morgens für Ihre gute Stimmung

Nein, nein, nein, das Schnäpschen bleibt im Schrank. Weil Sie ja schon von der Idee „Erst der Gedanke, dann das Gefühl" gelesen haben, können Sie sich leicht vorstellen, dass eine Änderung der Gedanken auch eine Änderung des Gefühls ermöglicht.

Hier zeige ich Ihnen drei verschiedene Möglichkeiten auf, mit denen Sie gleich morgens für eine gute Stimmung sorgen. Denn in einer grundsätzlich guten Stimmung fällt es Ihnen viel leichter, im alltäglichen Wahnsinn ruhig, freundlich und aktiv zu bleiben.

Möglichkeit 1: Die Guten-Morgen-gute-Laune-Fragen

Sie kennen das: Sie wachen morgens auf und sehen vor Ihrem inneren Auge Ihre heutige Agenda, den Jour fixe mit der Nervensäge Müller und die Telefonkonferenz mit den schlecht englisch sprechenden Asiaten. Die verstehen zwar wenig, nicken aber freundlich. Ihre Idee von Kommunikation sieht anders aus. Und schon beginnt der Strudel im Kopf: Ihr Verstand reist immer weiter in diese Problemgeschichten hinein, bevor der Tag noch so richtig begonnen hat. Damit setzen Sie von Beginn an ein Minuszeichen vor den ganzen Tag, natürlich ohne es absichtlich zu wollen. Obwohl ein Pluszeichen viel sinnvoller wäre. Weil unser Verstand aber auf das Erkennen und Lösen von Problemen trainiert ist, fällt es nicht immer leicht, den Tag mit guter Stimmung zu beginnen.

Dabei helfen Ihnen aber die Guten-Morgen-gute-Laune-Fragen. Diese sind so einfach wie wirkungsvoll. Zum Beispiel:

- Wofür kann ich heute, jetzt, in meinem Leben dankbar sein?

- Worauf kann ich mich heute freuen?

- Welche schönen Aufgaben liegen an?

- Auf welche sympathischen Menschen treffe ich?

- Was ist das Schöne am heutigen Tag?

- Was habe ich heute Besonderes vor?

Vielleicht kommt Ihnen die eine oder andere Frage bereits bekannt vor. Aber starten Sie bereits mit diesen Fragen in den Tag? Es reicht nicht aus, dass Sie die Fragen kennen, wenn Sie sie nicht anwenden! Beantworten Sie sich diese Fragen gleich, nachdem Sie die Augen aufgeschlagen haben, bei einem morgendlichen Kaffee, unter der Dusche oder auf dem Weg zur Arbeit. Wann auch immer, Hauptsache möglichst früh und ganz bewusst. Die Antworten werden Ihre anfänglichen negativen Gedanken über den Tag verändern und Ihnen helfen, den Tag mit frischer Energie zu beginnen. Sie bauen so Ihre positive Stimmung auf – und das ist eine gute Möglichkeit, Stress oder Ärger vorzubeugen und mentale Stärke aufzubauen.

Möglichkeit 2: Die positiven Selbstgespräche

Selbstgespräche sind eine weitverbreitete Technik aus der mentalen Stärke, von der Sie in Sachen souveräner Gelassenheit wunderbar profitieren können – wenn Sie den Clou beherzigen. Bereits im vorherigen Kapitel habe ich Ihnen aufgezeigt: Gestresst oder verärgert zu sein ist okay, es ist ja nicht tödlich! Wenn Sie nun also z. B. verärgert sind, geht dies nicht, ohne nachzudenken. Und Denken ist ein Selbstgespräch.

Zum Beispiel: „Mein Kollege hat mich im Stich gelassen, das ist ja mal wieder typisch!" Ändern Sie diese Stress auslösenden Selbstgespräche in positive Selbstgespräche: „Ach jetzt hat mich mein Kollege vergessen. Wir waren für ein wichtiges Meeting heute verabredet und er ist nicht da!" Das ist der Beginn Ihres einfachen Selbstgesprächs.

Auf dem Weg zur Arbeit sagen Sie sich zum Beispiel:

- Ich habe die Kraft, die alles schafft.

- Wenn ich mich ärgere, halte ich inne und atme aus.

- Heute kann mir nichts passieren, denn ich bin und bleibe gelassen, egal was passiert.

Mit diesen positiven Selbstgesprächen schaffen Sie es, sich in eine positivere Stimmung zu heben und sich ein dickes Fell zuzulegen, um in ärgerlichen Situationen ruhiger zu bleiben.

Damit die Selbstgespräche auch wirklich positiv wirken können, achten Sie auf eine positive Formulierung. Sagen Sie nicht „Das ist kein unlösbares Problem", sondern „Das ist lösbar!". Sie kennen doch das Beispiel „Denken Sie mal nicht an einen rosaroten Elefanten mit Seppelhut, der mitten im Raum steht". Obwohl Sie ja nicht daran denken sollen, sehen Sie ihn automatisch vor Ihrem geistigen Auge. Wir denken immer in Bildern und Bilder haben in unserem Verstand keine Gegenteile, daher übergehen wir das Wort „nicht" und sehen das possierliche Tierchen samt Mütze. Sogar in rosa, obwohl es das wahrscheinlich von Natur aus nicht gibt. Aber das ist dem Verstand, unserer Fantasie völlig egal, denn er und sie tun immer das, was wir ihnen sagen. Diese Eigenschaft nutzen Sie übrigens bei der bewussten Fokussierung, die gleich noch beschrieben wird.

Gut gemeint ist noch lange nicht gut gemacht

Folgende, meiner Ansicht nach ungeschickte und in Wahrheit negative Formulierung hat mich immer gleich doppelt bei einer Nachrichtensprecherin gestört: „Alles wird gut". Überlegen Sie mal, was da unbewusst ankommt. Einerseits ein unsinniges Versprechen, andererseits eine negative Aussage. Das Versprechen ist unsinnig, da niemals alles gut sein wird, weil die Welt nun mal nicht perfekt ist und Leid zum Leben dazugehört wie die Enten auf den Teich. Die negative Aussage besteht darin, dass zurzeit nicht alles gut ist. Auch wenn natürlich nie alles gut ist, muss ich mein Unterbewusstsein ja nicht noch extra darauf hinweisen, oder? Die Formulierung ist sicherlich gut gemeint, aber gut gemeint ist noch lange nicht gut gemacht.

Der Clou wirksamer Selbstgespräche

Und jetzt kommt der wichtigste Hinweis, bei dessen Beherzigung Sie massiv profitieren werden: Setzen Sie bei Selbstgesprächen auch Ihren Körper mit Schwung ein! Dieser Punkt wird bei der Beschreibung von Techniken der Affirmation und der Selbstgesprächen oft vergessen. Oder haben Sie schon mal gehört, dass Sie auch bei Selbstgesprächen auf Ihre Körpersprache achten müssen, damit sie wirken? Wahrscheinlich nicht – außer Sie waren bereits bei einem meiner Vorträge oder Seminarevents.

Der Zusammenhang ist folgender: In der zwischenmenschlichen Kommunikation gibt es zwei Ebenen, die sprachliche und die körpersprachliche. Wenn Sie Ihrem Assistenten einen „Schönen guten

Morgen" wünschen, fragen, wie es ihm geht, und er nicht gerade seinen ersten Tag bei Ihnen hat, wird er gleich wissen, wie es Ihnen geht, ob Sie die Frage ernst meinen und eine wie umfangreiche Antwort Sie wünschen.

Zumindest wünsche ich Ihnen, dass Ihr Assistent das erkennt. Allerdings erkennt er das weder bewusst noch durch Ihre Wortwahl. Sondern er erkennt alle diese Informationen unbewusst, blitzschnell und durch die Art und Weise, wie Sie Ihre Frage stellen. Also ist der Tonfall für die Wirkung der Frage entscheidender als die Wortwahl. Der Tonfall fällt in den Bereich der Körpersprache.

i Nonverbal schlägt verbal – das gilt auch für Selbstgespräche.

Stellen Sie sich vor, ich würde leise, mit hängenden Schultern, leicht nach vorne gebeugt, den Blick nach unten gerichtet und mit traurigem Gesicht sagen: „Mir geht es gut und ich freue mich auf den Tag." Jeder Beobachter würde mir kein Wort davon glauben, und zwar zu Recht. Aber viel entscheidender für die Wirkung von Selbstgesprächen ist, dass ich mir auch selbst kein Wort glauben würde. Sage ich dasselbe allerdings aufrecht, laut, lächelnd, vor Freude strahlend und mit Schwung, glaube ich es mir viel eher!

Von dieser Logik können Sie nun massiv profitieren, indem Sie Ihre Selbstgespräche im „Brustton der Überzeugung" führen. Es muss richtig krachen. Übertreiben Sie ruhig und gehen Sie aus sich heraus. Welch ein Unterschied! Machen Sie sich dabei ruhig „zum Affen", es sieht Sie ja (fast) niemand, wenn Sie das in Ihrem Büro, zu Hause oder im Auto machen.

An allem im Leben klebt ein Preisschild: Zuerst müssen Sie investieren, dann können Sie profitieren. Sie kennen das aus Ihrem Business, hier ist das genauso. Erst kommen Sie sich komisch vor und dann spüren Sie die Wirkung und es Ihnen daher egal, was andere eventuell von Ihnen denken, wenn Sie im Auto auf Ihrem Sitz auf und ab springen, auf das Lenkrad schlagen und dabei laut sagen: „Ich habe die Kraft, die alles schafft!".

i Wenn Sie mit sich selbst sprechen, tun Sie es immer auch körpersprachlich wie ein Gewinner.

Möglichkeit 3: Der Gelassenheitssong

Sie springen auf und fangen mitten im Meeting an, lauthals zu singen – natürlich nicht. Wahrscheinlich kennen Sie folgende Situation und haben etwas Ähnliches bereits erlebt: Sie fahren im Auto und hören Radio. Plötzlich läuft Ihr Song im Radio. Dieser Song hat Sie früher mit Freude erfüllt – und das tut er heute noch. Natürlich drehen Sie die Musik lauter und summen fröhlich mit. Das ist für mich das beste Beispiel, wie schnell und bewusstseinsverändernd Musik wirkt. In diesem Beispiel war es Zufall, aber Sie können die Wirkung von Musik bewusst und geplant einsetzen.

Nutzen Sie diese Wirkung in zwei Schritten:

- **1. Schritt:** Sie suchen sich jetzt Ihren persönlichen Gelassenheitssong heraus. Ob dieser von Mozart oder Metallica stammt, ist völlig egal. Hauptsache ist nur, dass Sie ihn mögen und einfach gerne hören. Sorgen Sie dafür, dass Sie ihn täglich bei sich haben, beispielsweise als CD im Auto oder auf dem Smartphone bzw. MP3-Player. Hören Sie den Gelassenheitssong drei- bis viermal täglich, zum Beispiel auf der Hin- und Rückfahrt zur Arbeit. Ihre Stimmung wird sich heben und Sie werden sich weniger ärgern. Wenn Sie sich zwei bis drei Wochen daran halten, werden Sie merken, dass Sie sich in der Ärgersituation an den Gelassenheitssong erinnern und Sie werden anfangen, ihn innerlich zu summen. Überraschen Sie sich selbst, wie gut Sie sich nach mehrmaligem Hören an die Melodie, den Refrain oder den ganzen Songtext erinnern können.

- **2. Schritt:** Sie sitzen also in einem Meeting und der Kollege sagt Dinge, über die Sie sich sonst immer ärgern. In diesem Moment summen Sie still den Song vor sich hin und sagen dann, ganz freundlich und bestimmt, was Sie ärgert. Probieren Sie es aus. Es ist eine wunderbare Erfahrung, sich mit Musik, die Sie in dieser zweiten Phase ja gar nicht mehr laut hören, zu beruhigen oder in eine gute Stimmung zu versetzen.

> **Wie gut es Ihnen in diesem Moment geht, ist eine Frage der Wahl.** 𝐢

Nun haben Sie ganz verschiedene Möglichkeiten, um sich gleich morgens so zu fühlen, wie Sie sich fühlen wollen. Am besten ist es, wenn Sie einfach alles ausprobieren und so herausfinden, was bei Ihnen die größte Wirkung hat. Denken Sie daran, dass die Stimmung, mit der Sie in den Tag starten, nicht vorgegeben ist. Ihre Stimmung können Sie verändern, indem Sie diese Techniken einfach beherzt anwenden.

5.2 Gewohnheit 2: „MM – meine Minute"

Wenn Sie sich häufig ärgern oder öfter über Gebühr gestresst sind, kann das ein Zeichen dafür sein, dass Ihr Akku leer ist und Sie ihm im Augenblick nicht genug Zeit geben, sich wieder aufzuladen. Ein Anzeichen dafür: Kann es vielleicht sein, dass Sie sich aktuell über Situationen ärgern, in denen Sie vor einem Monat oder Jahr noch vollkommen cool geblieben sind? Wenn das zutrifft, ist es an der Zeit, mit „MM" mehr Stille zuzulassen!

„MM – meine Minute" ist ganz einfach: Sie tun eine Minute lang nichts. Das klingt jetzt wahrscheinlich seltsam und vielleicht denken Sie „Was?! Obwohl ich so viel zu tun habe?". Genau. Denn je mehr Sie zu tun haben und dabei in Stress geraten, desto wichtiger ist es, sich eine Erholungspause zu gönnen. In der Berufswelt ist es ja selten nur unser Körper, der gestresst ist. Viel häufiger ist es unser Verstand, der durch die ständige Beschäftigung mit Projekten, Aufgaben, E-Mails, Telefonaten & Co. Stressgefühle auslöst und uns erschöpft fühlen lässt. Unser Verstand ist nahezu ständig mit dem Lösen von komplexen Problemen, intensiver Kommunikation mit unterschiedlichsten Menschen zu verschiedensten Themen, vielen unterschiedlichen Aufgaben und dem Jonglieren zahlreicher Interessen beschäftigt. An manchen Tagen fängt das morgens an und endet erst abends. Da ist es doch kein Wunder, dass viele Menschen unter Einschlafstörungen leiden.

Das Ziel und der Sinn von MM besteht darin, dem Teil von uns, der unseren Stress auslöst, eine wirksame Erholungspause zu gönnen.

Natürlich ist es für 99,9 % der Menschen absolut ungewöhnlich, nichts zu tun. Kein Lesen, kein Fernsehschauen, nicht träumen, sondern einfach für einen Augenblick nichts tun. Wenn Sie diese Übung ausprobieren, kann es durchaus sein, dass Sie nervös werden, weil Sie glauben, gerade keine Zeit fürs „Nichtstun" zu haben. Setzen Sie sich darüber hinweg und machen Sie sich klar, dass Sie einen ruhigen, ausgeruhten und entspannten Verstand brauchen, um weiterhin Spitzenleistungen zu bringen, ohne dabei auf Dauer krank zu werden.

So funktioniert „MM": Sie suchen sich dreimal am Tag ein ruhiges Plätzchen. Sollten Sie beispielsweise in der Arbeit kein ruhiges Plätzchen finden, nehmen Sie einfach das sprichwörtliche „stille Örtchen". Stellen Sie die Countdown-Funktion Ihres Smartphones auf 60 Sekunden, schließen Sie Ihre Augen und nehmen Sie Kontakt zu Ihrer Atmung auf. Erlauben Sie sich, für 60 Sekunden nichts zu tun.

Es gibt zwei einfache Fragen, die Sie sich während MM stellen können:

1. Wie atme ich?

2. Was denke ich?

Probieren Sie einfach beides aus und finden Sie so heraus, was Ihnen persönlich guttut. Die Frage „Wie atme ich?" lenkt Ihre Aufmerksamkeit auf Ihre Atmung – ändern Sie diese nicht, sondern nehmen Sie sie einfach wahr. Es ist keine Atemübung, bei der Sie in einem bestimmten Rhythmus ein- und ausatmen. Hier können Sie nichts falsch oder richtig machen. Denn Sie machen ja gar nichts.

Fragen Sie sich vielmehr:

- Wie fühlt sich die Luft an, die Sie einatmen und wie fühlt sie sich an, wenn Sie sie wieder ausatmen?

- Wo fühlen Sie diese Luft?

- Wie bewegt sich Ihr Körper, wenn Sie atmen?

Die Frage „Was denke ich?" hilft Ihnen, den Strom der Gedanken zu beobachten. Viele Menschen denken, abzuschalten bedeutet, nichts mehr zu denken. Das ist vollkommener Unsinn. Abschalten bedeutet vielmehr, den Strom der eigenen Gedanken wertfrei zu beobachten – und das geht hervorragend mit dieser Frage. Üben Sie, Beobachter Ihrer Gedanken zu sein, und erlauben Sie sich, für eine Minute nichts zu tun.

Sie werden es dabei nicht schaffen, an nichts zu denken. Wenn Sie an nichts mehr denken, dann sind Sie bzw. ist Ihr Gehirn tot. Vielmehr geht es darum, dem meist völlig überarbeiteten Verstand eine Phase der Ruhe, der Unbeschwertheit, der Pause zu gönnen. Sie lassen also Ihre Gedanken einfach zu, anstatt sich gegen diese zu wehren oder zu glauben „Ich kann das nicht, an nichts denken".

Vielmehr kann es sein, dass Sie an Ihr nächstes Meeting, eine Verhandlung oder die noch zu besetzende Stelle denken. Nehmen Sie all das wahr und kehren Sie immer wieder zu Ihrer Atmung zurück. Sie können Sie sich das, wie in der folgenden Abbildung dargestellt, vorstellen:

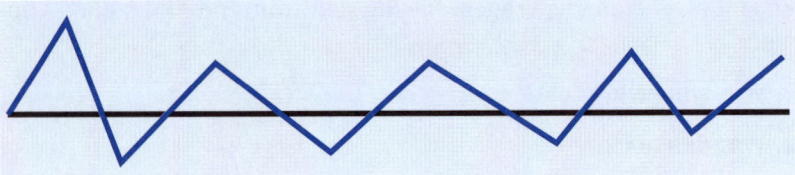

Die gerade Linie von links nach rechts symbolisiert Ihre Atmung, die ganz natürlich abläuft. Sie stellt die Orientierung dar, zu der es immer wieder zurückzukehren gilt. Die Zickzacklinie steht für Ihre Aufmerksamkeit, die immer wieder ausweicht, herumreist und zwischen vielen verschiedenen Themen hin- und her springt. Wann immer Sie mitbekommen, dass Sie gerade „gedanklich entführt" werden, nehmen Sie das einfach liebevoll wahr, freuen Sie sich darüber, dass Sie es wahrgenommen haben und kehren Sie dann mit Ihrer ganzen Aufmerksamkeit zu Ihrer Atmung zurück. Sie werden schon nach einigen Tagen sehen, dass es Ihnen immer besser gelingt, bei der Atmung zu bleiben.

i Die Atmung ist der Zugang zum Glück.

Im Ergebnis werden Sie viel mehr Ruhe haben und ärgerlichen Situationen gelassener, geschmeidiger und entspannter gegenübertreten. Sie werden es sich wahrscheinlich schon gedacht haben: Diese Übung ist eine Minimeditation. Wenn Sie noch mehr wissen wollen und gerne weitere Übungsvariationen ausprobieren möchten, empfehle ich Ihnen mein Buch „Prinzip Achtsamkeit".

Viele Menschen stehen Meditation erst einmal skeptisch gegenüber. Meist aus Unsicherheit und Unwissenheit. Um hier die häufigsten Missverständnisse und Unsicherheiten bezüglich der Meditation mit MM zu klären, finden Sie im Folgenden eine kleine Liste von Fragen, die Sie sich vielleicht auch schon mal gestellt haben – samt Tipps, wie Sie ganz leicht von Meditation profitieren können.

- **„Ich schaffe es nicht, meine Gedanken abzuschalten. Wie geht das?"**
  Bei der Meditation geht es nicht darum, dass Sie Ihre Gedanken komplett abschalten. Es geht darum, Ihre inneren Selbstgespräche – „Was gibt es heute in der Kantine?" oder „Wann melde ich meine Kinder beim Turnverein an?" – zu beobachten und so „quasi automatisch" ohne eine aktive Handlung leiser werden zulassen. Es geht nicht darum, nicht zu denken. Jeder Experte, jeder in Meditation

Erfahrene wird Ihnen sagen: „Der Verstand läuft immer weiter!".
Worum es beim Meditieren wirklich geht: Es geht darum, zu beobachten, wahrzunehmen, zu sehen, was im Verstand gerade so los ist.
Beim Meditieren geht es übrigens auch nicht darum, sich selbst
von seinen schlechten Eigenschaften zu befreien. Es geht vielmehr
einfach darum zu beobachten: Was ist jetzt in diesem Augenblick
so los in meinem Kopf? Welche Bilder tauchen auf? Welche Ge-
schichten erlebe ich gerade? Es geht auch nicht darum, irgendeine
„nächsthöhere Fähigkeit des Bewusstseins" zu erreichen. Trainieren Sie die Meditation an drei bis sieben Tagen in der Woche.
Machen Sie sich keinen Druck. Wenn Sie einmal kürzer als sonst
meditieren wollen, ist das doch völlig okay!

- **„Ich bekomme die Lotusposition nicht richtig hin. Muss ich
  diese einnehmen?"**
  Das müssen Sie nicht! Setzen oder legen Sie sich gerade zu Beginn
  Ihrer Meditationsübungen komfortabel hin. Wenn Sie liegen, wäh-
  len Sie eine Position, in der Sie nicht sofort einschlafen, und lassen
  Sie Ihre Augen dazu eventuell geöffnet. Die Lotusposition ist eine
  Voraussetzung aus der traditionellen Meditation des Hinduismus
  und Buddhismus. Sie ist nicht notwendig und bringt nicht unbedingt mehr Erfolg bei der Meditation. Anfangs kann sie sogar die
  Freude nehmen und unnötige Hürden aufbauen. Ich bin sicher,
  dass Ihr Schreibtischstuhl ausreicht – und wenn Sie sich mehr
  Zeit nehmen wollen, probieren Sie es mal mit einem gewöhnlichen
  Schneidersitz auf einem Kissen. Am angenehmsten ist es dabei
  meistens, auf dem Kissen zu sitzen und die Füße vor dem Kissen
  auf dem Boden zu haben.

- **„Ich habe nicht viel Zeit. Gibt es eine Mindestlänge?"**
  Sie haben nicht mehr oder weniger Zeit als alle anderen. Die Frage
  ist nur, ob Sie erkennen, dass das Gefühl von Zeitdruck ein Hinweis darauf ist, MM anzuwenden. Wir reden uns nur ein, keine
  Zeit zu haben. In Wahrheit stellt sich eher die Frage, wie wir die
  Zeit investieren. Das Gute ist: Ein bis drei Minuten Ihrer täglichen
  Zeit sind für die Meditation schon ausreichend. Wenn Sie die Meditation auch nur für einen kurzen Zeitraum achtsam und bewusst
  durchführen, wird sie Ihnen schon helfen. Es ist besser, jeden Tag
  drei Minuten zu meditieren als gar nicht. Denn auch diese Zeit der
  stillen Beobachtung wirkt schon.

- **„Wie kann ich mich zur Ruhe zwingen? Ich kann so schlecht still sitzen."**
  Dann tun Sie es nicht! Warten Sie ein paar Minuten, bis Sie sich in der Lage fühlen, still zu sitzen. Quälen Sie sich nicht mit Dingen, die in dem Augenblick nicht passend sind. Ihr Körper sagt Ihnen schon, wann es so weit ist. Oder verausgaben Sie sich vorher: Gehen Sie erst mal schnellen Schrittes „um den Block", um dann mit MM innezuhalten. Oder Meditieren Sie z. B. einfach nach dem Sport, dann fällt es Ihnen wahrscheinlich leichter, still zu sein – innen wie außen. Außerdem wirken auch Übungen mit rhythmischen Bewegungen – wie schwimmen, gehen und rennen – fördernd, um ein meditatives Gefühl zu bekommen. Es geht nicht darum, dass Sie sich auf etwas fokussieren, ohne sich zu bewegen. Sie müssen nicht still sitzen. Beim Gehen beispielsweise fokussieren Sie sich auf Ihre Schritte, Ihre Gedanken oder Ihren Atem.

- **„Fernsehen, Lesen oder Videospiele entspannen doch auch, oder nicht?"**
  Fernsehengucken oder lesen kann entspannend wirken, und niemand fordert von Ihnen, dies aufzugeben. Allerdings gibt es zwei Gründe, MM und diese Tätigkeiten voneinander zu unterscheiden. Erstens muss Ihr Verstand arbeiten, wenn Sie diesen Tätigkeiten bewusst nachgehen wollen. Und Sie können schlecht kurz vor oder in einem Meeting Videospiele spielen. Wenn Sie ein wichtiges Meeting haben, werden Sie keine Stunde vorher Ihren Fernseher einschalten können, um zur Ruhe zu kommen. Aber Sie können sich vor dem Meeting bequem hinsetzen und sich Dank MM auf Ihre Atmung fokussieren, um zu sich selbst zu finden. Meditieren können Sie immer und überall.

- **Ich habe es mal versucht, aber ich habe nichts Besonderes gefühlt. Woran liegt das?"**
  Meditation kann nur durch Training gelingen. Wir sind es gewohnt, an tausend Dinge gleichzeitig zu denken und immer multitaskingfähig zu sein. Es ist kein Wunder, dass es Ihnen schwerfällt oder es Sie frustriert, Ihre Gedanken nur auf einen Aspekt (zum Beispiel Ihre Atmung) zu fokussieren. Wenn Sie anfänglich Hilfe bei der Fokussierung brauchen, benutzen Sie ein Motto: Denken Sie sich ein Wort oder einen einfachen Satz aus. Das kann alles sein, was einfach zu wiederholen ist und keine negativen Gefühle in Ihnen weckt. Sie können beispielsweise Wörter wie „Liebe", „Frieden", „Stille" oder „Ich bin ganz ruhig!" verwenden.

- **„Ist Meditation nur was für Esoteriker?"**
Nein. Das Ziel der Meditation ist es, Ihre Empfindung in Bezug auf
Stress zu minimieren. Es soll nicht darum gehen, Ihre Weltanschauung oder Ihre Persönlichkeit zu verändern. Jeder Mensch, gleich
welcher Glaubensrichtung, kann von Meditation profitieren. Die
oben beschriebene Übung der Achtsamkeit braucht keine spezielle
Weltanschauung, um zu wirken. Überzeugen Sie sich selbst. Für
welche Methode Sie sich auch später entscheiden, geben Sie nicht
auf! Die anfängliche Überwindung und Selbstdisziplin lohnt sich:
Denn Meditation ist ein einfaches Hilfsmittel mit großem Gewinn.

5.3 Gewohnheit 3: Setzen Sie mit Dankbarkeit vor alles im Leben ein Pluszeichen

Bei den folgenden Ausführungen gehe ich davon aus, dass Sie in
Deutschland, der Schweiz oder Österreich leben oder dort geboren
sind. Könnte es sein, dass wir als Grund für unseren Stress immer
wieder Gründe haben, die genauer betrachtet Luxusprobleme sind?
Natürlich meine ich damit nicht mögliche Anlässe für Krisen wie
den Verlust eines nahen Menschen, eine schwere Krankheit oder
den drohenden Arbeitsplatzverlust. So etwas kommt vor, weil es zum
Leben dazugehört, allerdings kommt es selten vor.

Die allermeisten Gründe für Ärger, Stress oder Zeitnot sind meiner
Meinung nach echte Luxusprobleme, über die sich 95 % der übrigen
Weltbevölkerung freuen würden. Daher können Sie sich überlegen,
wirklich froh darüber zu sein, „nur" Ihre Probleme zu haben. Denn
andere Menschen sind heute, jetzt, in diesem Augenblick des Lesens,
massiv gestresst, weil sie nichts zu essen haben, im Bürgerkrieg be-
schossen werden oder ihre Kinder entführt wurden. Dies sind keine
Ausnahmebeispiele, sondern es sind Beispiele für Tatsachen, die
jetzt, in diesem Augenblick passieren. Im echten Leben. Wenn Sie
Ihre eigene Perspektive auf die grundsätzliche Güte Ihrer Lebensbedingungen zurechtrücken, werden Sie zukünftig über den einen oder
anderen Anlass für Stress nur noch schmunzeln können. Nachdem
ich mir selbst eine dankbare Haltung angewöhnt habe, betrachte ich
95 % meiner Stressoren als „halb so schlimm".

Nutzen Sie dafür das Denkmuster „besser X als Y". Hierbei denken
Sie beispielsweise „besser mein Zeitproblem im Projekt als kein
Projekt". Natürlich ist es damit noch nicht gelöst, aber Sie setzen
ein Pluszeichen davor und damit fällt es Ihnen leichter, Ihr Problem
zu lösen. Auch hier ist die entscheidende Idee: aus dem Stress über
souveräne Gelassenheit ins Handeln zu kommen.

Damit Sie genau nachvollziehen können was ich meine, gebe ich Ihnen hier ein paar Beispiele, die Sie gerne emotional, nicht nur rational, nachvollziehen können.

Die unaufgeräumte Küche

Wenn Sie das nächste Mal nach anstrengenden Meetings und Verhandlungen nach Hause kommen, abgespannt sind und nur noch Ihre Ruhe haben wollen, die Kinder aber wieder die Küche nicht hinter sich aufgeräumt haben, dann halten Sie inne, bevor Sie etwas sagen. Folgen Sie nicht Ihrem spontanen Reflex, jetzt lautstark oder aggressiv zu Erziehungsmaßnahmen zu greifen. Sondern überlegen Sie einen Augenblick, wofür Sie jetzt wirklich dankbar sein können. Ich meine das ernst: Sie stehen noch in der Küche, sehen den Dreck und überlegen sich: „Wofür kann ich jetzt dankbar sein?". Sagen Sie so lange nichts, bis Sie auf gute Gründe kommen, Dankbarkeit zu empfinden.

Was halten Sie von diesen Perspektiven:

- Ich kann dankbar sein, dass ich Kinder habe.

- Ich kann dankbar sein, dass wir genug zu essen haben.

- Ich kann dankbar sein, dass meine Kinder mittlerweile alt genug sind, für sich selbst zu sorgen.

- Ich kann dankbar sein, dass meine Kinder nicht schwerst behindert sind und ich sie ein Leben lang füttern muss.

Sie werden feststellen, dass die Frage nach Gründen für Dankbarkeit Ihr Denken in neue Bahnen lenkt. Wenn Ihnen in der Situation persönlich zutiefst bewusst wurde, wofür Sie dankbar sein können, fühlen Sie sich dankbar. Das Gute ist: Sie können nicht zugleich gestresst und dankbar sein.

Wenn Sie sich auf diese Weise selbst mit Dankbarkeit geflutet haben, gehen Sie zu den Kindern und sprechen Sie mit ihnen. Erziehen Sie sie. Führen Sie Konsequenzen auf und setzen Sie diese durch. Dabei werden Sie feststellen, dass Sie sich selbst – und Ihre Kinder daher auch – anders fühlen. Sie sprechen in einem anderen Zustand. In einem gelassenen, ruhigen und souveränen Zustand. Und so wollen Sie eigentlich sein, denn das ist die beste Version Ihrer selbst. Das ist Ihre Champion-Version.

Ein schwieriger Verhandlungspartner

Ein weiteres Beispiel, diesmal aus dem Beruf: Sie haben den Auftrag erhalten, mit einer Firma über eine Kooperation für neue Märkte im Ausland zu verhandeln. Die Firma hat den Markt dort bereits durchdrungen und die Idee ist, dass Sie die Kontakte dort nutzen, um schneller in den Markt zu kommen. An sich eine gute Ausgangsbasis für eine klassische Win-win-Situation, die mit solch einem „Huckepack-Marketing" erreicht wird.

Die Treffen finden abwechselnd bei Ihnen in München und bei Ihrem Gesprächspartner in London statt, die Verhandlungen sind schon recht weit und es ist eine Vereinbarung in Sicht. Doch Ihr Verhandlungspartner stellt seit Wochen unangemessene Nachforderungen, dazu noch in einem herablassenden Tonfall. Er scheint seine eigenen Vorteile noch nicht ganz verstanden zu haben – ganz zu schweigen davon, dass er das Wesen und die Art von Kooperation noch nicht verstanden zu haben scheint. Und er scheint die falschen Bücher über Verhandlungen gelesen zu haben bzw. diese seltsam auszulegen. Die Situation beginnt Sie zu nerven, weil es deutlich schneller und einfacher sein könnte.

Wofür können Sie in diesem Beispiel dankbar sein, anstatt sich zu ärgern und sich das Leben selbst schwer zu machen?

Wie wäre es damit:

- Sie können dankbar dafür sein, dass Sie nicht auf die Firma angewiesen sind, um in den Markt zu kommen. Wenn sich die Kooperation nicht rechnet, können Sie einen anderen Partner finden oder es selbst machen.

- Sie können dankbar dafür sein, dass Sie (so glauben Sie zumindest) ein professionelleres Auftreten in Verhandlungen haben als Ihr Gesprächspartner.

- Sie können dankbar dafür sein, dass Sie an guten Ergebnissen für Ihre Firma interessiert sind und gemerkt haben, dass die Verhandlung in eine falsche Richtung geht.

- Sie können dankbar dafür sein, dass Sie gesund sind und dass Ihre Gesundheit, Ihr Wohlbefinden und Ihr Erfolg nicht direkt von den Verhandlungsergebnissen abhängig sind.

- Sie können dankbar dafür sein, dass Sie wieder ein paar Mal in London gewesen sind.

Die Liste kann ich noch lange fortsetzen, Sie auch? Hierbei geht es darum zu erkennen, dass Sie den Verhandlungspartner gegen seinen Willen nicht verändern können. Aber Sie können mit mentaler Stärke Ihre eigene Sichtweise, Ihr Denken und damit Ihr Gefühl verändern. Denn das brauchen Sie, um aus der Verhandlung das Beste herauszuholen oder sie abzubrechen, weil Ihre Mindestforderungen nicht erfüllt werden. Versetzen Sie sich ganz bewusst in einen Zustand der Dankbarkeit und überlegen Sie dann, was Ihr nächster gewiefter Schritt in der Verhandlung sein kann.

Übrigens können Sie meiner Ansicht nach auch dafür dankbar sein, dass Sie noch lernen können, mit solchen Verhandlungspartnern zukünftig geschickter umzugehen. Damit lösen Sie das Problem natürlich nicht. Aber Sie versetzen sich selbst in einen besseren Zustand, mit dem Sie das Problem leichter und besser lösen können als in einem gestressten und genervten Zustand.

i Es reicht doch schon, überhaupt ein Problem zu haben. Warum auch noch darüber aufregen?

Lassen Sie es zu Ihrer Denkgewohnheit werden, in einer stressigen Situation erst einmal innezuhalten und für einen Augenblick in einen dankbaren Zustand zu gehen. Sie werden sehen, dass Sie dafür fast immer Zeit haben und dass Ihre anschließende Handlung klarer, direkter und aktiver ist. Das mag Ihnen jetzt seltsam erscheinen, doch wenn Sie es probieren, werden Sie diese herrliche Erfahrung teilen. Dankbarkeit wohnt eine ähnlich starke Kraft inne wie Liebe. Nutzen Sie das für sich und lassen Sie sich von Dankbarkeit aus dem Stress über souveräne Gelassenheit in die aktive gezielte Handlung leiten. Das ist mentale Stärke!

Auch bei Zeitnot hilft Dankbarkeit enorm weiter: Wenn Sie das nächste Mal das Überforderungsgefühl von „Wie soll ich das nur alles schaffen?" haben, probieren Sie doch mal Folgendes: Nehmen Sie sich eine Minute Zeit (unter Zeitnot eine verrückte, aber hilfreiche Idee) und überlegen Sie sich in dieser Minute, wofür Sie konkret dankbar sein können. Vielleicht helfen Ihnen die folgenden Fragen dabei:

- Bin ich verletzt oder in Lebensgefahr?

- Bin ich gesund?

- Ist es besser, viel zu tun zu haben als nichts zu tun zu haben?

- Kann ich ein paar Punkte meiner Agenda streichen?

- Habe ich heute mehr Spielraum als früher und kann ich diesen noch mehr nutzen?

- Kann ich ankündigen, dass sich die Erledigung einer Aufgabe verzögern wird?

Hier finden Sie garantiert mindestens ein Ja. Wenn Sie es gefunden haben, erstellen Sie sich eine Liste der Aufgaben und fangen Sie mit dem Gefühl von Dankbarkeit an sie abzuarbeiten, anstatt sich von ihnen stressen zu lassen.

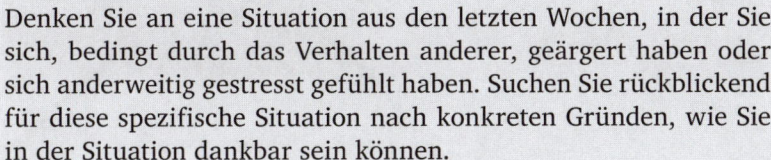

Inspiration

Denken Sie an eine Situation aus den letzten Wochen, in der Sie sich, bedingt durch das Verhalten anderer, geärgert haben oder sich anderweitig gestresst gefühlt haben. Suchen Sie rückblickend für diese spezifische Situation nach konkreten Gründen, wie Sie in der Situation dankbar sein können.

5.4 Gewohnheit 4: Lenken Sie Ihr Denken – vor allem im Stress

Ihnen ist ja schon aufgrund der vorherigen Kapitel bewusst, dass es Ihr Denken über die Realität ist, das Sie stresst oder ärgert – und nicht die Realität an sich. Allerdings reicht dieses Wissen leider noch lange nicht aus, um sich seltener oder gar nicht mehr zu ärgern.

Nehmen wir etwa an, Sie sind mit drei Kollegen für ein wichtiges Meeting verabredet. Nach langem Hin und Her haben alle dem Termin zugestimmt. Ihr Bauchgefühl hat Ihnen gesagt, dass zwei der Kollegen voll hinter dem Meeting stehen, bei dem einen sind Sie sich nicht ganz sicher und vermuten, dass er es als nicht ganz so wichtig ansieht. Und genau dieser Kollege ruft Sie kurz vorher an und sagt: „Ich kann doch nicht kommen, wir müssen einen neuen Termin vereinbaren!"

Sie haben alles für das Meeting vorbereitet, weil es Ihnen sehr wichtig war. In so einem Moment gelingt es Ihnen vermutlich nicht, ruhig zu bleiben. Da hilft Ihnen kein ABC-Denken. Sie können sich noch nicht mal daran erinnern, was das ist. Begriffe wie Selbstverantwortung, Zuversicht und Gelassenheit sind Ihnen in diesem Augenblick Fremdwörter oder gar Feinde. Also muss es erst mal darum gehen, wieder einen kühlen Kopf zu kriegen, um von da aus optimal handeln zu können. Das Ziel ist ja immer, aus dem Stress über souveräne Gelassenheit ins besonnene und gezielte Handeln zu kommen. Vermieden werden sollen Verhaltensweisen, die Ihnen später leidtun, weil Ihnen eine andere Variante lieber gewesen wäre.

i   Wenn Sie gestresst sind, tun Sie erst mal gar nichts.

Sie können sich diese Situation wie eine Kurve vorstellen, die sich in die Teile 1, 2 und 3 unterteilt.

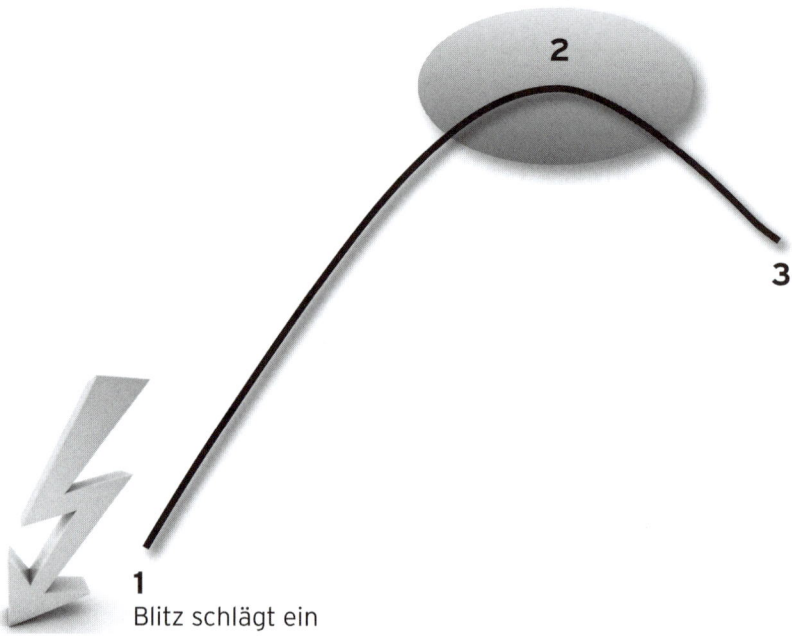

Blitz schlägt ein

Der Blitzeinschlag und seine Folgen
(Idee: Christian Bremer, Design: Ulrike Jasser)

In Phase 1 schlägt in Form der Terminabsage der Blitz ein. Ihre Reaktion darauf ist eine biologische Reaktion, dagegen können Sie nichts tun! Beobachten Sie diesen Blitzeinschlag bei sich, da Sie ihn sowieso nicht verhindern können. Im Gegenteil: Je mehr Sie ihn verdrängen und ihn sich nicht erlauben, desto stärker wird Ihr Stress. Zu 2 kommen Sie also voll automatisch. Da hilft auch nichts.

Die Kunst besteht nun also darin, von Phase 2 auf 3 zu kommen. Die Kurve muss bei Punkt 3 nicht wieder ihren Tiefpunkt, Sie also nicht den normal entspannten Zustand erreicht haben. Es reicht vollkommen aus, wenn Sie ein bisschen runterkommen, weil Sie dann Ihren Verstand wieder für sich arbeiten lassen können. Bei 2 sind Sie nicht lösungsorientiert, wertschätzend und souverän am Steuer Ihres Lebens, sondern fluchen auf dem Beifahrersitz. Doch Sie gehören ans Steuer, am besten in einem souveränen Zustand.

Wie das geht? Ganz einfach, über vier einfache Schritte, die Sie sich der Reihe nach aneignen.

Bitte beachten: Für die optimale Anwendung und die Wirkung der folgenden vier Schritte habe ich einen sehr wichtigen Hinweis. Wenn Sie ihn nicht beachten, werden Sie diese Technik nie erfolgreich anwenden können. Also vertrauen Sie mir und tun Sie jetzt einmal genau das, was ich Ihnen vorschlage. Dann gebe ich Ihnen meine persönliche Garantie, dass es funktioniert:

> Üben Sie erst Schritt 1. Wenn Sie Schritt 1 beherrschen, zu jeder Tages- und Nachtzeit und bei allen Menschen, die Sie nerven, und in allen Situationen, in denen Sie sich heute noch gestresst fühlen, dann üben Sie Schritt 2. Wenn Sie Schritt 2 beherrschen, und zwar zu jeder Tages- und Nachtzeit und bei allen Menschen, die Sie nerven, und in allen Situationen, in denen Sie sich heute noch gestresst fühlen, dann üben Sie Schritt 3. Sie haben das Prinzip verstanden.

Das ist deswegen so wichtig, weil Sie nur so den Automatismus aufbrechen, den Sie sich über viele Jahre aufgrund Ihrer Erziehung, Ihrer Vorbilder und Erlebnisse angeeignet haben. Sie müssen komplett neu lernen. Aber zum Glück ist es nicht viel und unter dem Strich leichter, als Sie jetzt vielleicht denken. Gehen Sie in kleinen Schritten vorwärts, sonst stolpern Sie und dann waren das Buch, die Technik und am Ende sogar ich als Autor schuld.

Sie haben ja auch nicht gleich die Bundesjugendspiele im Laufen gewonnen. Sie haben erst mal als Säugling auf dem Rücken gelegen, haben sich dann nach einigen Wochen auf den Bauch gedreht, irgendwann mal konnten Sie erfolgreich sitzen und dann, eines Tages, haben Sie es geschafft zu stehen. Für Sie und Ihre Eltern kam dann ein besonders schöner Tag: Sie haben versucht zu laufen. Was wird sehr wahrscheinlich passiert sein? Genau, Sie sind gefallen. Haben Ihre Eltern dann gesagt: „Och, mit dem Sitzen und Stehen das klappt ganz gut, aber mit dem Laufen, das ist nichts für dich. Lass das mal lieber sein"? Nein, so lange, bis Sie es konnten, wurden Sie aufgehoben, angefeuert, Sie waren der Star und der Mittelpunkt. Übrigens fühlen Sie sich wieder so, wenn Sie an meinen Seminarevents teilnehmen. Das sagen zumindest die Teilnehmenden immer wieder. Gehen Sie Schritt für Schritt, der Reihe nach und üben Sie jeden Schritt so lange lustig vor sich hin, bis Sie es können und Sie quasi das Go für den nächsten Schritt haben.

Lassen Sie uns das jetzt mal die Praxis anschauen: Wenn Sie sich über einen Mitarbeiter massiv ärgern und am liebsten losschreien wollen, können Sie in diesem Augenblick an vier Schritte denken? Also ich nicht und ich habe meinen normalguten IQ schwarz auf weiß. Viel lieber wollen wir doch dann angreifen, die Wut rauslassen und es dem anderen „mal so richtig zeigen". Aber an eine einfache Sache können Sie denken. Und danach an eine andere einfache Sache. Und danach an eine etwas komplexere Sache. Und dann können Sie bewusst, gezielt und klar handeln. Damit Sie auf diesem Weg nicht stolpern, gehen Sie Schritt für Schritt: Christian, Stopp + LMAA + Fokus + Handlung. Was diese wohl noch kryptischen Begriffe bedeuten, lesen Sie im Folgenden.

Schritt 1: Nichts tun – Vorname + Stopp

Gewöhnen Sie sich an, unter Stress für einen Augenblick erst mal nichts zu tun. Denn das, was Ihnen im Stress einfällt, ist selten konstruktiv und das Beste, was Sie grundsätzlich tun können. Dafür werden Sie aus Ihrem Leben ausreichend Beispiele haben. Denn unter Stress neigen wir dazu, eher schlechte als beste Optionen zu wählen. Damit Sie das schaffen und sich im Stress gedanklich aus der Situation befreien können sowie dem Strudel von Gedanken ein Ende bereiten, sagen Sie sich selbst ein Kommando aus genau zwei Begriffen. Die Formel dafür lautet: Vorname + Stopp. Bei mir wäre es also beispielsweise: „Christian, Stopp!"

In den vielen Jahren meiner Beschäftigung mit Stress, Gelassenheit und mentaler Stärke habe ich immer eine Möglichkeit gesucht, die zwei wichtige Kriterien zugleich erfüllen muss: Einerseits soll sie das Denken stoppen, sodass ich eine neue Denkrichtung einschlagen kann. Andererseits soll die Technik so einfach sein, dass ich im echten Leben im echten Stress überhaupt auf sie komme. Denn im Stress ist das Gehirn ja auf Erbsengröße geschrumpft und im Kampf-, Schock- oder Fluchtmodus. Komplexe Techniken versagen da völlig, weil ich mich gar nicht an sie erinnere, auch wenn ich sie vielleicht beherrsche.

Wenn Sie das nächste Mal genervt, gestresst oder verärgert sind, halten Sie also kurz inne und geben sich selbst das Kommando: „Vorname, Stopp!"

Beherzigen Sie auch hierbei die Ausführungen zur Bedeutung von Körpersprache aus dem Kapitel zu den Selbstgesprächen. Es kommt beim Stopp-Kommando nicht nur darauf an, was Sie sagen, sondern auch wie Sie es sagen. Sagen Sie es innerlich also laut, bestimmt und kräftig.

Gelegenheiten dafür gibt es viele: im Straßenverkehr, wenn andere ihr mangelndes Talent beweisen, zu Hause, wenn die Kinder Unordnung hinterlassen haben oder wenn Sie wieder mal davon erfahren, dass Vereinbarungen nicht eingehalten werden.

Natürlich ist Ihr eigener Fahrstil stets perfekt, Sie sind immer ordentlich und halten Vereinbarungen immer ein. Ihnen können alle diese Dinge nicht passieren. Ich weiß das, denn Sie sind ja Superman und stets perfekt. Das bewundere ich ja auch so an uns beiden.

Im Ernst: In genau diesen Situationen können Sie bestens trainieren, von 2 auf 3 zu kommen. Sie können das sogar ausschließlich dann trainieren, wenn Sie ein bisschen gestresst sind, wann denn sonst? Der Rest ist nur Theorie oder Rollenspiel. Zum Glück ist der meiste Stress im Job nicht tödlich, also üben Sie in diesen Situationen.

Vielleicht hilft es Ihnen außerdem noch mehr, wenn Sie sich dabei einfach vor Ihrem inneren Auge einen Schutzmann vorstellen, der vor Ihnen steht und „Stopp!" ruft.

Haben Sie vielleicht schon eine Idee, warum ich Ihnen vorschlage, nicht nur „Stopp!" zu sagen, sondern auch noch Ihren Vornamen zu nennen? Gehen Sie mal in einen Raum, in dem sich einige Menschen unterhalten und sagen Sie recht leise (so, dass Sie gerade eben noch gehört werden) den Vornamen einer Person, ohne von der Person gesehen zu werden. Es ist faszinierend, wie intensiv die Reaktion auf den Vornamen ist. Denn zahlreichen Studien zufolge ist unser Vorname das Wort, auf das wir am ehesten hören und das unseren Strom von Gedanken am ehesten unterbricht. Und das nutzen Sie, um im Stress innezuhalten und sich für den nächsten Schritt zu öffnen: LMAA.

Schritt 2: LMAA – bitte lächeln

Das zweite ist das LMAA-Prinzip: Lächle mehr als andere. Sollten Sie eine andere Bedeutung der Abkürzung LMAA kennen, kann das nur ein Missverständnis sein. Zum Glück wissen Sie jetzt ja um die wahre Bedeutung.

Sicherlich kennen Sie den Zusammenhang von Körpersprache und Gefühl. Sie hören einen unangebrachten Kommentar im Gespräch und zeigen Ihre Meinung für einen kurzen Augenblick in Ihrer Mimik und Gestik. Danach fassen Sie sich wieder und machen „gute Miene zum bösen Spiel", aber für einen kurzen Augenblick ist etwas Automatisches passiert: Ihr Gefühl hat sich in Ihrer Körpersprache gezeigt. Die Richtung ist hier also: vom Gefühl zur Körpersprache, das Gefühl beeinflusst die Körpersprache.

Beim LMAA-Prinzip nutzen Sie eine faszinierende Möglichkeit: Wir können den Spieß auch umdrehen. Wir können durch eine Änderung der Körpersprache unser Gefühl verändern. Wenn Sie mir das nicht glauben, sorgen Sie ab jetzt für eine längere Zeit ganz bewusst für eine genervte Ausstrahlung. Verändern Sie Ihre Körperhaltung entsprechend, Ihre Gestik und Ihre Mimik. Warten Sie einfach ein paar Minuten ab und Sie werden mir zustimmen: Wir können durch unsere Körpersprache unsere Gefühle verändern. Denn Sie werden sich genervt fühlen. Oder versuchen Sie mal, jemanden in muffeligem Tonfall zu loben. Ihr Lob wirkt nicht, auch wenn Sie die schönsten Worte gewählt haben. Dieser Zusammenhang von Körpersprache und Gefühl ist leicht zu merken:

i   Souveräne Körpersprache, souveränes Gefühl

Dabei brauchen Sie gar nicht zu grinsen wie ein Honigkuchenpferd, sondern es reicht vollkommen aus, Ihre Mimik zu entspannen und sich ein mildes, sanftes Lächeln ins Gesicht zu zaubern. Wenn Sie das unter realen Bedingungen im Stress machen, nachdem Sie „Vorname + Stopp" beherzigt haben, merken Sie auch sehr deutlich, wie angespannt Ihre Mimik und Gestik sind, wenn Sie Stress haben. Also: „Bitte lächeln!"

Ihre eventuellen Gesprächspartner kriegen das übrigens gar nicht bewusst mit. Ich mache das seit Jahren so und mir ist noch nie gesagt worden: „Was grinsen Sie denn so dämlich?". Allerdings sorgen Sie nicht nur bei sich, sondern auch bei den anderen für Entspannung und eine bessere Stimmung, denn „Körpersprache steckt an".

Ergänzend empfiehlt es sich, auch noch ruhig ein- und auszuatmen. Nehmen Sie Kontakt auf zur Atmung, spüren Sie sie und atmen Sie einfach etwas tiefer, langsamer – so wie es Ihnen guttut. Beobachten Sie einmal Ihre Atmung im Stress, unter Druck oder im Ärger. Sie werden feststellen, dass Sie eher flach und schnell atmen. Ändern Sie das, indem Sie einige Male ruhig ein- und ausatmen. Gönnen Sie sich ein paar herrliche Atemzüge!

Schritt 3: Bewusste Fokussierung

Nachdem Sie sich also Stopp gesagt haben und LMAA beherzigt haben, können Sie durch eine neue, bewusst gewählte Fokussierung Ihr Denken lenken. Mentale Stärke bedeutet, sich nicht vom Strom der Gedanken mitreißen zu lassen, sondern selbst mitzubestimmen, wohin die Reise der Gedanken geht. Prägen Sie sich dafür folgende drei Wörter ein: Fokus folgt Frage.

Damit ist etwas so Simples wie Mächtiges gemeint: Die Qualität Ihrer Fragen bestimmt die Qualität Ihres Denkens und damit auch die Qualität Ihres Fühlens und damit auch die Qualität Ihres Lebens.

> Die Qualität Ihrer Fragen bestimmt die Qualität Ihres Denkens. **i**

Wenn Sie sich bei einem auftretenden Problem die Frage stellen „Wieso muss das immer mir passieren?" werden Ihre Fantasie, Ihr Verstand, Ihr Gehirn passende Antworten auf diese Frage finden. Allerdings ist Ihnen damit überhaupt nicht geholfen, um das Problem zu lösen.

Nehmen Sie beispielsweise die Frage „Wie habe ich solche Probleme in der Vergangenheit bereits gelöst?" kommt Ihr Verstand auf ganz andere Ideen. Sie zapfen Ihren unglaublich großen Erfahrungsschatz an, nehmen Kontakt auf zur inneren Weisheit und versetzen sich außerdem in einen guten Zustand. So steigern Sie die Chancen, das Problem zu lösen. Schließlich ist das der Grund, warum Sie bezahlt werden und morgens angetreten sind. Für Ihren Stress werden Sie nicht bezahlt.

In meinen Keynotes bei Tagungen, Kongressen und Events ist der Moment, in dem ich zu diesem Teil komme, eines meiner persönlichen Highlights. Denn ich freue mich unendlich, wenn ich mit dieser einfachen Idee „FFF: Fokus folgt Frage" den Zuhörern ermögliche, ihr Leben zu versüßen, mit Problemen geschmeidiger umzugehen und unabhängiger von äußeren Bedingungen zu werden. Dies ist die

Königsdisziplin der mentalen Stärke, der souveränen Gelassenheit und der positiven Lebensführung: Sie erkennen, dass Sie sich unwohl fühlen, ändern Ihr Denken und sorgen durch Handlung dafür, dass es besser wird. Großartig! Überlegen Sie mal, wie Ihr Berufs- und Privatleben aussehen würde, wenn Sie das könnten: Ihr Denken zu lenken. Durch Fokusfragen. Sie wären unabhängig von der Meinung anderer, Sie könnten mit Druck gut umgehen und würden sich nicht mehr über Kleinigkeiten ärgern.

Doch wie geht das? Einfacher als Sie denken, das verspreche ich Ihnen. Um die Idee „Ich lenke im Stress mein Denken, indem ich mir die richtigen Fragen stelle" umzusetzen, brauchen Sie nämlich an sich nur eines: Ihre persönliche Fokus-Frage.

Ich liste Ihnen hier einige auf, damit Sie sich Ihre aussuchen können:

- Ist es lebensbedrohlich?

- Bin ich verletzt?

- Sind mir nahestehende Personen verletzt?

- Kann ich mich darüber auch noch später aufregen?

- Wie sehe ich die Situation in einem Jahr, in zwei Jahren, in fünf Jahren?

- Was ist das Gute an der Situation?

- Bin auch ich manchmal so?

- Habe ich ein Luxusproblem?

- Will ich mich schlecht oder gut fühlen?

- Was kann ich jetzt tun?

- Will ich Recht haben oder glücklich sein?

- Worüber kann ich mich jetzt wundern?

Sollte wider Erwarten nichts für Ihren Geschmack dabei sein, können Sie die Fragen auch verändern. Wichtig ist nur, dass Sie sich heute für eine Frage entscheiden und diese in der nächsten Stresssituation nutzen, um Ihr Denken zu lenken. Aus dem Stress in die Gelassenheit. Treffen Sie jetzt Ihre Entscheidung. Prägen Sie sich Ihre Frage jetzt ein, damit Sie im Stress nicht lange nachdenken müssen, um auf sie zu kommen. Dafür werden Sie weder Lust noch Zeit haben. Die Frage muss sofort da sein, sie muss Ihnen leicht von der Hand gehen. Probieren Sie so der Reihe nach aus, welche Frage bei Ihnen am besten wirkt.

Die Fokusfrage ist Airbag bei Stress, Ärger und Druck. **i**

Die Vorgehensweise ist einfach: Stopp + LMAA + Fokusfrage.

Abschließend brauchen Sie nur noch zu beherzigen, was Sie im Kapitel zu den positiven Selbstgesprächen gelernt haben: Achten Sie auch hier auf Ihre Körpersprache, wenn Sie Ihre Fokusfrage stellen und sich beantworten. Also: Brust raus, Oberkörper aufrecht, laut (innerlich) sprechen, Blick nach vorne-oben und immer schön lächeln!

Lenken Sie sich mit Ihrem Denken aus dem Stress in die Gelassenheit. **i**

Schritt 4: Zielorientierte Handlung

Nachdem Sie sich mit den ersten drei Schritten in einen souveränen, zuversichtlichen und gelassenen Zustand versetzt haben, entscheiden Sie sich nun für eine Handlungsoption. Werden Sie Meister darin, sich drei Optionen zu überlegen, und entscheiden Sie sich dann für eine davon. Ich habe mir die Sichtweise angewöhnt, mir die Optionen von meinem Verstand vorschlagen zu lassen und mich dann vom Bauch aus für eine zu entscheiden.

Eine der Fokusfragen leitet ja auch schon Handlungen ein: Was kann ich jetzt tun? Diese können Sie verschieden betonen: Wenn Sie „was" betonen, kommen Sie auf Ideen. Wenn Sie „kann" betonen, fokussieren Sie sich auf Ihre Chancen, statt auf das Problem. Wenn Sie „ich" betonen, kommen Sie in Ihre Handlungszone und da gehören Sie hin. Sie erinnern sich an die Idee der Einflusszone. Im Stress neigen wir dazu, uns auf die gewünschten Handlungen anderer zu fokussieren, ohne diese direkt beeinflussen zu können. Aber unsere eigenen Handlungen können wir beeinflussen. Wenn Sie „tun" betonen, geben Sie sich einen herrlichen, motivierenden Impuls zur Tat.

Mut ist Handeln trotz Angst. **i**

Leider weiß ich nicht mehr, wo ich diesen Spruch zum ersten Mal gehört oder gelesen habe. Aber er ist genial und einer meiner persönlichen Leitsprüche. Denn ich will gewinnen! Und um zu gewinnen, muss ich handeln. Wenn Sie keine Angst haben, ist es leicht zu handeln, das kann ja jeder. Doch wenn Sie dank der mentalen Stärke über sich hinauswachsen wollen, bereit für Ihren Champion-Zustand sind und Stress als Geschenk annehmen möchten, dann handeln Sie da, wo andere in Schockstarre geraten oder viele Ausreden finden, warum es besser ist, lieber nichts zu tun.

Ein gutes Beispiel hierfür ist Nein-Sagen. Rein technisch lesen Sie dazu alles Wichtige im Kapitel gleichen Namens. Nehmen wir an, jemand hat es schwer, Mitarbeitern, Kunden, Kollegen auf gleicher Ebene oder den eigenen Vorgesetzten Nein zu sagen, wenn es nötig ist. Nein zu einer Bitte, Nein zu einem unvollständigen Lösungsvorschlag oder Nein zu einer gewünschten Frist.

Die Schwierigkeit entsteht doch nicht durch mangelnde Sprachkompetenz. Das Wörtchen „Nein" ist sogar für Nuschler und Lispler leicht auszusprechen. Auch der gute Grund, also das Motiv für ein Nein liegt auf der Hand und muss nicht gesucht werden. Der einzige Grund, warum es der Führungskraft schwerfällt, Nein zu sagen, besteht zu 100 % aus Angst. Aus Angst vor den möglichen Folgen des Neins für die Zukunft, die sich der Verstand ausmalt und dann wie einen Horrorfilm abspielt. Angst, als Versager dazustehen, der seine Arbeit nicht im Griff hat, Angst, dass einem der andere dann keinen Gefallen mehr tut, wenn dieser darum gebeten wird, oder Angst davor, nicht mehr gemocht zu werden. Kann die Führungskraft aus diesem Beispiel zu 100 % wissen und so absolut sicher sein, dass diese Folgen eintreten werden? Nein! Trotz dieser Unwissenheit handelt sie lieber nicht, als das Risiko einzugehen, dass die Folgen eventuell eintreten.

Schauen Sie sich genau an, was passiert: Alle sofort eintretenden positiven Folgen des Nein-Sagens wie Klarheit, Leben im Einklang mit den eigenen Vorstellungen und Zeit für das Wesentliche werden zugunsten möglicherweise eintretender negativer Folgen aufgegeben. Aus Angst vor etwas, von dem wir nicht wissen, ob es jeweils eintritt, verzichten wir auf das gute Leben. Byron Katie, Autorin des Buches „Lieben was ist", hat zu mir gesagt:

i Ein Nein zum anderen ist ein Ja zu sich selbst.

Mehr ist dazu nicht zu sagen. Sie bringt es auf den Punkt. Werfen Sie also in Sachen Nein-Sagen alle Ängste über Bord und probieren Sie erst mal in eher ungefährlichen Situationen aus, wie es ist, Nein zu sagen, und ob Ihre Vermutungen über die negativen Folgen zutreffend sind. Natürlich geht es hierbei nicht darum, ab heute zu allem und jedem Nein zu sagen und sämtliche Arbeiten und Bitten abzulehnen. Es geht vielmehr darum, zu den Anliegen Ja zu sagen, zu denen Sie von innen heraus Ja sagen wollen, und zu den Anliegen Nein zu sagen, zu denen Sie von innen heraus Nein sagen wollen.

> Wenn Sie Ja meinen, dann sagen Sie Ja. Wenn Sie Nein meinen, dann sagen Sie Nein. **i**

Noch ein kleiner Rhetorik-Tipp: Sagen Sie beim nächsten Mal, wenn jemand von Ihnen ein Ja haben will sinngemäß: „Schön, dass Sie an mich gedacht haben. Um Ihnen eine klare, fundierte Antwort zu geben, brauche ich bis morgen Bedenkzeit." Machen Sie das aber nicht, wenn Ihre Frau oder Ihr Mann Sie fragt, ob Sie sie bzw. ihn noch lieben. In allen anderen Fällen passiert Folgendes (ich habe es weiter oben schon einmal erwähnt): Zu 50 % ist das Anliegen plötzlich nicht mehr so wichtig und Sie hören nie mehr etwas davon, in den anderen 50 % der Fälle haben Sie am nächsten Tag eine genaue, klare Meinung und können diese ruhig und vorbereitet formulieren.

Nun haben Sie vier konkrete Schritte, die Sie üben können, um aus dem Stressgefühl über souveräne Gelassenheit ins Handeln zu kommen. Eignen Sie sich diese an und sorgen Sie dafür, dass Sie die Schritte als automatische Reaktion bei Stress aufbauen. Der erste Schub, wenn der Stressblitz einschlägt, wird bleiben, das ist ja biologisch bestimmt. Aber ab dann sind Sie am Hebel. Sie entscheiden dann, welche weiteren Reaktionen gefragt sind. Jetzt können Sie Ihre innere Weisheit einsetzen und werden so nicht zum Spielball Ihrer Gefühle. Lassen Sie den ersten Schub zu, er ist ja nicht tödlich. In Momenten mentaler Stärke gelingt es Ihnen dann, sich aus dem Strudel zu befreien und das Ruder wieder in die Hand zu nehmen. Das ist Erfolg, das ist Wachstum – und so nutzen Sie die uns allen innewohnende menschliche Größe. Ich glaube, dass wir aufgrund unserer Wahlmöglichkeit nach der ersten Reaktion eine Verantwortung gegenüber uns selbst und anderen tragen. Übernehmen Sie sie, es macht Sie stolz.

5.5 Gewohnheit 5: Übernehmen Sie für Ihr Denken die volle Verantwortung

Auch wenn es Ihnen vielleicht nicht gefällt und Sie das Buch für einen Augenblick weglegen: In Stresssituationen sind die meisten Menschen nicht sehr gut darin, für ihr Denken, ihre Gefühle, ihr Erleben und ihre Handlungen die volle Verantwortung zu übernehmen. Das zu sehen ist zwar unangenehm, jedoch sehr wichtig, um mehr souveräne Gelassenheit und Unabhängigkeit zu erhalten.

Wenn ich Sie jetzt in einem persönlichen Gespräch darum bitten würde, mir fünf Beispiele zu nennen, in denen Sie sich öfter mal ärgern, dann kommen z. B. ähnliche Antworten wie diese hier:

- unfähige Autofahrer

- Unpünktlichkeit und Unzuverlässigkeit von Mitarbeitern

- mangelnde Information und Kommunikation durch andere

- Unhöflichkeit, Unehrlichkeit und Lügen

- andere ziehen nicht mit, Passivität

Zum Großteil finden Sie Übereinstimmung mit den Punkten, die Sie nennen würden, richtig? Ja klar. Ich kann zwar nicht hellsehen, arbeite aber seit 20 Jahren in diesem Bereich und wir Menschen sind uns ähnlicher, als wir denken.

Sehen wir uns mal an, was Ihr Denken Ihnen da vormacht: Sie wurden gefragt, was oder wer Sie öfter mal ärgert. Die einzig richtige Antwort wäre: „Mein Denken über andere Autofahrer, über Mitarbeiter, über die Unehrlichkeit oder Passivität anderer Leute." Doch was schlägt Ihr Verstand Ihnen vor? Mich ärgert der andere Autofahrer, der Mitarbeiter und andere Leute. Doch das ist falsch.

Wie Sie bereits gelesen haben, ist es Ihr Denken über diese Leute. Es ist Ihre unerfüllte Erwartung, wie es sein sollte, die Sie ärgert. Und eine Erwartung ist nichts anderes als Denken. Oder haben Sie im echten Leben mal eine Erwartung an sich gesehen? So, wie Sie ein Auto, einen Tisch oder ein Haus an sich sehen?

 Seien Sie mal verärgert, ohne zu denken.

Dieses Denken liegt daran, weil in einer wichtigen Gleichung eine Position vergessen wird: $A + B = E$. E steht für Ihre Emotion, in dem Fall der Ärger. **A** ist die Aktion, über die Sie sich ärgern – zum Beispiel wenn jemand Ihnen die Tür nicht aufhält, obwohl er kurz vor Ihnen einen Raum betritt. **B** ist Ihr eigener Beitrag zur Situation. Wer hat denn entschieden, um diese bestimmte Uhrzeit kurz nach dem vermeintlich unhöflichen Kollegen das Büro zu betreten? Sie. Wer hat denn die Erwartung, dass Ihm die Tür aufgehalten werden muss? Auch Sie. Das ist Ihr Beitrag.

Versuchen Sie doch einmal, sich zu ärgern, ohne zu denken. Das geht nicht, es ist schlicht unmöglich. Sie müssen denken, um sich zu ärgern. Sie müssen eine unerfüllte Erwartung haben, um sich zu ärgern. Halten Sie einen Moment inne und denken Sie über diesen Aspekt nach. Er ist wahrscheinlich neu für Sie und zeitgleich sehr wichtig, um sich weniger zu ärgern. Eine prekäre Mischung.

Bitte legen Sie an diese Formel keine mathematischen Maßstäbe an, sondern nutzen Sie sie eher als Metapher, um zu verstehen, warum Sie sich ärgern. Sie dient als Merkhilfe, nicht als Berechnungsgrundlage.

Ganz viele Menschen denken, dass A = E die Formel ist, nach dem Motto „Weil der mir die Tür nicht aufgehalten hat, habe ich mich geärgert." Das ist falsch! Und doch haben wir das gelernt. Denn die Personen, die uns das beigebracht haben, wussten es selbst nicht besser.

Richtig wäre: A = E: Jemand hat die Tür nicht aufgehalten – ich hatte aber die Erwartung, dass er mir die Tür aufhalten würde, und jetzt ärgere ich mich. Beginnen Sie also, Ihren Beitrag zu der Ärgersituation zu suchen. Sie werden feststellen, dass Sie dieser Gedanke häufig zum Schmunzeln bringen wird. Übrigens macht es riesengroße Freude, die Erwartung, die nicht erfüllt wurde und die zum Ärger führte, einmal aufzuschreiben.

Zum Beispiel: Ich erwarte, dass andere mir stets dir Tür aufhalten! Ich erwarte, dass mein Vorstand mich immer rechtzeitig informiert! Wenn Sie so etwas aufgeschrieben haben, werden Sie häufig feststellen, dass es einfach nicht korrekt ist, bestimmte Verhaltensweisen zu erwarten. Korrekt wäre es darüber zu sprechen, was Sie erwarten. Damit sind wir wieder beim Grundgedanken des Ärgers: Sprich es an, sprich es aus!

Wenn Sie diesen Tipp ernst nehmen und anwenden, kann das eine gute Quelle für den persönlichen Witz des Tages werden.

Denn bei der Türsituation müssten Sie sagen: „Hallo Herr Müller, ich will, dass Sie mir die Tür aufhalten. Das haben Sie aber nicht gemacht. Deswegen ärgere ich mich jetzt. Sie müssen mir zukünftig die Tür aufhalten, sonst ärgere ich mich wieder."

Wie würden Sie einen Menschen beschreiben, der Sie so anspricht? Richtig, ich würde ihn auch so beschreiben. Es kann aber sehr schön sein, das mal in Gedanken durchzuspielen und dann zu merken, ob Sie etwas ansprechen wollen oder ob Sie eher Ihre Erwartung verändern wollen.

Gerne gebe ich Ihnen noch zwei weitere Beispiele, die Ihnen die Kraft des Denkens mit dieser Formel verdeutlichen:

Ich fahre öfter mit dem Zug zu einem Kunden nach Frankfurt und steige dann in die S-Bahn um. Im Berufsverkehr ist ein Taxi oftmals die schlechteste Idee. Auf dem Weg zu den Gleisen der S-Bahn steht ein kräftiger Mann vor mir auf der Rolltreppe, sodass ich nicht vorbei kann. Ich ärgere mich und denke in meiner ersten Stress-Reaktion vor Stopp, Lächeln und Fokusfrage: „Wegen dem habe ich jetzt die S-Bahn verpasst!" Doch wie könnte ich es mit A + B = E auch betrachten? Genau: „Wer hat denn entschieden, die Rolltreppe zu nehmen (B)?" Ich hätte doch auch die Treppe nehmen können, da ist immer deutlich mehr Platz. Mit diesem Gedanken ist es ein Leichtes, freundlich um Durchlass zu bitten. Die S-Bahn ist trotzdem weg. Aber aus Sicht der mentalen Stärke ist es sinnvoller, gut gelaunt eine Bahn zu verpassen als schlecht gelaunt. Verpasst habe ich sie sowieso und die schlechte Laune hilft mir nicht dabei, eher anzukommen.

Wenn Sie nach einem Tag mit langen Meetings im Hotel angekommen zu Hause anrufen und erfahren, dass Ihr Sohn in der Schule wieder mal Mist gebaut hat, ist die erste Reaktion eventuell Ärger. Wenn Sie sich dann aber klarmachen, dass Sie ihn nicht nur lieben, sondern auch selbst gezeugt und erzogen haben, fällt Ihnen eine freundliche Kommunikation viel leichter.

Wenn Sie zu Beginn eines Projekts sehr begeistert sind, es dann aber in ungeahnte Arbeit ausartet, dann machen Sie sich auch hier das „B" bewusst: Sie haben zum Projekt „Ja" gesagt.

Sollten Sie sich einmal über Ihren Partner oder Ihre Partnerin ärgern, machen Sie sich Ihr „B" bewusst: Sie wollten die Beziehung und dabei ist es normal, dass es zu Konflikten kommt. Denn kein Mensch ist so, wie Sie ihn haben wollen.

In dem Zusammenhang von Selbstverantwortung weise ich Sie außerdem auf mein „Endlich-18-Prinzip" hin. Endlich 18 bezieht sich auf das Gefühl, das Sie hatten, als Sie 18 – und damit volljährig – wurden. Sie durften endlich Auto fahren, waren voll geschäftsfähig und theoretisch konnte Ihnen niemand mehr etwas sagen. Das war der Vorteil. Der „Nachteil" darin, 18 geworden zu sein, besteht darin, dass Sie auch eine gewisse Verantwortung übernehmen mussten, vor allem gegenüber sich selbst.

Dazu gehörte es auch, die Verantwortung für die eigene Gefühlswelt zu übernehmen. Denn Ihr Ärger ist Ihre Verantwortung, weil Sie ihn produziert haben. Die allermeisten Menschen gehen anders durch die Welt, sie sagen: „Wegen des anderen Autofahrers bin ich verärgert!". Sie geben damit die Verantwortung für den Ärger ab. Das ist nicht nur falsch (reagieren denn alle Menschen immer so wie Sie?), sondern auch eine große Gefahr, weil sie es so nicht mehr schaffen werden, den Ärger aufzulösen. Denn wenn andere die Ursache sind, dann müssten sich auch die anderen ändern, damit es Ihnen wieder gut geht. Tatsächlich sind Sie aber der einzige Mensch, der sich unmittelbar verändern kann. Wenn Sie sich also in Zukunft weniger ärgern wollen, geht es auch darum, dass Sie die Verantwortung für Ihren Ärger übernehmen.

Interessanterweise steckt in dem Wort „Verantwortung" das Wort „Antwort". Sie werden es bereits festgestellt haben – ich mag Wortspiele. Sie erinnern sich an das Wort „Erwartung": Sie können lange „warten", bis Ihre Erwartungen erfüllt werden. Bei dem Wort „Verantwortung" ist es ähnlich, denn die „Antwort" auf die Frage „Wie kann ich mich ändern und weniger ärgern?" ist die Frage „Wie kann ich mehr Verantwortung für meine Gefühle übernehmen?". Indem ich immer auch meinen Beitrag sehe und nicht nur mit dem Finger auf die anderen zeige. Dazu neigen wir alle, die einen mehr und die anderen weniger. Wie ist das bei Ihnen? Ich höre Sie gerade sagen „Nein, bei mir ist das anders". Ich glaube Ihnen, dass Sie das so sehen. Fragen Sie doch einfach mal fünf vertraute Personen, ob Sie stets die Verantwortung auch bei sich suchen, wenn etwas nicht so läuft, wie Sie es haben wollen.

Hierbei gibt es ein häufiges Missverständnis, dem ich vorbeugen möchte: Es geht nicht um Schuld, sondern um einen rein sachlichen Beitrag, für den Sie ganz realistisch und im echten Leben die Verantwortung tragen. Denken Sie nicht anstrengend und bewertend in Kategorien von schuldig/unschuldig, sondern suchen Sie ganz neutral-sachlich die Aspekte Ihres Denkens und Handelns, die zur Situationen und Ihren Gefühlen in der Situation beigetragen haben.

Um A + B = E auf den Punkt zu bringen, gebe ich Ihnen hier noch einige Beispiele:

- Wenn ein Mitarbeiter einen Fehler macht, sehen Sie dann auch, dass Sie die Aufgabe offensichtlich noch nicht ausreichend gut erklärt haben?

- Wenn einer Ihrer Teamleiter seiner Aufgabe nicht gut nachkommt und es im Team drunter und drüber geht, sehen Sie dann auch, dass Sie ihm diese Position ermöglicht haben?

- Wenn Sie im Stau stehen und sich darüber aufregen, sehen Sie dann auch, dass Sie sich für das Auto und gegen den Zug entschieden haben?

- Wenn Ihnen wieder mal alles zu viel ist, sehen Sie dann auch, dass Sie den Arbeitsvertrag unterschrieben haben?

- Wenn vor Ihnen jemand auf der Rolltreppe steht und Sie es eilig haben, sehen Sie dann auch, dass Sie entschieden haben, diese Rolltreppe anstatt der Treppen zu nehmen?

- Wenn Ihre Kinder wieder mal nicht das machen, was Sie wollen, sehen Sie dann auch Ihren Beitrag, weil Sie sie so erzogen haben, wie Sie sie erzogen haben?

Diese Punkte werden für Sie nicht ohne Ecken und Kanten sein. Allerdings gilt: Je schwerer Sie es haben, diese Sichtweise A + B = E zu akzeptieren, desto wichtiger wird sie für das Erreichen der souveränen Gelassenheit sein.

Nun kennen Sie alle fünf Gewohnheiten und können sie einüben. Bedenken Sie vor allem bei den vier Schritten, um die eigenen Gedanken zu lenken, dass Sie einen Schritt nach dem anderen gehen und auf keinen Fall alles auf einmal ausprobieren. Gehen Sie mit sich einerseits liebevoll, geduldig und freundlich um, andererseits aber auch störrisch, ausdauernd und zäh. Denn Sie hören bitte erst dann mit dem Üben auf, wenn Sie es können. Versprochen?

6. Kapitel

Das Jahresprogramm: wöchentliche Inputs für mehr Souveränität, Gelassenheit und Leichtigkeit

6

„Die Minute, in der man das zu tun beginnt, was man tun will, ist der Anfang einer wirklich anderen Art des Lebens".
Richard Buckminster Fuller

So wie Rom nicht an einem Tag erbaut wurde, werden Sie Ihre mentale Stärke für mehr souveräne Gelassenheit nicht an einem Tag endgültig steigern. Allerdings werden Sie es in kleinen Schritten schaffen, immer besser darin zu werden, mit Stress konstruktiv umzugehen und aus ihm zu lernen, anstatt sich von ihm ausbremsen zu lassen.

Damit Sie wissen, wie diese kleinen Schritten aussehen können, finden Sie auf den folgenden Seiten ein durchdachtes Programm, von dem Sie sich Woche für Woche durch das Jahr begleiten lassen können. Sehr wahrscheinlich werden Sie den Eindruck haben, dass die eine oder andere Perspektive, Haltung oder Technik aus dem Buch Ihnen dabei helfen kann, Ihre Gelassenheit zu steigern. Jedoch wird Ihnen sehr wahrscheinlich auch klar sein, dass allein das Wissen um eine Technik der mentalen Stärke noch lange nicht ausreicht, um von ihr zu profitieren.

Vielmehr kommt es darauf an, Techniken konkret, sicher und gezielt anzuwenden, ohne sich dabei beispielsweise von der eigentlichen Arbeit ablenken zu lassen. Nur weil Sie etwas kennen, müssen Sie es noch lange nicht können.

Wenn nur Wissen der Engpass wäre, um mehr Momente mentaler Stärke zu haben, bräuchten Sie ja einfach nur zu googeln und schon wäre das Problem mit dem Stress gelöst. Bei einfachen Fragen wie beispielsweise „Wie hoch ist die Umsatzsteuer in Uganda?" ist das möglich, nicht jedoch dann, wenn es um menschliche Emotionen und unsere Gewohnheiten geht. Denn hier gilt die Erfahrung „Emotion und Gewohnheit besiegen neues Wissen". So wird die Anwendung von Neuem deutlich erschwert, wenn nicht gar verhindert. Wenn Sie einen wichtigen Termin haben, schon spät dran sind und dann feststellen, dass Ihr Auto zugeparkt ist, sind Ihnen in diesem Augenblick die Inhalte dieses Buches herzlich egal.

Also geht es darum, dass Sie sich neue Gewohnheiten aneignen, die zu Ihnen passen und Ihnen dabei helfen, neue Gelassenheit, Leichtigkeit und Souveränität zu erleben.

Um das zu erreichen, müssen drei Voraussetzungen erfüllt sein: Erstens darf das Einüben nicht zu schwer sein, denn dann verlieren Sie im Alltag schnell die Lust am Neuen. Zweitens braucht es einige Anläufe, bis die Gewohnheiten leicht von der Hand gehen. Und drittens müssen Sie den Sinn der neuen Gewohnheit sehen, Ihren persönlichen Vorteil. Sie werden es sich denken können: Alle Kriterien sind hier natürlich erfüllt, es kann also losgehen.

6.1 Die Vorgehensweise

Empfehlenswert ist es, die ersten fünf Einheiten der Reihe nach durchzugehen, denn sie stellen eine gute Grundlage für die weiteren Inputs dar. Sie definieren Ihre Ziele und klären Ihre eigene Motivation für mehr mentale Stärke und aktive Gelassenheit. Im Ergebnis bringen Sie auf den Punkt, welchen Sinn Sie persönlich im Einüben der neuen Gewohnheiten sehen, die Ihnen mehr souveräne Gelassenheit ermöglichen. Bei den folgenden Einheiten finden Sie zu allem, was hier im Buch beschrieben ist, wertvolle Übungen, die Ihnen im Alltag eine größere Leichtigkeit ermöglichen. Hierbei können Sie der Reihe nach vorgehen, oder Sie schlagen einfach eine beliebige Seite auf und nehmen sich diesen Input vor.

Die Einheiten sind der Übersicht und schnellen Nachvollziehbarkeit halber immer gleich aufgebaut: Nach einem inspirierenden Zitat finden Sie eine kurze Erläuterung von dem, was Sie im Laufe der jeweiligen Woche beherzigen, ausprobieren und testen können. Das Zitat ist vor allem ein zusätzlicher Denkanstoß, eine Inspiration für die jeweilige Woche – wundern Sie sich deshalb nicht, wenn es nicht genau zur jeweiligen Übung passt.

Eine wichtige Anmerkung: Gehen Sie die Sache locker an. Wenn Sie zu Beginn der Woche dachten, dass Sie ausreichend Zeit für das Ausprobieren und Anwenden hätten und sich diese Annahme als unzutreffend herausstellt, lassen Sie das zu. Machen Sie sich auf dem Weg zu Gelassenheit keinen Druck. Entscheiden Sie einfach, ob Sie wirklich keine Zeit haben oder ob das eine Ausrede ist. Wenn Sie sich andere Prioritäten setzen, verschieben Sie die Übung auf die nachfolgende Woche.

> Wenn Sie die Übungen aus diesem wöchentlichen Programm mehr als dreimal aufschieben, sind sie Ihnen nicht wichtig genug. **i**

Erkennen Sie das an und reden Sie sich nicht ein, dass Ihnen der Aufbau mentaler Stärke zwar wichtig ist, Sie aber keine Zeit dafür haben. Das ist eine Lüge. Die Wahrheit ist, dass sie Ihnen einfach nicht wichtig genug ist, um ihr ausreichend Zeit zu geben. So bleiben Sie zwar gestresst, machen sich dabei aber wenigstens nichts vor. Vielleicht kommt es aber gar nicht so weit, denn die Inputs brauchen nicht viel Zeit und bisher hatten auch meine maximal beschäftigten Coachees keine Schwierigkeiten damit, diese umzusetzen. Schließlich hat jeder, der will, zehn Minuten Zeit am Tag.

Nun wünsche ich Ihnen viel Spaß und tiefe Erkenntnisse bei der Anwendung des wöchentlichen Programms. Geben Sie sich Mühe, Sie machen es ja für sich.

6.2 Das wöchentliche Programm

> *„Das Geheimnis des Erfolgs liegt in der Beharrlichkeit, mit der ein Ziel verfolgt wird."*
> Benjamin Disraeli

Zu Beginn braucht es ein Ziel

Schreiben Sie sich Ihre Ziele auf, die Sie dank größerer mentaler Stärke erreichen wollen. Wenn Sie sich von Ihrem Navigationsgerät an den gewünschten Ort bringen lassen wollen, braucht es zwei wertvolle Informationen, bevor es Sie auf den richtigen Weg lotsen kann: Es muss wissen, wo Sie im Augenblick stehen und wo Sie hinwollen.

In unserem Zusammenhang bedeutet das: Um Ihre mentale Stärke weiter auf- und auszubauen, müssen Sie zuerst wissen, in welchen Situationen es Ihnen im Augenblick schwerfällt, souverän und gelassen zu bleiben. Danach können Sie sich im Sinne des Ziels überlegen, wie Sie sich in solchen Situationen gerne fühlen wollen.

Beides zu erkennen, ist das Ziel dieser Woche. Lassen Sie sich dazu von den folgenden Fragen begleiten. Nehmen Sie sie sich immer wieder für ein paar Minuten vor und schreiben Sie sich all das auf, was Ihnen dazu einfällt.

- In welchen beruflichen Situationen wünschen Sie sich größere mentale Stärke?

- In welchen privaten Situationen wünschen Sie sich größere mentale Stärke?

- Wie fühlen Sie sich in diesen Situationen?

- Was gelingt Ihnen dann nicht?

- Welche Ihrer Werte könnten Sie mehr leben und welche Verhaltensweisen könnten Sie zeigen, wenn Sie in den Situationen eine größere mentale Stärke hätten?

- Was hätten Menschen, die Ihnen beruflich und privat nahestehen, davon, wenn Sie eine größere mentale Stärke hätten?

- Was wäre für Sie angenehmer, entspannter oder besser, wenn Sie in diesen Situationen eine größere mentale Stärke hätten?

- Woran würden Sie feststellen, dass Sie Ihr Ziel erreicht haben?

- Wer kann Ihnen das durch neutrales Beobachten bestätigen?

Wenn es Ihnen schwerfällt, diese Fragen zu beantworten, dann können Sie auch den Bezug ändern: Erstellen Sie im Laufe der Woche eine Liste von Vorteilen, die andere Menschen haben, wenn sie weniger gestresst sind.

„Es geht auch immer anders."
Thomas Mann

Suchen Sie sich ein Vorbild

Gelassene und souveräne Menschen machen ein paar Dinge anders als gestresste und überforderte. Aber warum sollten Sie Ideen, Tipps und Tricks der mentalen Stärke komplett neu erfinden, wenn es doch sicherlich schon Menschen gibt, die das beherrschen, was Sie noch lernen wollen? Warum

> sollten Sie neue und unbequeme Wege suchen, wenn es bereits Wege gibt, die andere nachweislich dahin gebracht haben, wo Sie noch hinwollen?

Geben Sie die Idee auf, alles selbst zu machen, alles selbst zu durchdenken und dann durch Probieren herauszufinden, was klappt und was nicht. Gehen Sie lieber zu Menschen, die für Sie in Sachen mentaler Stärke als Vorbilder dienen. Das können Kollegen sein, Nachbarn oder Freunde. Die Hauptsache dabei ist, dass diese in den Situationen ruhig bleiben, in denen Sie noch aus dem Gleichgewicht kommen. Lösen Sie sich dabei von der Idee, ein Vorbild zu finden, das immer mental stark ist und in allen Situationen als Vorbild dienen kann. Überlegen Sie sich in der Woche, wer für Ihre verschiedenen Situationen mit seiner mentalen Stärke als Vorbild dienen kann.

Nehmen Sie mutig Kontakt auf und sagen Sie einfach, was Sie möchten: „Ich habe beobachtet, dass Sie in bestimmten Situationen ruhig bleiben können, in denen es in mir brodelt. Können wir uns darüber mal austauschen? Ich wüsste einfach gerne, wie Sie das machen." Ich habe das bereits für ganz verschiedene Situationen und Themen gemacht und habe dabei fast immer offene Türen eingerannt. Denn Menschen schmeichelt es, als Vorbild ausgewählt worden zu sein und das eigene Wissen weiterzugeben. Im Gespräch löchern Sie Ihr Vorbild mit konkreten Fragen, die auf die Denkweise Ihres Vorbildes in der für Sie noch prekären Situation abzielt. Hier finden Sie einige Beispielfragen für den möglichen Beginn des „Interviews":

- In der Situation XY fällt es mir schwer, ruhig zu bleiben, und Sie schaffen das. Wie machen Sie das?

- Haben Sie bestimmte Gründe, ruhig zu bleiben?

- Was denken Sie in dem Augenblick über die anderen?

- Haben Sie bestimmte Prinzipien, Tipps oder Tricks, die Sie mir empfehlen würden?

> *„Aller Kummer der Menschen kommt daher, dass man sich der Wirklichkeit nicht genau so stellt, wie sie ist."*
>
> *Buddha*

Offenheit statt Stress

Stellen Sie sich vor, Sie wären bereits in der Lage, die im Buch beschriebene Idee „Erst mal darf alles so sein, wie es ist. Wir sehen es uns an und gehen damit um" umzusetzen. Wäre das nicht ein riesiger Vorteil beim Erreichen souveräner Gelassenheit?

Sie können das üben: Gestalten Sie den heutigen Tag als Ihren persönlichen „Tag der Offenheit". Egal, was passiert, seien Sie offen dafür. Leisten Sie ganz bewusst keinen inneren Widerstand. Das bedeutet ja nicht, dass Sie sich alles gefallen lassen müssen. Jedoch können Sie z. B. offen für den Fehler eines anderen sein und diesen dann friedlich, wertschätzend und lösungsorientiert ansprechen.

Sie werden dafür im Laufe der Woche viele Beispiele finden: Mal sind Sie vom Schreibstil eines anderen genervt, dann fährt jemand nicht so, wie Sie es wollen, und dann sagt jemand etwas, das Sie für unsinnig halten. Üben Sie in diesen Augenblicken, nach dem ersten inneren Aufruhr offen für etwas zu sein, was nicht so ist, wie Sie es haben wollen. Genießen Sie diese Offenheit und nehmen Sie wahr, wie angenehm es ist, für einen Augenblick quasi durchlässig für Widerstand zu sein. Überlegen Sie sich dann, was Sie tun können, um das anzusprechen, was erst Widerstand ausgelöst hat.

> *„Die anderen haben nur darüber geredet, ich habe es getan."*
> *Christoph Columbus*

Der Atem als Schlüssel zur Gelassenheit

Das Wissen um die Bedeutung einer natürlichen Atmung ist zwar weitverbreitet, wird aber viel zu selten angewendet. Halten Sie dafür in dieser Woche täglich dreimal inne. Unterbrechen Sie das, was Sie gerade tun, und lenken Sie Ihre ganze Aufmerksamkeit auf Ihre Atmung. Lehnen Sie sich zurück und schließen Sie die Augen. Nehmen Sie Kontakt zu Ihrer Atmung auf, spüren Sie sie. Ändern Sie Ihr Atmen dabei nicht und bewerten Sie sich auch nicht (nicht: „Ich müsste langsamer, tiefer ... atmen"), sondern nehmen Sie einfach wahr. Beobachten Sie Ihre Atmung mit der Frage: „Wie atme ich?" Erspüren Sie, wie Sie auf diese Weise den Kontakt zu Ihrer inneren Stille aufbauen.

Wahrscheinlich helfen Ihnen auch diese beiden weiteren Fragen, um Kontakt zur Atmung aufzubauen und so für einen Augenblick innere Ruhe zu haben: „Wie fühlt sich das Ein-/Ausatmen an?", „Wie bewegt sich mein Körper, wenn ich atme?"

> *„Man kann nicht klar denken, wenn die Fäuste geballt sind."*
> George Jean Nathan

MM – meine Minute

Nehmen Sie sich in dieser Woche dreimal täglich Zeit für „MM – meine Minute". Einmal vor Beginn der Arbeit, einmal in der Mittagszeit und einmal zwischen Ende der Arbeit und Beginn Ihrer Freizeit. Gute Zeitpunkte sind beispielsweise, nachdem Sie Ihr Auto morgens auf dem Firmenparkplatz geparkt haben oder nachdem Sie das Auto abends zu Hause geparkt haben.

Tag
29

In den ersten 30 Sekunden von MM lenken Sie Ihren Fokus auf Ihre Atmung: „Wie atme ich?" In den zweiten 30 Sekunden nehmen Sie bewusst wahr, was Sie zurzeit denken, was in Ihrem Kopf gerade los ist: „Was denke ich?" Verweilen Sie danach noch etwas in dem so neu aufgebauten, angenehmen Zustand und widmen Sie sich dann wieder Ihrer Arbeit oder Ihrer Freizeit.

> *„Alles, was die Seele durcheinander schüttelt, ist Glück."*
> Alfred Schnitzler

Das Gute daran

In dieser Woche können Sie üben, alles, was passiert, mit einem Pluszeichen zu versehen. Diese wichtige Fähigkeit mentaler Stärke ist sinnvoll: Denn mit schlechter Stimmung ändern Sie nicht das, was Sie stört. Etwas zu ändern erreichen Sie nur durch Handlung, am besten in einem guten Zustand.

Tag
36

Wenn Ihnen im Laufe der Woche etwas nicht gelingt, Sie enttäuscht sind oder Sie aufgrund einer Situation Ärger empfinden, dann halten Sie inne und beantworten sich die folgende Frage: „Was ist das Gute an der Situation?" So können Sie sich unter dem Motto „Alles hat zwei Seiten" auf die gute Seite fokussieren. Denn passiert ist es ja sowieso. Denken Sie einige Male im Laufe der Woche darüber nach, ob an der Aussage „Was ich nicht ändern kann, darf erst mal so sein, und ich schaue dann, was ich tun konkret kann, um es zu verändern" etwas dran ist und ob Sie Ihnen hilft, Ihre Energie und Zeit sinnvoll zu investieren.

„Alles, was uns an den anderen irritiert, kann uns zu einem
Verständnis unserer selbst führen."
Carl Gustav Jung

Genau wie ich

Die Arbeit an sich ist selten der wahre Anlass für Stress, Unwohlsein und Ärger. Viel häufiger ist es unser Denken über andere Menschen, das uns in Stress versetzt. Wann immer Sie heute andere Menschen negativ bewerten, halten Sie inne und überlegen Sie genau, was Sie über diese Person denken.

Beginnen Sie mit dem Gefühl und nennen Sie dann den Grund. Zum Beispiel: „Ich bin wütend auf Peter, weil er so arrogant ist" oder „Ich stehe jetzt unter Druck, weil Müller sein Wort nicht gehalten hat!". Hängen Sie dann an Ihren Gedanken über die Menschen ein „... – genau wie ich!" an. In den Beispielen klingt das dann so: „Peter ist so arrogant – genau wie ich!". Oder „Müller hat sein Wort nicht gehalten – genau wie ich!". Suchen und finden Sie dann eine oder mehrere Situationen, in denen Sie genau das getan haben, was Sie gerade eben anderen vorgeworfen haben.

Das Wunderbare an dieser Technik besteht darin, dass wir anderen Menschen nichts vorwerfen können, von dem wir wissen, dass wir manchmal selbst so sind.

„Die einzige Möglichkeit, etwas vom Leben zu haben, ist,
sich mit aller Macht hineinzustürzen."
Angelina Jolie

Raus aus fremden Einflusszonen, rein in die eigene

Stress ist unter anderem ein Geschenk, weil er uns aufzeigt, dass wir soeben in der Einflusszone der anderen sind. Die sollen etwas tun oder unterlassen, allerdings können wir nicht direkt auf sie zugreifen, und das macht uns wahnsinnig. Beobachten Sie im Laufe dieser Woche ganz genau, ob das stimmt.

Wenn Sie also im Laufe dieser Woche gestresst, genervt oder unzufrieden sind, werden Sie nach dieser These wahrscheinlich außerhalb Ihrer Einflusszone sein. Fragen Sie sich: „In welcher Einflusszone befinde ich mich gerade?" Wahrscheinlich werden Sie außerhalb Ihrer eigenen sein. Beantworten Sie dann die Frage: „Was ist jetzt meine Einflusszone? Was kann ich jetzt tun?" So werden Sie im Rahmen Ihrer Einflusszone aktiv, anstatt sich über Dinge zu ärgern, die Sie nicht ändern können.

> *„Das Leben besteht aus dem, woran der Mensch*
> *den ganzen Tag denkt."*
> Ralph Waldo Emerson

Mit dem Ruhebild neue Kraft schöpfen

Den ganzen Tag über ist unser Denken mit Projekten, dem Lösen von Problemen, der Optimierung bestehender Prozesse und der Vorbeugung von Schwierigkeiten beschäftigt. Da hat es einige Ruhepausen verdient. Wann waren Sie zum letzten Mal an einem Ort, an dem Sie sich wohlgefühlt haben, der Sie beruhigt hat und bei sich ankommen ließ?

Schließen Sie gleich die Augen und gehen Sie diese Fragen durch:

- Wie sah der Ort aus?

- Was haben Sie gehört?

- Was haben Sie gespürt?

Zack, schon haben Sie Ihr Ruhebild. Fotografieren Sie es vor Ihrem inneren Auge, damit Sie es immer wieder abrufen können. Wenn Sie wollen, können Sie dem Bild auch einen Rahmen verleihen und es in der Größe so anpassen. Sie können sich sogar überlegen, ob es bunt oder schwarz-weiß sein soll. Rufen Sie es im Laufe der Woche täglich und intensiv mindestens fünfmal für eine Minute auf. So spüren Sie, wie ein einfaches Bild vor Ihrem geistigen Auge Sie beruhigt und Sie mit Ihrer inneren Stille in Verbindung bringt.

„Das, was jemand von sich selbst denkt, bestimmt sein Schicksal."

Mark Twain

Verantwortung für meine Gefühle

Erinnern Sie sich noch an die Formel A + B = E und die Idee von „Endlich 18"? Wann immer Sie sich heute unwohl (z. B. gestresst, genervt, unzufrieden) fühlen, halten Sie einen Moment inne und erlauben Sie sich, sich schlecht zu fühlen. Übernehmen Sie dann zu 100 % die Verantwortung für Ihre Gefühle.

Machen Sie sich ganz bewusst: Nicht andere Menschen nerven Sie, sondern Ihre Gedanken über die anderen Menschen nerven Sie. Oder würden alle Menschen genau so wie Sie reagieren? Würden sich alle Menschen in dieser Situation genau so fühlen, wie Sie sich fühlen? Kommen Sie raus aus der Opferrolle und übernehmen Sie Verantwortung: Wer hat Ihre Gefühle in Wahrheit produziert: andere oder Sie selbst? Wie können Sie sich in der Situation genervt fühlen, ohne etwas zu denken, was Sie dann nervt? Überlegen Sie sich, was weitere mögliche Reaktionen sind, außer mit Stress zu reagieren. Was können Sie tun? Nutzen Sie diese Woche, um viel über sich zu lernen. Denn Sie werden feststellen, dass es oft sehr ähnliche Denkmuster sind, die uns in Stress führen.

„Das Glück im Leben hängt von den guten Gedanken ab, die man hat."

Marc Aurel

Der neue Rahmen

Mentale Stärke bedeutet auch, Erlebnissen einen neuen Rahmen zu verleihen, damit man besser mit ihnen umgehen kann. Deswegen lade ich Sie dazu ein, in dieser Woche zu üben, unangenehmen, stressigen oder schwierigen Situationen einen

neuen Rahmen zu verleihen. Wenn Sie das probieren, werden Sie sich besser fühlen, obwohl sich an der Situation an sich nichts geändert hat. Machen Sie z. B. aus „Die Aufgabe ist schwierig" → „Die Aufgabe ist herausfordernd", aus „Ich habe versagt" → „Ich kann das noch lernen" oder aus „X ist neugierig" → „X ist wissbegierig". Beziehen Sie diese Technik sowohl auf „negative" Verhaltensweisen anderer Menschen wie auch auf Ihre eigenen Verhaltensweisen und Denkmuster. Ist es das Ende oder der Anfang?

Ein Beispiel: Sie fahren Auto und Ihnen wird die Vorfahrt genommen. Fragen Sie sich dann: „Worauf kann ich mich jetzt noch fokussieren?" Mögliche Antwort: „Es ist nichts passiert!"

„Talent ist billiger als Salz. Was den erfolgreichen Menschen vom talentierten unterscheidet, ist eine Menge harter Arbeit."
Stephen King

Erst mal gar nichts tun

Diese Woche wird leicht und angenehm, denn Sie brauchen „nur" zu üben, Ihren Vornamen und Stopp zu sagen, wenn Sie emotional etwas oder etwas mehr aus der Bahn geworfen wurden. Sicherlich finden Sie dafür Beispiele, und wenn es nur im Straßenverkehr ist. Die erste „typische" Reaktion unter Stress ist ja oft eher destruktiv und wenig lösungsorientiert, wenn man sich einfach ergibt und sich von seinen destruktiven Gedanken treiben lässt.

Verändern Sie sie, indem Sie hart und gezielt daran arbeiten, sich Folgendes zur Gewohnheit werden zu lassen: Wenn Sie „auf der Palme" sind, können Sie wieder zur Ruhe kommen und dann souveräner reagieren, indem Sie sich Ihren Vornamen + Stopp! sagen – und dann ausatmen.

Ihr Motto für diese Woche: „Unter Stress mache ich erst mal gar nichts, sage zu mir selbst Stopp!" Sie brauchen dafür keine Dramen zu erleben, auch und gerade bei Kleinigkeiten lässt sich das bestens anwenden und probieren. Damit können Sie sich regelrecht freuen, wenn Sie auf eine unfreundliche Kassiererin treffen, das Essen im

Restaurant nicht schmeckt oder Sie sich den Kopf stoßen. Denn alles brauchen Sie, um in dieser Woche zu üben, im Stress erst mal gar nichts zu tun.

„Die beste Voraussetzung ist dieses Learning by Doing. Wenn man auf der Kabarettbühne mit drei Zuschauern im Saal anfängt und dann irgendwann ganze Hallen füllt."
Jürgen von der Lippe

Gelassenheit durch Musik

Eine wirklich wunderbare Technik, sich in gute Stimmung zu versetzen, besteht im gezielten An-hören bewusst ausgewählter Musik. Bei den Gewohnheiten mentaler Stärke finden Sie weitere Erläuterungen dazu.

Tag
85

Wählen Sie sich zu Beginn der Woche ein Musikstück aus, das Sie mögen und das Sie gleichzeitig beruhigt. Dieses Musikstück hören Sie sich dann in der Woche mindestens dreimal pro Tag an und erspüren dabei, ob die Musik Ihr Gefühlsleben verändert: Entspannen Sie sich, Ihren Körper, Ihre Seele, Ihren Verstand? Werden Sie langsam langsamer?

Wenn es nicht wirkt, probieren Sie ein anderes Stück aus oder bereiten Sie sich eine kleine Auswahl unterschiedlicher Stücke vor, aus der Sie dann auswählen können.

„Der erste Schritt dazu, eine Mentalität der Knappheit abzulegen, beinhaltet, Dank zu sagen für alles, was man ist und was man bereits hat."
Dr. Wayne Dyer

Dankbarkeit als Airbag bei Stress

Sie können nicht zugleich dankbar und gestresst sein. Probieren Sie es in der nächsten gestressten Situation aus und Sie werden feststellen, dass Sie nicht dankbar sind, wenn Sie gestresst sind. Um Ihnen die unendliche Kraft der Dankbarkeit vorzustellen, bitte ich Sie, etwas zwar Ungewöhnliches, aber sehr Wirkungsvolles zu tun.

Tag
92

Nehmen Sie sich im Laufe der Woche 30 Minuten Zeit und denken Sie an eine (!) noch lebende Person, der Sie für etwas sehr dankbar sind. Das kann Ihr Lebenspartner sein, ein Elternteil, ein (ehemaliger) Kollege oder Ihr alter Uniprofessor. Schließen Sie einfach Ihre Augen und denken Sie an eine noch lebende Person, der Sie für etwas sehr dankbar sind. Nehmen Sie sich dann Papier und Stift und schreiben Sie dieser Personen einen ein- oder zweiseitigen Dankesbrief. Nicht in Stichworten, sondern mit richtiger Anrede und einer passenden Schlussformulierung. Seien Sie beim Schreiben sehr konkret und nennen Sie konkrete Situationen und Beispiele als Gründe, warum Sie der Person dankbar sind.

Lesen Sie sich diesen Brief dann selbst laut vor. Beobachten Sie, wie sich Ihr Zustand verändert, wenn Sie den Brief schreiben und vorlesen. Greifen Sie dann zum Telefonhörer oder treffen Sie die Person persönlich. Damit sie oder er den Kontext begreift, erzählen Sie kurz von dieser Übung und lesen Sie den Brief dann vor. Erleben Sie auf diese Weise, welche Kraft, Rührung und bewegende Emotion Dankbarkeit hat.

> *„Sei, wo du bist; sonst wirst du dein Leben verpassen."*
> *Buddha*

Atme ich noch?

Der eigene Atem ist und bleibt der beste Zugang zu Ruhe, Gelassenheit und Kraft. Dafür müssen Sie sich nur bewusst machen, dass Sie atmen, und Kontakt zu ihm aufbauen. Das können Sie im Laufe dieser Woche üben.

Tag
99

Während Sie den jeweiligen Tag erleben, fragen Sie sich immer wieder parallel zu Ihren Tätigkeiten: „Atme ich noch?" Erspüren Sie, ob Sie noch atmen. Vergewissern Sie sich, ob Sie noch atmen und werden Sie sich so Ihrer natürlichen Atmung noch mehr bewusst. Ändern Sie Ihre Atmung nicht, sondern atmen Sie einfach in Ihrem Rhythmus weiter. Wenn Sie merken, dass Sie diese Übung im Alltag vergessen, stellen Sie sich einen Wecker mit Ihrem Smartphone oder tragen Sie sich in Ihren Kalender einfach pro Tag fünf kleine Termine ein, die Sie daran erinnern. Keine Ausrede!

„Sich selbst zu verraten, um einen anderen nicht zu verraten, ist immer noch Verrat. Es ist der höchste Verrat."
Neale Donald Walsch

Innerer Antreiber: Sei nett!

Haben Sie sich schon einmal zurückgenommen, weil Sie anderen nicht auf die Füße treten wollten? Haben Sie schon mal darauf verzichtet, Ihre Meinung zu sagen, weil Sie dachten, dass der andere damit nicht gut umgehen kann? Natürlich – aber die Frage ist, wie oft Sie das machen.

Tag
106

Diese Woche dient dazu herauszufinden, ob das Ausmaß für Sie okay ist oder ob Sie gerne öfter so handeln und sprechen wollen, wie Sie es für richtig halten – egal, was andere von Ihnen denken könnten. Denn so gut die Motivation, „Everybody's Darling" sein zu wollen, auch ist – zu viel ist zu viel und führt zu Stress.

Beobachten Sie daher im Laufe der Woche Ihr Verhalten und analysieren Sie dabei, ob Sie aufgrund des eigenen Wunsches, anderen zu gefallen und Anerkennung zu erhalten, unter Stress geraten. Tun Sie z. B. manchmal aus diesem Grund etwas für andere, was Sie eigentlich gar nicht von sich aus wollen?

„Wir sind, was wir denken. Alles, was wir sind, entsteht aus unseren Gedanken. Mit unseren Gedanken formen wir die Welt."
Buddha

Innerer Antreiber: Sei genau!

Wie Sie bereits im Kapitel über die Not-to-do-Liste gelesen haben, ist die große Gefahr bei Perfektionismus, dass er häufig nicht angebracht ist oder dass nicht ausreichend Ressourcen für ihn zur Verfügung stehen. „Perfektion schafft Frustration". Natürlich ist ein Interesse an qualitativ hochwertiger Arbeit erstrebenswert, doch manchmal reichen Zeit und andere Ressourcen dafür einfach nicht aus.

Tag
113

Beobachten Sie sich im Laufe der Woche selbst, ob der Wunsch nach Genauigkeit bei Ihnen Stress auslösen kann und wie das genau passiert. Scheitern Perfektionisten gründlicher?

*„Große Geister sahen sich immer heftigem Widerstand durch
mittelmäßige Denkweisen ausgesetzt."*
Albert Einstein

Schluss mit dem Müssen

Was lässt Sie sich besser fühlen: „Ich muss noch das Projektmeeting vorbereiten" oder „Ich möchte noch das Projektmeeting vorbereiten"? Der Unterschied ist klein, aber oho. Denn viele Menschen sind dauergestresst, weil sie andauernd ein Müssen im Kopf haben. Das muss funktionieren, jenes muss beachtet werden, dieses muss noch gemacht werden. Wie anstrengend! Überlegen Sie doch mal, ob das Wort „müssen" immer angemessen ist, wenn Sie es verwenden.

Gehen Sie dazu im Laufe der Woche auf die Suche nach dem Wort „müssen". Wann immer Sie denken „Ich muss noch ..." oder „Das muss klappen ...", beginnen Sie einen kurzen inneren Dialog und ersetzen Sie „müssen": „Muss ich es/das wirklich? Oder will ich es vielleicht eigentlich freiwillig? Oder ist ein ‚kann' viel zutreffender und außerdem entspannter?" Oft reicht es für eine deutliche erste Entspannung schon aus, ganz auf das Hilfsverb zu verzichten: „Ich muss noch einkaufen" → „Ich gehe noch einkaufen" oder „Das müssen wir beachten" → „Das beachten wir". Eine Kleinigkeit im Denken mit großer Auswirkung auf das Fühlen.

Das Ganze machen Sie bitte auch mit dem Gegenteil von „müssen" und das ist „nicht dürfen": Ich darf nicht ... andere dürfen nicht ... es darf nicht sein.

„Alles wanket, wo der Glaube fehlt."
Friedrich von Schiller

Der Dreischritt zur Gelassenheit

Es ist möglich, mit ein bisschen Training der mentalen Stärke seine eigenen Gefühle und Zustände zu verändern. Sie müssen natürlich daran glauben und es sich wirklich vorstellen können. Die Möglichkeit der bewussten Zustandsveränderung zu erleben und sich zu eigen zu machen, ist das Ziel dieser Woche.

Nutzen Sie dafür einen Dreischritt, ich nenne es auch die „Drei-Finger-Regel": Wenn Sie im Laufe der Woche in Stresssituationen geraten, halten Sie inne und probieren Sie folgende drei Schritte aus:

1. Wie geht es mir jetzt, in diesem Augenblick? Seien Sie dabei sehr offen und nehmen Sie ganz bewusst wahr, wie es Ihnen geht. Schieben Sie „schlechte" oder unangenehme Gefühle nicht weg. Auch Helden dürfen sich mal niedergeschlagen, erschöpft, hoffnungslos oder überfordert fühlen!

2. Wie möchte ich mich eigentlich fühlen? Was ist mein „Wunschzustand"?

3. Welche exakten Gründe habe ich jetzt, um mich so zu fühlen, wie ich mich eigentlich fühlen möchte?

Wenn Sie diese drei Schritte ausprobieren, werden Sie nach anfänglichen Schwierigkeiten merken, dass es Ihnen ziemlich leichtfällt, sich in einen Zustand zu versetzen, in dem Sie souverän, also gezielt und kraftvoll handeln können.

„Wenn Sie durch die Hölle gehen, gehen Sie einfach immer weiter."
Winston Churchill

Im Stress auf das Ziel fokussieren

Wenn Menschen gestresst sind, sehen sie nicht das Ziel, sondern Hürden, Probleme und Schwierigkeiten. Doch sobald wir erkennen, dass der Stress einfach nur ein Punkt auf dem Weg zu unseren Zielen ist, erscheint er gleich in einem anderen Licht. Wer hohe Ziele anstrebt, für den ist Stress nun mal vorprogrammiert. Trainieren Sie deswegen im Laufe der Woche intensiv und kompromisslos, sich bei aufkommendem Stressgefühl auf das zu fokussieren, wo Sie hinwollen. Dann wird Ihr Stress sinnvoll und ist leichter zu bewältigen.

Wann immer Sie also im Laufe der Woche Stress empfinden, fokussieren Sie sich blitzschnell auf das, was Sie im Leben, in dieser Woche, heute und im Jetzt erreichen wollen. Fragen Sie sich auch: „Trägt mein Stress dazu bei, mein Ziel zu erreichen, oder behindert er mich dabei?" Tun Sie dann lieber das, was Sie Ihren Zielen näher bringt.

„Ganz leise spricht ein Gott in meiner Brust, ganz leise, ganz vernehmlich, zeigt uns an, was zu ergreifen ist und was zu flieh'n."
Johann Wolfgang von Goethe

Recht haben oder gelassen sein

Der großartige britisch-indische Philosoph Krishnamurti hat gesagt: „Willst du recht haben oder glücklich sein?" Diese Idee können wir leicht und treffend auf Gelassenheit anwenden. Denn oft entsteht Stress, Streit und Ärger, weil wir in Momenten mentaler Schwäche unbedingt recht haben wollen. Dann sehen wir weder, wie unwichtig das sein kann, noch zu welchem Preis wir eventuell recht bekommen. Denn manchmal ist beides nicht zeitgleich möglich: recht haben und gelassen sein.

Tag
141

Üben Sie diese Woche, sich in diesem Fall für Ihre Gelassenheit entscheiden zu können. Stellen Sie sich dazu die Frage: „Willst du recht haben oder glücklich sein?" Lassen Sie anderen ihre Meinung, so wie Sie ja auch Ihre Meinung haben können. Finden Sie außerdem den Teil der anderen Meinung, dem Sie ehrlich zustimmen können. Und überlegen Sie sich außerdem, was es noch Wichtigeres gibt, als recht zu bekommen.

„Wir erschaffen uns die meisten Schatten in unserem Leben, indem wir uns unserer eigenen Sonne in den Weg stellen."
Ralph Waldo Emerson

Sorgen sind auch Hoffnungen

Auch wenn Sie sich nicht jeden Tag die Haare raufen und vor Sorge zugrunde gehen werden, kommt es doch immer wieder vor, dass Sie eine Entscheidung getroffen haben und sich dann sorgen, ob Sie sich wohl richtig entschieden haben. Oder Sie haben etwas besprochen und haben dann die Sorge, ob Sie wohl die richtigen Worte gefunden haben und ob der andere Sie auch wirklich richtig verstanden hat – und nicht Dinge tut, die Sie gar nicht gemeint haben.

Tag
148

Wenn Sie im Laufe der Woche die eine oder andere Sorge haben und denken „Hoffentlich passiert nicht ..." oder „Hoffentlich klappt das mit ...", fokussieren Sie sich dann mehr auf die Kehrseite der Sorge: die Hoffnung. Tun Sie, was Sie tun können. Denn auch Sorgen sind Geschenke. Vielleicht will Ihnen die Sorge sagen, dass Sie sich noch mal absichern sollten. Im Beispiel eins durch eine Reflexion der Entscheidung mit einem Kollegen nach dem Motto „Was hättest du gemacht?", im Beispiel zwei durch das Nachfragen mit „Nur dass wir uns richtig verstanden haben: Was ist denn bei Ihnen angekommen?"

Außerdem machen Sie sich bitte im Laufe der Woche immer wieder bewusst, dass es im Leben keine Garantien gibt, weil das sehr langweilig wäre. Und: Sie können die Zukunft nicht vorhersehen. Aber Sie können dafür sorgen, dass Ihre Sorge nicht eintrifft. Und Sie können sich überlegen, was Ihr Plan B ist, falls eintreffen sollte, was Sie befürchtet haben.

> *„Den Dingen, die Sie am wenigsten hören wollen, sollten Sie besonders aufmerksam zuhören."*
> *Dr. Robert Anthony*

Feedback ist das Frühstück der Gewinner

Lassen Sie uns diese Woche Ihre mentale Stärke auf den Prüfstand stellen und sie damit auch gleichzeitig trainieren. Wann haben Sie zum letzten Mal auf Ihr Verhalten, Ihre Leistung und Ihren Umgang mit anderen ein ehrliches Feedback bekommen? Wahrscheinlich ist das, zumindest im beruflichen Umfeld, schon länger her. Daher lautet die Inspiration in dieser Woche, sich ein anonymes Fee dback einzuholen und sich dabei zu beobachten, wie es einem geht.

Tag
155

Verteilen Sie dazu zehn bereits an Sie adressierte Umschläge an zehn Personen und bitten Sie diese, Ihnen per Computerausdruck die Antworten auf diese fünf Fragen mitzuteilen:

- Was bewundern Sie an mir?

- Warum würde jemand, der mich gut kennt, nicht mit mir zusammen sein wollen?

- In welchen Bereichen könnte ich mich verbessern?

- Wann mache ich Ihnen das Leben schwer?

- Welche Tipps, Hinweise und Rückmeldungen haben Sie noch für mich, damit ich ein noch besserer Mensch werde?

Wahrscheinlich werden Sie schon beim Lesen dieser Fragen verunsichert sein und Sie fragen sich, ob Sie mit den ehrlichen, aber eventuell unangenehmen Antworten gut umgehen können. Aber darum geht es in dieser Woche. Feedback zu interessanten Aspekten einholen, die einem eventuell nahegehen. Vielleicht aber auch nicht. Denn vielleicht sind die Antworten ja viel weniger unangenehm, als Sie vermuten? Der Sinn dieser Übung besteht im Beobachten, ob Sie es bereits hinkriegen, zwischen Ihren Vermutungen über die Antworten und den dann folgenden tatsächlichen Antworten zu unterscheiden. Viel Freude in dieser Woche: „Das Universum ist freundlich!"

> *„Das Bewusstsein bewegt sich in die Richtung unserer gegenwärtig dominanten Gedanken."*
> *Earl Nightingale*

Ja, aber

Sicherlich haben Sie bereits gehört, dass Sie in Gesprächen auf „ja, aber" verzichten sollten. Denn es bedeutet eher ein Nein, das Sie auch direkt sagen können. Außerdem sind Menschen, die oft „ja, aber" sagen, als Problemseher verschrien und daher nicht so beliebt.

Tag
162

Auf der anderen Seite ist ein „ja, aber" im inneren Dialog wunderbar geeignet, um aus dem Stress über Gelassenheit zu neuen Denk- und Handlungsweisen zu kommen. Beispielsweise könnten Sie denken: „Ja, ich bin jetzt überfordert, aber ich mache jetzt eine kurze Pause und lege mir dann einen Plan zurecht, was ich tun kann und wer mir noch helfen kann." In der Ja-Phase erlauben Sie sich das Gefühl, in der Aber-Phase überlegen Sie sich eine neue Sichtweise. Ich halte diese Technik für eine der besten der mentalen Stärke, weil sie Ihnen ermöglicht, Ihr Denken in neue Bahnen zu lenken.

Versuchen Sie im Laufe der Woche immer wieder, Situationen zu finden, in denen Sie das innere „ja, aber" anwenden können. Im Straßenverkehr: „Ja, der andere hat mich nicht gesehen, aber es ist nichts passiert." Zu Hause: „Ja, die Nachbarn sind laut und ich will früh schlafen, aber es ist ja nicht jeden Abend so." Im Büro: „Ja, der

Wettbewerber hat eine sehr gute Anzeigenkampagne geschaltet, aber wir haben viele sehr zufriedene und treue Stammkunden." Lernen Sie, mit „ja, aber" Ihre Denkrichtung in Richtung souveräne Gelassenheit zu lenken.

„Wir leben nur einmal, wobei die Entscheidung ganz bei uns liegt,
ob wir auf Zehenspitzen durch dieses Leben gehen und hoffen,
bis zum Ende nicht allzu viele Beulen abzubekommen –
oder wir können ein erfülltes Leben leben, in welchem wir unsere
Ziele erreichen und unsere wildesten Träume realisieren."
Bob Proctor

Anker der Ruhe

Kennen Sie noch die oft gezeigte „Becker-Faust" von Boris Becker nach einem gelungenen Punkt? Haben Sie schon beobachtet, was der Fußballer Cristiano Ronaldo vor einem Freistoß macht? Er steht immer gleich, bevor er Anlauf nimmt. Dies sind Verankerungen zur Erinnerung an einen guten Zustand. Damit versetzen sich Profisportler in wichtigen Momenten in einen Zustand, der ihnen Spitzenleistung ermöglicht. Becker „ankert" Erfolg, Ronaldo „ankert" Kraft. Und Sie können auf grundsätzlich ähnliche Weise Gelassenheit „ankern".

Beobachten Sie dafür im Laufe der Woche, wie Sie aussehen, wenn Sie sich gestresst fühlen. Sind Ihre Hände dann entspannt? Lächeln Sie? Ist Ihr Oberkörper aufrecht? Ist Ihr Blick nach vorne gerichtet? Atmen Sie ruhig und tief in den Bauch? Wahrscheinlich nicht.

Ein Anker der Gelassenheit kann darin bestehen, dass Sie eine bestimmte Bewegung oder eine Abfolge von Bewegungen durchführen, um sich in einen gelassenen Zustand zu versetzen. Mögliche Anker sind: durchatmen, aufrichten, Hände ausschütteln – sagen Sie sich das der Reihe nach und tun Sie es nicht nebenbei, sondern zu 100 % intensiv und präsent.

Diese Woche besteht aus drei Phasen: Zuerst beobachten Sie sich selbst dabei, wie Sie im Stress aussehen. Dann überlegen Sie sich, wie Ihr Anker aussehen könnte (fangen Sie am besten mit dem hier beschriebenen an und entwickeln Ihren von hier aus weiter). Abschließend machen Sie es sich zur Gewohnheit, diesen Anker immer dann zu setzen, wenn Sie gestresst sind. Das Handeln fällt dann leicht, versprochen.

„Alles, was wir sind, kommt durch unsere Gedanken."
Buddha

Kann ich es wirklich wissen?

Durch Gedanken können wir uns nur dann unwohl fühlen, wenn wir sie glauben. Wenn Sie z. B. denken „Ich schaffe das nicht!" und im nächsten Augenblick schmunzeln und denken „Welch ein Unsinn, natürlich schaffe ich das!", können Sie sich keine Sorgen machen. Daher ist es eine wichtige Fähigkeit mentaler Stärke zu überprüfen, ob das, was man denkt, überhaupt stimmt.

Tag
176

Dafür verwenden Sie im Laufe dieser Woche die 100 %-Frage. Diese lautet: „Habe ich 100 % aller möglichen Informationen, um das sicher wissen zu können?".

Sie gehen dabei folgendermaßen vor: Lassen Sie abends Ihren Tag Revue passieren und finden Sie dabei Situationen, in denen Sie irgendwie gestresst waren. Suchen Sie nach dem gedanklichen Konzept, das Sie in Stress versetzt hat, indem Sie sich die Frage stellen: „Ich war gestresst, weil ich gedacht habe, dass..." (statt „gedacht" können Sie auch „vermutet" nehmen). So erkennen Sie gemäß dem ABC-Denken den dem Stress zugrunde liegenden Gedanken und können ihn mit der 100 %-Frage reflektieren.

Um von der ganzen Kraft dieser Technik zu profitieren, braucht es Präsenz und etwas Geduld, Ruhe und Zeit. Im „Nebenbei" wirkt diese Technik nicht. Seien Sie ganz bei der Sache! Halten Sie dafür vor der Beantwortung der Frage inne und beantworten Sie sie in Ruhe, nicht vorschnell.

„Glücklich wirst du, indem du dich selbst akzeptierst."
Jamie Lee Curtis

Die Nachricht, die im Ärger versteckt ist

Wann immer Sie im Laufe dieser Woche verärgert, irritiert oder genervt sind, halten Sie kurz inne und überlegen Sie sich, ob unter dem unangenehmen Gefühl noch eine Nachricht liegt, die Ihnen weiterhelfen kann. Nutzen Sie dafür die Frage: „Was will mir dieses Gefühl vielleicht noch sagen?"

Tag
183

So kann es beispielsweise sein, dass der Ärger über die wiederholte Unzuverlässigkeit eines Lieferanten zeigt, dass sein Austausch sinnvoll ist, obwohl Sie mit ihm befreundet sind. Hier lautet die Nachricht also: „Wechsle den Lieferanten, auch wenn es dir wehtut!"

Meiner Erfahrung nach fühlen wir Ärger vor allem, weil wir nicht darauf hören, was wir tun oder ansprechen sollen. Wir verstopfen uns quasi selbst. Nutzen Sie diese Woche dafür zu erkennen, ob Sie Ärger & Co. nutzen können, um noch erfolgreicher zu sein, statt sich schlecht zu fühlen. Das zugrunde liegende Motto hierbei lautet: „Alles im Leben passiert für mich, nichts passiert gegen mich!" In diesem Fall ist das, was für Sie passiert, im Ärger versteckt.

„Es ist nicht gesagt, dass es besser wird, wenn es anders wird.
Wenn es aber besser werden soll, muss es anders werden."
Georg Christoph Lichtenberg

Dein Kopf ist rund, wechsle mal die Denkrichtung

Ich lade Sie ein, im Laufe dieser Woche herauszufinden, ob es sinnvoll sein kann, im Stress einfach mal die Denkrichtung zu ändern. Beispiele hierfür sind auf sich bezogene Gedanken wie „Ich kann das nicht", die zu ihrem Gegenteil „Ich kann das" werden oder „Das hätte mir nicht passieren dürfen", was zu „Das hätte mir passieren dürfen" wird. Das funktioniert auch bei Stress auslösenden Gedanken über anderes und andere: „Das hat Müller extra gemacht", was zu „Das hat Müller nicht extra gemacht" werden kann oder „Das ist ein großes Problem", was zu „Das ist kein großes Problem" werden kann.

Tag
190

Hier geht es nicht darum, nur noch das Gegenteil zu denken und den Ursprungsgedanken zu löschen. Sondern es geht darum, mithilfe des Gegenteils zu überlegen, ob nicht eine Erweiterung des Denkens angebracht und hilfreich ist.

Häufig ist das Gegenteil leicht zu finden, indem Sie das Wort „nicht" ergänzen oder aus dem Satz entfernen. Betrachten Sie den Satz und überlegen Sie, ob Sie einen guten Grund finden, auch den neu gewonnenen Gedanken zu berücksichtigen. In den obigen Beispielen kann sich das dann so anhören: „Es hätte mir passieren dürfen, weil jedem Fehler unterlaufen" oder „Das ist kein großes Problem, weil ich schon ganz andere Probleme gelöst habe". Genießen Sie die Erkenntnis, dass es immer auch Gründe für eine andere, gelassenere und zuversichtliche Sichtweise gibt.

> *„Leben ist nicht genug, sagte der Schmetterling. Sonnenschein,*
> *Freiheit und eine kleine Blume gehören auch dazu."*
> Hans Christian Andersen

Eine Blume beobachten

In Ihrem wahrscheinlich nicht von Langeweile und Nichtstun geprägten Alltag ist es von besonderer Bedeutung, immer wieder zur Ruhe zu kommen, bei sich anzukommen und so Kraft, Energie und Zuversicht zu schöpfen. Dies erreichen Sie in dieser Woche, indem Sie sich mehrmals am Tag eine Blume ansehen.

Beschaffen Sie sich eine, falls Sie da, wo Sie arbeiten, noch keine haben. Stellen Sie sich diese auf den Schreibtisch und sehen Sie sich die Blume und deren Blüten immer wieder an. Nehmen Sie dafür keinen Strauß, sondern wirklich nur eine einzige Blume, auf die Sie sich fokussieren. Versuchen Sie dabei, wertfrei zu beobachten. Probieren Sie, durch genaues Beobachten immer wieder etwas Neues an der Blume zu entdecken. Es geht hier nicht um schön, nicht schön, groß oder klein. Lassen Sie sich vielmehr vom Wesen der Blume berühren. Denn Blumen sind einfach da. Sie machen nichts, außer zu wachsen, aber sie haben nicht wirklich etwas zu tun. Daher sind sie ein wunderbarer Hinweis, immer wieder im Laufe des Tages bei sich anzukommen und nichts zu tun.

> *„Beginne mit dem Notwendigen, dann mit dem Möglichen*
> *und plötzlich wirst du das Unmögliche tun."*
> Franz von Assisi

Mentale Stärke bedeutet Selbstbeobachtung

Erst wenn Sie mitkriegen, dass Sie soeben unter massivem Zeitdruck stehen, können Sie etwas unternehmen. Allerdings sieht die Praxis der allermeisten Menschen anders aus: Sie bekommen nämlich zu spät mit, was gerade los ist. Da staut sich erst eine Menge auf und wenn „das Fass überläuft", dann erst wird ihnen bewusst, wie es ihnen geht.

Damit Ihnen das nicht passiert, werden Sie zum emotionalen Feinschmecker. Was Sie dafür im Laufe dieser Woche tun können, ist, sich mehr als sonst zu beobachten: „Wie ticke ich im Ärger?", „Was ist meine Meinung über die Welt, wenn ich gestresst bin?", „Wo und wie werde ich im Stress tatsächlich (und nicht nur in meiner Fantasie) bedroht?". Sie können sich auch eigene Fragen überlegen, Hauptsache, Sie kriegen öfter mit, wie es Ihnen geht.

Sie werden feststellen, dass Sie in der Regel eine eine Antwort finden, in der ein „nein" oder ein „nicht" enthalten ist. Sie brauchen erst einmal nichts zu verändern, es reicht völlig aus, zuerst zum gedanklichen Feinschmecker zu werden und sich zu überlegen: „Was ist mein Gefühl, wie geht es mir und was ist meine Meinung über die Realität?" Manchmal können Sie dann die Realität verändern – und manchmal müssen Sie Ihre Meinung verändern.

„Früher oder später sind die Gewinner diejenigen,
die glaubten, sie könnten gewinnen."
Richard Bach

Ziel: Stress

Nun kommt eine auf den ersten Blick verrückte Idee, die es aber im positiven Sinne in sich hat. Die Idee lautet: Sie nehmen sich vor, im Laufe dieser Woche gestresst zu sein. Nehmen Sie sich vor, sich in einer Telefonkonferenz über die Lieferschwierigkeiten aufzuregen. Nehmen Sie sich vor, am Mittwoch im Meeting von der Apathie der anderen genervt zu sein. Nehmen Sie sich vor, beim morgendlichen Öffnen Ihrer E-Mails schon keine Lust mehr auf den Tag zu haben. Sie werden in Ihren Terminen in dieser Woche bestimmt Situationen finden, in denen Sie sich leicht gestresst fühlen können.

Tag
211

Seltsam, werden Sie sagen. Doch lassen Sie sich aufzeigen, warum das Ihren Stress reduziert: Alle Welt spricht ja davon, sich Ziele zu setzen, sich etwas Schönes vorzunehmen und Aufgabenlisten zu schreiben, die es dann in guter Stimmung abzuarbeiten gilt. Sie nehmen sich aber das Gegenteil vor, nämlich in bestimmten Situationen gestresst sein zu wollen.

Die Wirkung besteht einerseits darin, dass Sie sich aufgrund der Vorahnung nicht mehr so sehr aufregen können, wie es spontan ohne die Vorahnung passiert wäre. Andererseits wissen Sie, dass der Stress dazugehört und lehnen ihn daher nicht so sehr ab. Probieren Sie es aus, die Erfahrungen dabei lassen sich nicht in Worte kleiden.

„Nicht den Berg bezwingen wir, sondern uns selbst."
Sir Edmund Hillary

Funkstille

Es ist Unsinn, Smartphones, E-Mails, Facebook und Co. pauschal für Stress verantwortlich zu machen. Allerdings macht die Dosis das Gift. Viele Menschen kommen gar nicht mehr dazu, sich Zeit für Aufgaben zu nehmen, bei deren Erledigung sie am besten ungestört sind. Es ist manchmal einfach wichtig, das Gefühl zu haben, jetzt nicht gestört werden zu können. Vielleicht wollen Sie die Zeit des Ungestörtseins ja auch einfach dafür verwenden, sich auszuruhen oder über ein Projekt nachzudenken.

Schalten Sie dafür in dieser Woche jeden Tag für 30 Minuten Ihr Smartphone aus. Auch wenn es Ihnen wahrscheinlich schwerfällt und Sie Sorge haben, etwas zu verpassen, oder glauben, immer erreichbar sein zu müssen: Überwinden Sie sich. Je schwerer Ihnen das fällt, desto wichtiger ist es. Finden Sie dafür an jedem Tag dieser Woche den bestmöglichen Zeitpunkt und seien Sie mutig. Stellen Sie nicht nur den Flugmodus ein, sondern schalten Sie Ihr Smartphone richtig aus. Sorgen Sie nur vorher dafür, dass Sie die PIN zum erneuten Einschalten des Geräts haben. Sonst können Sie ja wieder üben, souverän und gelassen zu bleiben, wenn es mal nicht so läuft, wie Sie das wollen.

„Solange Sie handeln, wie Sie es schon immer getan haben, erhalten Sie auch weiterhin, was Sie schon immer erhalten haben. Wenn Sie nicht mögen, was Sie bisher erhalten haben, dann müssen Sie Ihr bisheriges Verhalten ändern."
Zig Ziglar

Gewohnheiten und Muster durchbrechen

Zu wie viel Prozent Ihrer Zeit sind Sie für sich da? Wie gut sorgen Sie für sich? Wahrscheinlich sind Sie nicht im Gleichgewicht, sondern kümmern sich um Ihre Firma mehr als um sich. Obwohl Sie wissen, dass dieses Ungleichgewicht Ihnen und Ihrer Firma auf Dauer schadet.

Tag

225

Daher möchte ich Sie diese Woche erleben lassen, dass Sie gar nicht die Hälfte der Zeit brauchen, um sich auch mal um sich zu kümmern, sondern nur einige wenige Minuten. Nehmen Sie sich dafür im Laufe der Woche täglich 5 bis 15 Minuten Zeit, um etwas Lustiges zu lesen, mit einem Freund zu telefonieren oder sich beispielsweise via YouTube mit Videos zu einem Thema zu beschäftigen, das sie persönlich interessiert.

Außerdem probieren Sie noch etwas Verrücktes: Organisieren Sie sich für jeden Tag dieser Woche einen Raum, in dem Sie unbemerkt 5 bis 15 Minuten Hampelmänner machen können. Sie werden feststellen, dass Ihnen die Arbeit gleich neue Freude bereitet, weil Sie sich nicht nur um Mitarbeiter, Kunden, Projekte & Co kümmern, sondern auch um sich.

„Leben, das heißt: immer einmal mehr aufstehen als hinfallen."
John Wayne

Die großen drei

In den letzten Jahren bin ich immer wieder auf drei Eigenschaften von Menschen gestoßen, die kraftraubend sind und auf Dauer zu mehr Stress führen als nötig. Die drei Dinge sind: zu wenig Schlaf, zu viel Alkohol und reaktives Zeitmanagement.

Tag

232

Versuchen Sie, in dieser Woche pro Nacht mehr als sieben Stunden Schlaf zu kriegen. Ein Nickerchen, das Sie nachmittags schaffen, zählt doppelt. Wenn Sie also nachmittags 15 Minuten geschlafen haben, können Sie sich 30 Minuten gutschreiben. Reduzieren Sie außerdem in dieser Woche Ihren Alkohol auf null. Wenn Sie keinen Alkohol trinken, verzichten Sie auf etwas anderes, von dem Sie glauben, dass der Verzicht darauf Ihnen dabei hilft, sich wohlzufühlen.

Überlegen Sie sich immer am Vorabend, welche drei Aufgaben Sie morgen vor 12.00 Uhr erledigt haben wollen, komme was wolle. Starten Sie Ihren Arbeitstag nicht reaktiv damit, eingehende Nachrichten zu checken, sondern fangen Sie aktiv an, diese drei Aufgaben anzugehen.

„Meine Religion ist sehr einfach – meine Religion ist Freundlichkeit."
Dalai Lama

Ich habe für alles Verständnis

Betrachten Sie Situationen, in denen Sie genervt sind, in dieser Woche durch zwei andere Linsen: Wie sieht der andere die Situation und von welchem Blickwinkel aus hat er recht? Versuchen Sie, die Person zu verstehen. Dabei hilft Ihnen vielleicht auch die Idee „Verstanden ist nicht Einverstanden". Was Sie verstehen, brauchen Sie ja nicht automatisch gut zu finden. Versuchen Sie mit allen Ihren Möglichkeiten und Ihrer grenzenlosen Güte zu verstehen, warum die Person etwas macht. Sprechen Sie dann an, was Sie stört, und verweisen Sie auf Ihre eigene Sichtweise, um eine Einigung zu erzielen. Machen Sie sich auch die mögliche große oder kleine Tragweite der Situation bewusst, indem Sie sich diese Frage stellen: „Wie betrachte ich die Situation wohl in sechs Monaten?"

Tag
239

Nach dem Disput lassen Sie alles noch einmal Revue passieren und setzen abschließend noch die Wachstumsbrille auf und fragen sich: „Wie kann ich aus dieser Situation lernen?" Schließlich ist Stress ein Geschenk, weil er Ihnen mit dem unangenehmen Gefühl aufzeigt, dass Sie regelmäßig in einer Situation sind, die Sie noch nicht geschmeidig bewältigen können.

„Ich mache Ihnen keineswegs die Hölle heiß, ich sage Ihnen nur die Wahrheit, und Sie denken, dass das die Hölle ist."
Harry S. Truman

Jetzt aber ran

Sehr wahrscheinlich schieben auch Sie gerade ein Gespräch oder eine Entscheidung vor sich her, die Ihnen das Leben leichter machen könnte. Wer hat schon immer einen „sauberen Tisch"? Suchen Sie dafür im Laufe dieser Woche das Gespräch mit einer Person im beruflichen Umfeld, die Ihnen auf die Nerven geht, durch ihre Arbeitsweise öfter mal Stress verursacht oder Sie sonstwie immer wieder mal aus der Ruhe bringt. Das Ziel besteht darin, lösungsorientiert anzusprechen, was Sie stört und eine Besserung herbeizuführen.

Tag
246

Nehmen Sie dafür Kontakt auf, vereinbaren Sie einen Termin und führen Sie ein gezieltes, geradliniges und offenes Gespräch darüber, was Sie sich zukünftig wünschen. Bereiten Sie es nach einem klassischen Regelkreislauf für Veränderungsprozesse vor, den Sie, leicht verändert, auch als Gesprächsraster verwenden können. Dafür überlegen Sie sich zuerst genau, was Sie am „Ist-Zustand" stört. Definieren Sie dann, wie der „Soll-Zustand" aussehen soll, bevor Sie sich Gedanken zu möglichen konkreten Wegen machen, um vom jetzigen Ist zum zukünftigen Soll zu kommen. Abschließend finden Sie noch Kriterien mit denen Sie prüfen und messen können, ob der Weg Sie zum Ziel geführt hat.

Um einen positiven Gesprächsbeginn zu haben, beginnen Sie mit dem Soll-Zustand, kommen dann zum Ist-Zustand, beschließen idealerweise gemeinsam Wege und sagen noch abschließend, wie Sie das Ergebnis kontrollieren werden. Wenn Sie sich einen privaten Anlass suchen, behalten Sie die Kontrolle für sich, außer Sie reden mit Ihren Kindern.

> *„Erfolg beginnt damit, deine Gedanken zu meistern.*
> *Wenn du nicht kontrollierst, was du denkst, kannst du*
> *auch nicht kontrollieren, was du tust."*
> Napoleon Hill

Weniger ist manchmal mehr!

Können Sie sich noch an das Gefühl erinnern, nachdem Sie das letzte Mal ausgemistet haben? Wahrscheinlich haben Sie sich befreit, beschwingt und erleichtert gefühlt. Lassen Sie uns dieses Prinzip diese Woche anwenden, um Ihnen noch mehr  Leichtigkeit zu ermöglichen. Fragen Sie sich dafür immer wieder mal in einer ruhigen Minute: „Worauf bin ich bereit in Zukunft zu verzichten, um weniger Stress zu haben?", „Was bin ich bereit zu unterlassen, um in Zukunft weniger Stress zu haben?", „Was mache ich zukünftiger seltener, um weniger Stress zu haben?".

Mögliche Antworten könnten sein, dass Sie seltener auf Partys gehen, zu denen Sie eigentlich gar nicht hingehen wollen und des guten Anstands halber erscheinen. Oder vielleicht wollen Sie ja nur noch Positionen mit Kandidaten besetzen, denen Sie zu 100 % einen guten Job zutrauen. Vielleicht wollen Sie auch einer Gruppe sagen, dass Sie zukünftig nur noch im Notfall an deren Meetings teilnehmen wollen.

Finden Sie in Ihrem Alltag und Ihren Gewohnheiten Beispiele, deren Unterlassung eine große Hilfe für mehr Ruhe und Zeit für Sie, Ihre Ziele, Ihre Entwicklung, Ihre Gesundheit und anderes, wirklich Wesentliches bedeutet.

> *„Den Menschen ginge es besser, wenn sie mehr wüssten."*
> *Jim Rohn*

Experten dürfen helfen

Haben Sie sich schon mal Fähigkeiten angeeignet, die Ihnen wichtige Aufgaben erleichtert haben? Wenn Sie auf dem Land groß geworden sind, war so etwas beispielsweise der Autoführerschein. Wel-  che Fähigkeit brauchen Sie noch, um weniger Stress zu haben? Wahrscheinlich fallen Ihnen jetzt mehrere Fähigkeiten ein, beispielsweise: abschalten, nein sagen oder meditieren zu können.

Erstellen Sie sich im Laufe der Woche eine Liste Ihrer gewünschten Fähigkeiten und markieren Sie mutig eine einzige. Nehmen Sie einfach die, die Sie am besten nach vorne bringen würde. Finden Sie dann die drei weltweit führenden Experten für diese Fähigkeit heraus und machen Sie sich mit deren Arbeit vertraut. Googeln Sie, lesen Sie deren Bücher, verschlingen Sie Aufsätze dieser Personen, vielleicht finden Sie sogar Vorträge bei YouTube. Eventuell wollen Sie sogar Kontakt zu den drei Experten aufnehmen und Ihre brennendsten Fragen loswerden. Die Chancen sind groß, dass Sie zumindest von einem eine Antwort erhalten.

Erstellen Sie sich dann eine Liste von zehn Aspekten, die Sie zukünftig beherzigen wollen, um sich die Fähigkeit anzueignen. Wenn Ihnen das gelungen ist, können Sie sich die nächste Fähigkeit auf Ihrer Liste auf die gleiche Weise vornehmen.

„Mein großer Fehler – der Fehler, den ich mir nicht vergeben kann – ist, dass ich eines Tages aufhöre, stur meiner eigenen Individualität zu folgen."
Oscar Wilde

Projekt „Ich"

In dieser Woche wenden Sie Ihre ganze Lebenserfahrung auf sich selbst an. Stellen Sie sich dafür vor, Sie hätten die Verantwortung für das Projekt „Ich, nur weniger gestresst".

- Wie würden Sie vorgehen?

- Was wären Meilensteine?

- Welche Ressourcen würden Sie wählen?

- Wer könnte Ihnen helfen?

- Wen könnten Sie um Rat fragen?

- Wer könnte Vorbild sein?

- Wenn Sie wüssten, dass Sie nicht scheitern würden und Ihr Ziel in jedem Fall erreichen würden, was würden Sie tun? Welche Hürden gäbe es und wie würden Sie diese nehmen?

Mit dieser Idee und diesen Fragen wenden Sie Ihre Lebenserfahrung als Ressource an, um Ihre mentale Stärke und damit Ihre souveräne Gelassenheit zu steigern.

„Wie doch Freude und Glück einen Menschen schön machen."
Fjodor M. Dostojevski

Gelassenheit delegieren

Diese Woche dürfte Ihnen besonders gut gefallen. Denn Sie selbst brauchen kaum etwas zu tun. Sondern Sie können bewusst erleben, wer Ihnen alles bei Ihrer Gesundheit, Gelassenheit und Entspannung helfen kann. Und Sie können erleben, wie leicht Sie aufgrund des größeren Wohlbefindens nicht nur schöner, sondern auch glücklicher werden.

Tag
274

Denn in dieser Woche dürfen Sie delegieren: Wer kann Sie persönlich gelassen machen? Massage, Osteopathie, was auch immer Ihnen einfällt. Sie sind so oft in der Verantwortung zu denken, zu planen, zu handeln, da ist es eine sehr hilfreiche und angenehme Überraschung, den Spieß mal umzudrehen. Lassen Sie sich gehen und genießen Sie das Nichtstun, z. B. während andere Sie bei einer Massage durchkneten. Hoffentlich kommen Sie auf den Geschmack und lassen das ein oder andere zur Gewohnheit werden.

„Binde deinen Karren an einen Stern."
Leonardo da Vinci

Wertorientiert statt gestresst

Sie können Ihren Stress verwenden, um herauszufinden, was Ihnen wichtig ist, und das dann mehr leben. Schreiben Sie über Ihre Werte, denn das macht Sie stärker, bringt Sie mehr in die Kontrolle, macht Sie stolz und energiegeladen.

Tag
281

Es gibt Studien, die die Folgen niedergeschriebener Werte untersucht haben: weniger Arztbesuche, Gewichtsabnahme und Stressreduzierung. Also schreiben Sie in dieser Woche fünfmal für zehn Minuten das auf, was Ihnen wichtig ist.

Zu Ihrer Hilfe wählen Sie fünfmal jeweils einen Wert aus dieser Liste aus und schreiben über ihn, ganz frei und assoziativ oder nach dem Muster: Warum ist mir dieser Wert wichtig? Woran erkenne ich, dass ich ihn lebe? Wie kann ich ihn noch mehr leben? Wie löst er bei mir Stress aus, wenn ich ihn nicht lebe?

Zu Ihrer Inspiration finden Sie hier eine natürlich unvollständige Liste möglicher Werte: Familie, Erfolg, Gesundheit, Fitness, Ehrlichkeit, Freundschaft, Wachstum, Liebe, Natur, Freundlichkeit, sozialer Beitrag, Zuverlässigkeit, Abenteuer, Kunst, Musik, Freiheit.

> *„Verändere die Betrachtungsweise von Dingen und die Dinge, die du betrachtest, werden sich ändern."*
> *Dr. Wayne Dyer*

Aus dem Stress lernen

Erinnern Sie sich in dieser Woche an drei bis fünf Situationen aus den letzten Wochen, in denen Sie sich gestresst gefühlt haben. Reflektieren Sie die Situationen dann mit den folgenden Fragen:

- Wie habe ich mich in der Situation verhalten?

- Hat mir dieses Verhalten eher geschadet oder eher genutzt?

- Wie habe ich mich vor, in und nach der Situation gefühlt?

- Wie habe ich andere behandelt?

- Wie könnte ich mich in einer nächsten ähnlichen Situation verhalten?

- Wie kann ich die Wahrscheinlichkeit erhöhen, dass ich mich an dieses bessere Verhalten erinnere, wenn es wieder so weit ist?

> *„Solange Sie sich immer noch Gedanken darüber machen, was andere von Ihnen denken, sind Sie von eben jenen vereinnahmt."*
> *Neale Donald Walsch*

Angst als Ursache für Stress erkennen

Auch wenn Angst kein angenehmes Wort ist und sich die meisten Menschen gerne als stark, souverän und mutig präsentieren: Wir alle haben manchmal Angst. Allerdings merken wir das nicht direkt, denn die Angst liegt unter anderen Gefühlen – wie beispielsweise Zeitdruck.

Überlegen Sie mal: Könnte es ein, dass bei Zeit-druck häufig Angst der wahre Grund für Stress ist? Wir empfinden in der Situation zwar Druck durch die Menge an Aufgaben, jedoch entsteht der Druck doch an sich durch die Angst davor, was passiert, wenn wir die Aufgaben nicht schaffen.

Beobachten Sie in dieser Woche tagsüber, wann Sie Druck empfinden oder anderen Druck machen. Lösen Sie die Situation inhaltlich und überlegen Sie danach oder abends, ob Sie vor den möglichen Folgen des Nichtschaffens Angst gehabt haben. Wenn ja, ist allein das ein großer Schritt in Gelassenheit, weil Sie überlegen können, wie Sie Angst bewältigen können und weniger Druck haben.

„Ich habe viel über das Leben gelernt, aber das Wertvollste war: Es geht weiter."
Brigitte Bardot

Lösen statt leiden

Prüfen Sie in dieser Woche täglich, ob Sie sich in gestressten Situationen eher als lösungsorientierte Person oder als problemorientiertes Opfer gesehen haben. Es geht hier nicht um Ihren Wunsch oder Ihre Vermutung. Niemand will Opfer sein! Nutzen Sie Ihre analytischen Fähigkeiten und sehen Sie genau hin. Sehr wahrscheinlich gibt es Situationen, in denen Sie sich durch bestimmte Aufgaben oder Personen zumindest zum Teil in eine Opferrolle begeben und vergessen, Ihren eigenen Beitrag zur Situation zu sehen. Wir Menschen neigen öfter dazu, anderen die Schuld für etwas in die Schuhe zu schieben, anstatt unsere eigenen Möglichkeiten zu sehen und zu nutzen.

Tag
302

Helfen können Ihnen hierbei die folgenden Fragen:

- In welchen Bereichen meines Lebens (beruflich und privat) fühle ich mich öfter kraftlos? Was wären dann (sowie vorher und nach-her) meine konkreten Möglichkeiten, um Kraft zu schöpfen?

- Wann war ich schon mal selbst darüber verwundert, dass ich etwas für aussichtslos gehalten habe?

- Wann war ich in den letzten Wochen gestresst, hätte aber mehr für mich sorgen können?

Sich selbst einen Spiegel vorzuhalten, ist zwar unangenehm, aber sehr hilfreich.

„Denken ist der Beginn einer Veränderung."
Immanuel Kant

Augenhöhe statt Kleinreden

Ganz oft ist das Kleinreden von vorhandenen An-  lässen für Stress Grund für Stress. Wenn sich jemand bewusst ist, dass er in einer Krise steckt, erlaubt er sich eher ein Gefühl der Überforderung und der Niedergeschlagenheit als jemand, der in einer Krise ist, aber glaubt, nur ein kleines Problem zu haben. Daher ist Trivialisieren ein häufiger Grund für die Schwierigkeit, sich zu erlauben, sich gestresst zu fühlen.

Vielleicht kennen Sie ja auch solche oder ähnliche Gedanken: „Andere haben es doch leicht damit ..."; „Es ist doch nur eine Routineaufgabe und ich kriege es nicht hin."; „Das ging mir leicht von der Hand, als es noch meine Aufgabe war. Wenn er sich ein bisschen mehr anstrengen würde, könnte er es schaffen."

Üben Sie in dieser Woche, Ihre Sprache so zu verändern, dass Sie die Situation ernst nehmen. Gehen Sie dafür auf die Suche nach Denkmustern und Bewertungen, in denen Sie eine wichtige Sache kleiner darstellen, als sie ist. Solche Denkmuster können sich zum Beispiel so anhören: „Ich stecke gerade in einer schwierigen Phase, daher darf es mir auch das ein oder andere Mal schlecht gehen."

Damit schaffen Sie etwas Wunderbares: Indem Sie in dem Augenblick, in dem Sie sich schlecht fühlen, dieses Gefühl zulassen, ist es gleich halb so schlimm. Sie dürfen sich ärgern, überfordert fühlen, ideenlos sein – und Sie dürfen auch mal einfach keine Lust auf die Arbeit haben. Es macht Sinn, das, was gerade eben präsent ist, zu erlauben. Üben Sie das in dieser Woche, indem Sie es wahrnehmen und sich selbst neue Sichtweisen suchen.

„Einige Leute behaupten, ich sei ein glücklicher Golfer. Aber wissen Sie was? Je härter ich trainiere, desto mehr Glück habe ich."
Gary Palmer

Eine Mücke ist eine Mücke und ein Elefant ist ein Elefant

Viele Menschen neigen dazu, Kleinigkeiten groß aufzublasen und so ein riesengroßes Problem zu erschaffen, mit dem sie sich und andere dann stressvoll beschäftigen. Das nennt sich „Katastrophisieren".

Achten Sie in dieser Woche darauf, ob Sie auch dazu neigen. Trainieren Sie sich dann die Fähigkeit zu einer realistischen Sicht an. Vielleicht kennen Sie ja in Ihren Gedanken und Selbstgesprächen auch folgende Sätze: „Das darf doch wohl nicht wahr sein!"; „Das wird ein riesiges Problem!"; „Was wird nur passieren, wenn wir das nicht geregelt kriegen!"; „Das darf XY nie erfahren. Wenn XY das erfährt, sind wir geliefert." Die Frage, die sich jetzt stellt, lautet: „Wie können Sie Ihre innere Sprache verändern, damit Sie das, was ist, weniger dramatisieren?"

Während Sie sich dabei zu erwischen versuchen, wie Sie aus einer einzelnen Mücke eine ganze Elefantenherde machen, suchen Sie nach Aufforderungen an sich selbst, die das Problem und Ihre Fähigkeiten in ein realistisches Licht rücken. Mir beispielsweise helfen folgende Instruktionen: „Ich kann nicht von mir erwarten, dass ich nie Fehler mache und immer fehlerfrei arbeite."; „Nobody's perfect!"; „Es ist weder möglich noch nötig, dass mich alle lieben. Also darf ich ruhig mal was falsch machen."

„Die Fesseln der Gewohnheit sind so dünn, dass man sie nicht spürt, bis sie so dick sind, dass man sie nicht mehr zerreißen kann."
Samuel Johnson

Schluss mit einseitigem Intellektualisieren

Viele Menschen neigen aus Gewohnheit dazu, ihr Talent des Analysierens und der eher rationalen Weltsicht, bei Stress einseitig zu Wort kommen zu lassen, ohne der vorhandenen Emotion genug Raum zu geben. So kann das Fass der inneren An-  spannung überlaufen. Dies ist übrigens auch der Grund, warum ein Burn-out oftmals von jetzt auf gleich zu kommen scheint. Wenn es in einem dauerhaft brodelt, wir dem aber nicht nachgehen und es uns immer schönreden, muss es irgendwann eine Explosion gebe.

Tag

323

Also geht es aus Sicht der mentalen Stärke auch darum, in stressigen Situationen die Gefühle des Genervtseins, der Anspannung oder der Wut anzusehen und ihnen Raum zu geben. So wird vermieden, dass sich das Gefühl aufstaut und wir Gefahr laufen zu explodieren und sich die Stressgefühle im Körper durch Krankheiten manifestieren.

Meiner Erfahrung nach neigen gerade Männer dazu, Situationen rein kognitiv zu betrachten und Emotionen zu ignorieren. Achten Sie im Laufe der Woche auf Ihren inneren Dialog, wenn Sie unter Stress stehen. Sollte das nicht gelingen, lassen Sie in dieser Woche die stressigen Situationen vor Ihrem inneren Auge Revue passieren und begeben Sie sich auf die Suche nach solchen oder ähnlichen Gedanken: „Ich kann einfach nicht verstehen, warum ich mich da so aufgeregt habe."; „Ich muss mich nur ein bisschen zusammenreißen und schon kann ich die Situation bewältigen."; „Augen zu und durch!".

Trainieren Sie auf diese Weise, Ihr Gefühl im Stress zu erkennen und es dann zu benennen. So fällt es Ihnen zukünftig leichter, Emotionen ein Ventil zu geben und sich zu erlauben, diese Gefühle zu haben.

> *„Wenn ich einen Satz auswählen sollte, um meine ganze Lehre zusammenzufassen, würde ich sagen: Lass nichts Böses in deinen Gedanken sein."*
> *Konfuzius*

Stress zeigt uns unsere Schattenseiten auf

Denken Sie im Laufe der Woche in einer ruhigen Minute an eine Person, von der Sie sich öfter mal geärgert, gestresst oder genervt fühlen. Erstellen Sie dann zwei Listen. Eine Liste ergänzt folgenden Satz: „XY nervt mich, indem sie/er Folgendes (nicht) tut: ..." Eine andere Liste erstellen Sie, indem Sie folgenden Satz ergänzen: „XY nervt mich, weil sie/er folgende Eigenschaft hat: ... / weil sie/er ... ist."

Tag
330

Lassen Sie sich ruhig Zeit dafür und ergänzen Sie die Liste einige Tage lang. Dann nehmen Sie sich jeden einzelnen Punkt beider Listen vor und fragen sich jeweils: Bin auch ich manchmal so? Mache ich das manchmal auch? Habe ich diese Eigenschaft auch in mir?

Der Sinn der Übung besteht darin, bereits vorhandene Ähnlichkeiten mit der Person zu entdecken, die Sie nervt. Wenn Sie Lust haben, können Sie in dem Bewusstsein, dass Sie sich ähnlich sind, das ansprechen, was Sie stört.

„Am Anfang jeder Tat steht eine Idee.
Nur was gedacht wurde, existiert."
Konfuzius

Stress by appointment only

Wie unglaublich stark der menschliche Geist sein kann, erleben Sie in dieser Woche. Dazu suchen Sie sich jeden Tag ein Zeitfenster von ein bis drei Stunden, für die Sie sich vornehmen, beispielsweise gelassen, fröhlich, zuversichtlich und souverän zu sein.

Tag
337

Angenommen, Sie haben am Dienstag von 16.00 Uhr bis 18.00 Uhr eine Besprechung, dann nehmen Sie sich fest vor, sich in der Zeit nicht zu ärgern, sondern gelassen zu reagieren, nicht auszuflippen, sondern sachlich begründet Ihre Meinung zu sagen und keine schnippischen Kommentare zu geben, sondern Ihren Standpunkt auf der Basis von Zahlen, Daten und Fakten zu vertreten.

Außerdem nehmen Sie sich Folgendes vor: „Ich bin und bleibe gelassen, egal was passiert! Ich ärgere mich erst um 19.00 Uhr wieder."

Es ist ein Wunder, wie gut das funktioniert. Achten Sie bitte auf die konkrete, positive Formulierung.

„Man kann den Menschen nicht verwehren zu denken,
was sie wollen."
Friedrich von Schiller

Erwarten kommt von Warten

Prüfen Sie in dieser Woche Ihre eigenen Erwartungen an sich, die Welt und andere Menschen. Denn Erwartungen sind die wichtigste Voraussetzung für Ärger. Wie wollen Sie sich denn ärgern, ohne eine Erwartung darüber zu haben, wie jemand oder etwas sein sollte? So lösen nicht erfüllte Erwartungen massiven Ärger aus. Vor allem dann, wenn sie irrational sind und nicht ausdrücklich besprochen wurden. Denken Sie dabei auch an die Erwartungen, die Sie an sich selbst haben!

Tag
344

Unterstützen bei der Suche nach Ihren Erwartungen an sich werden Sie folgende Fragen, die Sie sich im Laufe der Woche immer wieder vor Augen führen können:

- Wie bringen Ihre Erwartungen an sich Sie manchmal in Stress?

- Sind Ihre Erwartungen an sich selbst realistisch?

- Sind sie vor dem Hintergrund Ihres Lebens vernünftig?

- Berücksichtigen Sie dabei Ihre eigene Einflusszone und die der anderen?

Machen Sie das gleiche mit Ihren Erwartungen an andere Menschen.

„Mensch sein heißt ja niemals, nun einmal so und nicht anders
sein müssen – Mensch sein heißt immer, immer auch
anders werden können."
Viktor Frankl

Die Macht der Antizipation

Gehen Sie zu Wochenbeginn Ihre Termine, Aufga-
ben und Reisezeiten durch. Überlegen Sie sich da-
bei, in welchen Situationen es erfahrungsgemäß zu
Stress kommen kann, wann Sie also mehr mentale
Stärke benötigen könnten. Wahrscheinlich werden
Sie pro Tag eine solche Situation finden.

Natürlich können Sie nicht hellsehen und genau wissen, dass Ihre
Annahme eintritt. Aber Sie können sich einen guten Plan B zurecht-
legen. Dieser Plan B beschreibt sehr genau, was Sie machen, statt
sich zu ärgern, Druck zu empfinden oder sich zu sorgen.

Nutzen Sie dafür diese Anleitung: „Anstatt mich stressen zu lassen,
werde ich Folgendes tun: ...". Wenn Sie also eine Führungskraft haben, die zu ellenlangen Ausführungen neigt, von denen Sie schnell
genervt sind, nehmen Sie sich vor: „Statt mich von Schibulskis Ausführungen nerven zu lassen,

- nehme ich mein Telefon und gehe aus dem Raum;

- frage ich ihn, was sein genauer zentraler Punkt ist;

- bitte ich ihn, seine Aussage in einem Satz ohne Nebensatz zusam-
  menzufassen."

Der Clou dabei ist: Vor dem Meeting haben Sie viel bessere Ideen als
in der genervten Situation!

Transfer

Nun ist es an der Zeit, die Inhalte des Buches so einzusetzen, dass sie zu Ihrem Leben und Ihrem Alltag passen. Um das zu erreichen, finden Sie zuerst die Beschreibung der üblichen Hürden samt möglicher Lösungen. Dann erhalten Sie konkrete Tipps und Tricks, wie Sie die von Ihnen ausgewählten Inhalte umsetzen können.

7.1 Die acht beliebtesten Ausreden zum Vermeiden von Veränderungen

Ich habe in den letzten Jahren die beliebtesten Ausreden gesammelt, die eine Umsetzung von neuen Angewohnheiten für mehr Gelassenheit verhindern können. Passend zur jeweiligen Ausrede finden Sie auch einen Lösungsvorschlag, um voranzukommen. Mir persönlich kommen die Ausreden allesamt sehr bekannt vor, Ihnen auch?

1. **„Eines Tages mache ich das."**
   Wenn Sie das denken, machen Sie sich klar, dass die „Eines-Tages"-Straße in das „Niemals"-Land führt. Es gibt nur das Jetzt und Sie können nur im Jetzt Ihre Zukunft beeinflussen. Sie können nicht morgen gelassen sein, sondern nur heute.

2. **„Ich sollte das tun."**
   Gönnen Sie sich selbst die wunderbare Erfahrung was passiert, wenn Sie aus einem „Ich sollte" ein gelassenes und einsichtiges „Ich muss" machen. Sie werden feststellen, dass Sie ins Handeln kommen und so mehr erreichen, als Sie sich jemals vorgestellt haben. Fokussieren Sie sich auf das Ergebnis und nicht auf den Aufwand.

3. „Es gibt Wichtigeres."

Das mag sein, jedoch haben Sie sich das Ziel der Veränderung ja mit einem guten Grund gesetzt. Damit gehört Gelassenheit zu den wichtigen Dingen, die Sie heute tun wollen. Außerdem können Sie ja beides machen: Sie setzen Ihre Veränderung um und kümmern sich um das, was Ihnen außerdem wichtig ist.

4. „Ich habe dafür keine Zeit."

Dies ist eine sehr beliebte Ausrede, die Sie mit einem täglichen Einsatz von anfänglich nur einer Minute leicht aushebeln können. Und wenn Sie eine Minute Zeit haben, werden Sie sich auch fünf Minuten Zeit nehmen.

5. „Disziplin ist etwas Unangenehmes und Einschränkendes."

Die meisten Menschen zucken regelrecht zusammen, wenn Sie den oft negativ besetzten Begriff „Disziplin" hören. In Wahrheit ermöglicht Disziplin hingegen Freiheit, Ergebnisse und Erfolg. Auch wenn der Begriff aus der Mode gekommen ist, ist er für Veränderung so wichtig wie die Luft zum Atmen.

6. „Das ist zwar wichtig, aber ..."

Der Satzteil nach dem Komma ist eine Rationalisierung, die Sie nicht handeln lässt. Diese scheinbaren Gründe können z. B. „aber es ist so schwierig" oder „aber ich bin nicht begabt" oder „aber ich hätte das früher lernen müssen" sein. Seien Sie ehrlich zu sich selbst und überlegen Sie sich den wahren Grund für Ihr Nichthandeln: „Ich verändere mich in Wahrheit noch nicht, weil ...". Führen Sie sich dann das Gegenteil vor Augen: „Ein guter Grund für meine Veränderung lautet: ...".

7. „Ich muss darüber noch nachdenken."

Auch diese Rationalisierung kann Sie davon abhalten, Ihre Veränderungen heute anzugehen. Suchen Sie sich den Teil heraus, den Sie bereits durchdacht haben oder der so einfach ist, dass Sie nicht mehr nachdenken müssen und daher sofort handeln können.

8. „Es ist doch gar nicht so dramatisch."

Wenn ein Mensch 145 Kilo wiegt und von sich selbst glaubt, er hätte „nur ein paar Kilo zu viel", handelt er nicht. Seien Sie ehrlich zu sich. Erst wenn Sie sich selbst eingestehen, dass etwas einfach nicht gut ist, können Sie handeln. Warum sollten Sie auch etwas verändern, was okay ist?

7.2 Wie Sie die Hürden nehmen: Umsetzen statt Ausreden

Menschen, die an sich arbeiten wollen, denken auch mal im Gegenteil. **i**

Nun lade ich Sie ein, genau zu überlegen, welche der oben genannten Ausreden für Sie typisch sind. Werten Sie sich dabei nicht ab, sondern nehmen Sie einfach wahr. Machen Sie sich bewusst, dass es uns allen so geht: Es ist nicht so einfach, sich selbst zu verändern. Doch die Chancen auf nachhaltige, langfristige und tief gehende Veränderungen steigen, wenn wir die Ursachen für ein Nachlassen kennen.

Ehrliche, ungeschönte Selbsterkenntnis ist der beste Weg zur Veränderung **i**

Stellen Sie sich dafür jetzt die folgenden Fragen:

- Wozu neige ich bei diesen Gründen?

- Was kann mich davon abhalten, mir an sich wichtige Inhalte des Buches umzusetzen?

- Was kann dagegen tun, dass ich zwar anfange, aber nicht am Ball bleibe?

Wenn Sie erkannt haben, was Ihre „Fettnäpfchen" sind, können Sie Ihr persönliches Programm definieren. Dafür nehmen Sie die Ausrede und kehren sie in ihr Gegenteil um.
Für mich hören sich die Gegenteile z. B. so an:

- „Eines Tages mache ich das." → „Heute mache ich das."

- „Ich sollte das tun." → „Ich muss es tun."

- „Es gibt Wichtigeres." → „Es gibt nichts Wichtigeres."

- „Ich habe dafür keine Zeit." → „Ich habe dafür Zeit."

- „Disziplin ist etwas Unangenehmes und Einschränkendes." → „Disziplin ist etwas Angenehmes und Befreiendes."

- „Das ist zwar wichtig, aber ..." → „Das ist wichtig, daher mache ich es."

- „Ich muss darüber noch nachdenken." → „Ich muss darüber nicht mehr nachdenken, ich muss es machen."

- „Das mit meinem Stress ist doch gar nicht so dramatisch." → „Es ist dramatisch."

Die Umkehrungen sollen keinen Druck aufbauen oder Stress auslösen, sondern eine weitere Sichtweise aufzeigen, die Sie dazu bringt, das hier Gelernte anzuwenden.

Was Sie jetzt tun können

Überlegen Sie sich, wie die Gegenteile Ihrer Hürden klingen. Wie würden Sie sie formulieren? Diese Aspekte stellen Ihr Programm dar, das Sie zur Umsetzung der Inhalte im Alltag führt. Halten Sie dann einen Moment inne, schauen Sie nach innen und erkennen Sie, was die neuen Sätze in Ihnen auslösen. Nutzen Sie diese Gefühle, um am Ball zu bleiben. Schreiben Sie sich die neuen Sätze auf, lernen Sie sie auswendig und machen Sie sie sich jeden Morgen bewusst. Abends überlegen Sie dann, welches Programm Sie morgen noch stärker beherzigen können.

So kommen Sie automatisch in einen Lernprozess des langsamen, ruhigen, liebevollen und realistischen Wachstums. Und das haben Sie sich verdient. Sie sind es wert zu wachsen, Ihr Leben in die Hand zu nehmen und über die Straße der mentalen Stärke in das Land des Glücks zu fahren.